Heimliches Vorgehen und aktive Täuschung im Ermittlungsverfahren

AF733639

Europäische Hochschulschriften

European University Studies

Publications Universitaires Européennes

Reihe II	**Rechtswissenschaft**
Series II	Law
Série II	Droit

Band/Volume **5762**

Bijan Nowrousian

Heimliches Vorgehen und aktive Täuschung im Ermittlungsverfahren

Ermittlungsarbeit zwischen Beschuldigtenrechten und dem Gebot effektiver Strafverfolgung, diskutiert am Beispiel legendierter Kontrollen

PL ACADEMIC RESEARCH

Bibliografische Information der Deutschen Nationalbibliothek
Die Deutsche Nationalbibliothek verzeichnet diese Publikation in der Deutschen Nationalbibliografie; detaillierte bibliografische Daten sind im Internet über http://dnb.d-nb.de abrufbar.

Zugl.: Hamburg, Bucerius Law School, Diss., 2015

H 360
ISSN 0531-7312
ISBN 978-3-631-66949-5 (Print)
E-ISBN 978-3-653-06048-5 (E-Book)
DOI 10.3726/978-3-653-06048-5

© Peter Lang GmbH
Internationaler Verlag der Wissenschaften
Frankfurt am Main 2015
Alle Rechte vorbehalten.
PL Academic Research ist ein Imprint der Peter Lang GmbH.
Peter Lang – Frankfurt am Main · Bern · Bruxelles · New York · Oxford · Warszawa · Wien

Das Werk einschließlich aller seiner Teile ist urheberrechtlich geschützt.
Jede Verwertung außerhalb der engen Grenzen des Urheberrechtsgesetzes ist ohne Zustimmung des Verlages unzulässig und strafbar.
Das gilt insbesondere für Vervielfältigungen, Übersetzungen, Mikroverfilmungen und die Einspeicherung und Verarbeitung in elektronischen Systemen.

Diese Publikation wurde begutachtet.

www.peterlang.com

Danksagung

Herrn Professor Dr. jur. Frank Saliger danke ich für dessen Bereitschaft, die berufsbegleitende Arbeit eines Praktikers zu betreuen und sich auf dessen Perspektiven einzulassen. Ferner danke ich ihm für sein großes Interesse am Thema, seine wertvollen inhaltlichen Anregungen sowie seine gutachterliche Bewertung der Arbeit. Herrn Professor Dr. jur. Karsten Gaede ist dafür zu danken, dass er seine Begutachtung in kurzer Zeit vorgelegt hat.

Frau Staatsanwältin Ann-Kristin Voß danke ich herzlich für die kontinuierliche und sehr hilfreiche inhaltliche Begleitung der Arbeit; ferner danke ich ihr sowie Herrn Dipl.ök. Dr. jur. Oliver Marc Hartwich sehr für die Übernahme des Korrekturlesens. Frau Staatsanwältin Alina Kleinschmidt danke ich sehr für zahlreiche Erörterungen der Themen und Thesen der Dissertation.

Ein besonderer Dank gilt schließlich meinem Vater, Herrn Prof. Dr. med. Mohammad Resa Nowrousian, sowie insbesondere meinem Onkel, Herrn Prof. Dr. rer. nat. Werner Frank, für die Stärkung der Motivation, das „Wagnis Doktorarbeit“ neben dem Beruf überhaupt zu beginnen und erfolgreich durchzuführen.

Kiel, den 10. Juni 2015

Bijan Nowrousian

Vorwort

Vorliegende Arbeit ist im Sommersemester 2015 an der Bucerius Law School – Hochschule für Rechtswissenschaft – als Dissertation angenommen worden. Erstgutachter war Herr Prof. Dr. jur. Frank Saliger, das Zweitgutachten erstattete Herr Prof. Dr. jur. Karsten Gaede. Die mündliche Prüfung fand am 10. Juni 2015 statt.

Rechtsprechung und Schrifttum sind bis zum Tage der Abgabe der Arbeit am 03. April 2013 berücksichtigt.

Aus nachfolgender Judikatur und nachfolgendem Schrifttum sei auf das Folgende, für hiesiges Thema relevante, hingewiesen:

- Seit der 63. Auflage von Mai 2013 kommentiert Meyer-Goßner (jetzt Meyer-Goßner/ Schmitt) in seinem StPO-Kommentar in seitdem unveränderter Form in Rn. 1 a zu § 105 StPO legendierte Kontrollen. Er schließt sich dabei in der Sache der ablehnenden Ansicht sowie der Argumentation von Müller/ Römer (NStZ 2012, 543–547), an.
- Der Bundesgerichtshof hält in einer Entscheidung vom 5. November 2013 – 5 StR 173/13 – leider ohne nähere Begründung – den Rückgriff auf Normen der Gefahrenabwehr bei bestehendem strafprozessualem Anfangsverdacht für ohne weiteres zulässig.
- In einer Entscheidung vom 23. Oktober 2014 gegen Deutschland befasst der EGMR sich einmal mehr mit dem Agent provocateur und bestätigt seine mittlerweile gefestigte Rechtsprechung, dass nicht die Täuschung als solche, sondern nur bestimmte, zwangsähnliche Umstände einen solchen Einsatz unzulässig machen (StraFo 2014, 504–508).
- In einem im Jahre 2014 erschienenen Aufsatz versucht Sommer, die weithin abgeklungene Totalablehnung des Gebots der effektiven Strafverfolgung im Schrifttum neu zu beleben (StraFo 2014, 441).

Kiel, den 10. Juni 2015

Bijan Nowrousian

Inhaltsverzeichnis

1 Einleitung

1.1 Thema und Gang der Erörterung

Gegenstand der vorliegenden Arbeit ist die Zulässigkeit der aktiven Täuschung des Beschuldigten im deutschen Strafprozess einerseits sowie Begründung und Funktion des Gebots der effektiven Strafverfolgung im deutschen Strafverfahren andererseits.

Beide Fragen sollen diskutiert werden anhand des Beispiels der sogenannten legendierten Kontrollen.

Damit soll zugleich ein Weg aufgezeigt werden, deren Zulässigkeit zu begründen.

Es soll also um diese drei Themen gehen: legendierte Kontrollen, aktive Täuschung und Gebot der effektiven Strafverfolgung.

Zur aktiven Täuschung des Beschuldigten, welche im deutschen Strafprozess in gesetzlich geregelten wie gesetzlich nicht geregelten Rechtsinstituten anerkannt ist und in der Praxis regelmäßig stattfindet, hat eine wissenschaftliche Diskussion um deren grundsätzliche Beurteilung erst in Ansätzen stattgefunden.[1]

Das Gebot der effektiven Strafverfolgung als Verfahrensmaxime im deutschen Strafprozess kann hingegen bereits auf eine seit den Siebzigern geführte Diskussion sowie auf eine ständige Rechtsprechung zurückblicken. Die vertretenen Positionen hierzu sind mittlerweile indes eingefahren und werden oft nur noch in Bezug auf ältere Diskussionsbeiträge wiederholt.[2]

Erst in jüngerer Zeit in den Blick von Rechtsprechung und Lehre geraten ist die Zulässigkeit sogenannter legendierter Kontrollen. Bei diesen Kontrollen geht es darum, Beschuldigte, von welchen aus verdeckten Ermittlungsmaßnahmen bekannt ist, dass bei diesen strafbewehrte Gegenstände zu finden sein dürften, einer scheinbar anlasslosen Verkehrs- oder Zollkontrolle zu unterziehen, um die verdeckten Maßnahmen nicht zu einem zu frühen Zeitpunkt offen legen zu müssen. Nachdem diese Praxis seit Jahr und Tag in Deutschland beanstandungsfrei

1 Kahlo, S. 153 ff.; Schroeder, S. 157 ff.; Saliger, Recht, S. 112 ff.; Nowrousian, Kriminalistik 2011, 370; Nowrousian, Kriminalistik 2012, 174; Nowrousian., Kriminalistik 2013, 105; Tönsgerlemann, AW-Praxis 2012, 168; Müller/Römer, NStZ 2012, 543.

2 LR-Kühne, Einl H Rn. 10 ff.

üblich war, wird nunmehr verstärkt diskutiert, ob eine solches Vorgehen rechtmäßig ist.[3]

Diese drei Themenkomplexe zusammenzuführen, erscheint dabei sowohl im Blick auf die grundsätzlichen Fragen nach der Zulässigkeit aktiver Täuschung und einem Gebot der effektiven Strafverfolgung einerseits sowie auch im Blick auf legendierte Kontrollen andererseits sinnvoll.

Die Frage der Zulässigkeit legendierter Kontrollen lässt sich nämlich nur sinnvoll beurteilen, wenn man diese einerseits in den größeren Kontext täuschender Ermittlungsmaßnahmen rückt, womit das Thema der Zulässigkeit aktiver Täuschung generell berührt ist, und andererseits nach deren ermittlungstaktischer Notwendigkeit und daraus folgenden rechtlichen Konsequenzen fragt, womit man zum Gebot der effektiven Strafverfolgung als Rechtsgrundsatz gelangt.

Umgekehrt erscheinen legendierte Kontrollen als ein illustratives Anwendungsbeispiel, um sowohl die Frage nach der Zulässigkeit aktiver Täuschung generell als auch nach der Begründung, der Funktion und den Konsequenzen des Gebots der effektiven Strafverfolgung zu beleuchten, da sie eben beide Aspekte zentral betreffen.

Gang der Erörterung soll dabei sein, zunächst die bisherige Diskussion zur Zulässigkeit legendierter Kontrollen, welche sich im Wesentlichen an zwei obiter dicta des Bundesgerichtshof aus März 2010 und Juli 2011 orientiert, nachzuzeichnen und mit eigenen Argumenten anzureichern. Im Rahmen dieser Diskussion soll sich die Darstellung von der Frage der Zulässigkeit legendierter Kontrollen indes immer stärker lösen und in einem ersten Schwerpunkt der Arbeit die – auch, aber eben nicht nur für legendierte Kontrollen – relevante Frage behandeln, inwieweit die aktive Täuschung des Beschuldigten im deutschen Strafprozess generell erlaubt oder verboten ist. In einem zweiten Schwerpunkt soll dann die ebenfalls auch für legendierte Kontrollen bedeutsame, jedoch weit darüber hinausgehende Frage gestellt werden, inwieweit es im deutschen Strafprozess ein Gebot der effektiven Strafverfolgung gibt, wie dieses zu verorten ist und welche Konsequenzen daraus zu ziehen sind. Zu Letzterem ist dabei beabsichtigt, eine eigene rechtsphilosophische Fundierung auszuarbeiten und deren Bedeutung für die Strafprozessrechtsdogmatik aufzuzeigen.

---

3 BGH NStZ 2010, 294.; BGH StraFo 2011, 358; Nowrousian, Kriminalistik 2011, 370; Nowrousian, Kriminalistik 2012, 174; Nowrousian, Kriminalistik 2013, 105; Tönsgerlemann, AW-.Praxis 2012, 168; Müller/Römer, NStZ 2012, 543.

1.2 BGH 4 StR 436/09: Der Ausgangsfall

Ausgangspunkt soll dabei die Entscheidung des 4. Strafsenats vom 11. Februar 2010, BGH 4 StR 436/09[4], sein – die erste Entscheidung, in welcher sich der Bundesgerichtshof überhaupt mit legendierten Kontrollen befasst hat.

Der Entscheidung lag folgender Sachverhalt zugrunde:

Durch Staatsanwaltschaft und Polizei wurde ein Ermittlungsverfahren gegen einen Beschuldigten geführt, welcher des Handeltreibens mit Betäubungsmitteln in nicht geringer Menge verdächtig war. Gegen diesen Beschuldigten liefen Maßnahmen der längerfristigen Observation. Am Tattag wurde der Beschuldigte von zwei Beamten in Zivil in einem zivilen Fahrzeug im Rahmen der genannten Observation verfolgt. Die Observation gestaltete sich außerordentlich schwierig, da der Beschuldigte auf einer Bundesautobahn mit wechselnden Geschwindigkeiten und ständigen Spurwechseln fuhr, Letzteres oft bei hohen Geschwindigkeiten. Die Beamten, welche ihm in dem Zivilfahrzeug folgten, sahen die Gefahr, den Beschuldigten zu verlieren. Aus der Observation war bekannt, dass der Beschuldigte bei dieser Fahrt Betäubungsmittel in erheblichem Umfang im Wagen mit sich führte. Um den Beschuldigten nicht zu verlieren und um zu vermeiden, dass ein Verlust der Betäubungsmittel als Beweismitteln eintritt, entschieden sich die Beamten dazu, während einer Pause des Beschuldigten auf einer Raststätte durch von ihnen über den tatsächlichen Hintergrund unterrichtete uniformierte Beamte eine „zufällige Verkehrskontrolle" durchführen zu lassen. Um einen Kontrollanlass zu haben, sollte ein Reifen des Fahrzeuges, mit welchem der Beschuldigte unterwegs war, zerstochen werden. Entsprechend begaben sich uniformierte Beamte während einer Pause des Beschuldigten – nachdem die Observationskräfte dessen kurze Abwesenheit zum Zerstechen der Reifen genutzt hatten – auf einer Raststätte zu dem Fahrzeug und führten eine solche „allgemeinen Verkehrskontrolle" durch. In diesem Zusammenhang behaupteten sie dann, ihnen sei bei der Kontrolle aufgefallen, dass der Beschuldigte nervös wirke. Deshalb seien sie nun gehalten, über das übliche Maß hinaus das Fahrzeug zu durchsuchen. Wie von den uniformierten Beamten und den Beamten des Observationsteams erwartet, wurden dabei in dem Fahrzeug erhebliche Mengen an verbotenen Betäubungsmitteln gefunden. Dem Beschuldigten gegenüber wurde so getan, als handele es sich um einen Zufallsfund. In diesem Glauben belassen, wurde er dem Haftrichter vorgeführt, welcher wegen des Besitzes von Betäubungsmitteln in nicht geringer Menge Haftbefehl erließ. Der Haftbefehl stützte sich allein auf das Auffinden der Betäubungsmittel im Fahrzeug; die Observati-

4 BGH NStZ 2010, 294.

on wurde auch hier nicht offengelegt. Erst „mit Anklageerhebung“[5] wurde dem Beschuldigten der wahre Sachverhalt bekannt gemacht. Er wurde sodann vom Landgericht wegen des Besitzes von Betäubungsmitteln in nicht geringer Menge zu einer Freiheitsstrafe von drei Jahren und neun Monaten verurteilt. Hiergegen richtete sich seine Revision zum Bundesgerichtshof, über die der 4. Strafsenat zu entscheiden hatte. Der Angeklagte rügte in seiner Revision insbesondere das Vortäuschen einer angeblichen allgemeinen Verkehrskontrolle und sah darin eine Beschneidung seiner Rechte. Konkret wurde gerügt, wegen des Verheimlichens des wahren Umfangs der geführten Ermittlungen sei es dem Beschuldigten nicht möglich gewesen, von § 31 BtMG Gebrauch zu machen.[6]

1.3 Die Entscheidung des BGH im Ausgangsfall

Die Revision des Angeklagten wurde vom Bundesgerichtshof verworfen. Der Senat tat sich mit diesem Ergebnis indes ersichtlich sehr schwer mit der Folge, dass die Entscheidung eine außerordentlich ungewöhnliche Form annahm, welche einer ausführlichen Darstellung würdig ist.

Entscheidungstragend war allein der Umstand, dass die maßgebliche Rüge nicht richtig erhoben worden und die Revision mithin schlicht unzulässig war.

Obwohl nicht nötig, führte der Senat dann gleichwohl aus, dass die Rüge auch unbegründet gewesen wäre. Dann allerdings findet sich der Hinweis, das Verhalten der Polizeibeamten sei „rechtlich bedenklich“[7] gewesen. Ohne nähere Begründung stellt der Senat dazu zunächst fest, das in Rede stehende Verhalten könne jedenfalls weder nach § 147 StPO noch durch § 101 Abs. 5 StPO gerechtfertigt werden. Es sei ferner im Blick auf den Grundsatz des fairen Verfahrens bedenklich. Diese Frage bedürfe indes keiner weiteren Entscheidung, da das Urteil jedenfalls nicht auf einem etwaigen Verstoß gegen diesen Grundsatz beruhe. Der Angeklagte habe nämlich auch in der Hauptverhandlung nach Bekanntmachung des wahren Sachverhaltes von seinem Recht, Aussagen im Sinne von § 46 b StGB und § 31 BtMG zu machen, nicht Gebrauch gemacht mit der Folge, dass eine Verkürzung dieser Rechte im vorliegenden Fall keine Auswirkungen gehabt hätte.

Diese eigentümliche Struktur nicht entscheidungserheblicher, gleichwohl jedoch angesprochener und dann offen gelassener Rechtsfragen zeigt, wie schwer sich der Senat mit der Sache offenbar tat und lässt zumindest vermuten, dass

5 BGH NStZ 2010, 294.
6 BGH NStZ 2010, 294.
7 BGH NStZ 2010, 294.

innerhalb des Senates keine einheitliche Auffassung zu dem in Rede stehenden Verhalten gefunden werden konnte.

1.4 Für die weitere Diskussion: eine ausgeweitete, praxisrelevantere Konstellation

Bevor weiter auf die inhaltliche Struktur der Entscheidung eingegangen werden soll, soll im Blick auf hiesige Erörterung dem zur Entscheidung gestellten Sachverhalt ein vergleichbarer Sachverhalt an die Seite gestellt werden, welcher einerseits eine noch größere Praxisrelevanz hat und welcher andererseits die zugrunde liegende Problematik noch deutlicher hervortreten lässt.

In dem vom BGH im Jahre 2010 zu entscheidenden Fall lag die Sache offenbar so, dass die Ermittlungen sich gegen nur einen Beschuldigten richteten, gegen welchen verdeckte Maßnahmen liefern, welche nicht offengelegt werden sollten. Jedenfalls ist der gesamten Entscheidung nicht zu entnehmen, dass noch gegen weitere Beschuldigte ermittelt wurde.

Üblicherweise laufen derartige Fallgestaltungen indes anders. Die Ermittlungen bei solchen Fallgestaltungen, welche meistens Fälle aus dem Bereich der Betäubungsmittel- oder der organisierten Kriminalität, jedenfalls aber aus dem Bereich der Bandenkriminalität, zum Gegenstand haben, richten sich gegen eine Vielzahl von Beschuldigten, gegen welche dann auch eine Vielzahl von parallel laufenden verdeckten Ermittlungsmaßnahmen wie diverse Telekommunikationsüberwachungen, zum Teil kombiniert mit Maßnahmen der längerfristigen Observation mit oder ohne technische Mittel, durchgeführt werden. Bei derartigen Ermittlungen ist es dann die Regel, dass aus den verdeckten Ermittlungsmaßnahmen die Erkenntnis gewonnen wird, dass einzelne Bandenmitglieder zu bestimmten Zeitpunkten einzelne Taten begehen bzw. zu begehen vorhaben. So ist es etwa möglich, dass bei Ermittlungen gegen eine Einbrecherbande aus der Telefonüberwachung bekannt wird, dass einzelne für die Ausführung der Einbrüche vorgesehene Beschuldigte in einer der kommenden Nächte in bestimmten Gegenden Einbrüche planen. Um die verdeckten Ermittlungen gegen die gesamte Tätergruppe nicht offen legen zu müssen sowie um weitere Beweismittel zu erlangen und zu verhindern, dass die Strafverfolgungsbehörden tatenlos zusehen, wie vor ihren Augen Straftaten begangen werden, ist es in derartigen Fällen gängige Praxis bei Polizeibehörden und Staatsanwaltschaften, wo nötig offene Ermittlungsmaßnahmen gegen einzelne Beschuldigte als „Zufallskontrollen" – zumeist „zufällige" Verkehrskontrollen oder Zollkontrollen – durchführen zu lassen und erwartete Funde dann auch als „Zufallsfunde" zu behandeln. Der wahre Kontrollanlass wird also hinter einer „Legende“ verborgen; daher legendierte Kontrollen.

Kennzeichen derartiger Konstellationen – und damit nahezu aller Fälle legendierter Kontrollen – ist also die aktive Täuschung des Beschuldigten über den wahren Kontrollgrund zwecks Geheimhaltung parallel laufender verdeckter Ermittlungsmaßnahmen.

Inwieweit die Strafverfolgungsbehörden rechtlich oder sachlich zu einem solchen Verhalten gezwungen sind, soll an dieser Stelle noch nicht erörtert werden. Hier soll für die weitere Diskussion zunächst nur deutlich gemacht werden, dass derartige Fallgestaltungen erstens ausgesprochen praxisrelevant sind und sich zweitens meistens noch komplexer darstellen, als es in dem der ersten Entscheidung des BGH zugrunde liegenden Fall anscheinend war.

Die zweite Entscheidung des BGH zum Thema legendierte Kontrollen[8], auf welche später eingegangen werden soll, hatte ersichtlich eine derart „ausgeweitete“ Konstellation zum Gegenstand.

1.5 Die Struktur der Entscheidung des BGH im Ausgangsfall

Für die weitere Diskussion soll nun die rechtliche Struktur der Entscheidung des BGH noch einmal näher in den Blick genommen werden.

Wie dargetan lehnt der BGH ohne weitere Diskussion und Begründung zunächst eine Rechtfertigung über § 147 StPO oder § 101 StPO ab. Danach fragt er, ob das Verhalten im Blick auf den Grundsatz des fairen Verfahrens zu beanstanden sei, um hier die genannten rechtlichen Bedenken zu sehen, welche er indes weder ausführt noch entscheidet.

Die Ausführungen können so strukturiert werden, dass der Bundesgerichtshof zunächst die Frage erörtert bzw. aufwirft, ob das in Rede stehende Verhalten der aktiven Täuschung durch einfachgesetzliche Normen der Strafprozessordnung gerechtfertigt werden kann. Da er dies für zwei Normen verneint, geht er dann zu der Frage weiter, ob das Verhalten im Blick auf Verfahrensgrundsätze des deutschen Strafprozesses zulässig oder unzulässig ist. Diese Frage wird ebenfalls lediglich angerissen und dann, wie dargetan, offen gelassen.

Neben dieser formalen Struktur der Argumentation des BGH ist dann noch zu bedenken, dass der Bundesgerichtshof sich in der Sache mit drei Fragen zu befassen hatte, was der Entscheidung nicht ganz klar zu entnehmen ist.

---

8 BGH StraFo 2011, 358.

Der BGH befasst sich zunächst mit der aktiven Täuschung während der Verkehrskontrolle. Dabei handelt es sich um eine aktive Täuschung durch Beamte des Polizeidienstes. Offensichtlich folgte dieser eine aktive Täuschung durch die Staatsanwaltschaft, da auch diese im Rahmen der Vorführung bei der Darstellung blieb, dass es sich um einen Zufallsfund im Rahmen einer zufälligen Kontrolle gehandelt habe. Als drittes Problem wies der Sachverhalt dann noch die Besonderheit auf, dass der Umstand der Kontrolle auch so, d.h. als Zufallskontrolle mit Zufallsfund, in der Akte niedergelegt worden war.

Es gab also zunächst eine aktive Täuschung durch Polizeibeamte, sodann eine aktive Täuschung durch die Staatsanwaltschaft und schließlich die Darstellung eines falschen Sachverhaltes in der Ermittlungsakte.

Hiesige Erörterung soll nun zunächst der zuvor skizzierten formalen Struktur dieser ersten Entscheidung des BGH folgen. Es soll also auch hier zunächst gefragt werden, ob die erfolgte aktive Täuschung durch einfachgesetzliche Normen bzw. einfachgesetzliche Normgefüge gerechtfertigt sein kann. In einem zweiten Schritt soll dann gefragt werden, ob Grundsätze des deutschen Strafprozesses durch aktive Täuschungen verletzt sein können bzw. eine solche gerade erlauben oder sogar gebieten.

Die Struktur hiesiger Argumentation ist also vom einfachen Recht zu Verfahrensgrundsätzen und zugleich vom Anwendungsfall „legendierte Kontrollen“ zu den Grundfragen „Zulässigkeit aktiver Täuschung“ und „Gebot der effektiven Strafverfolgung“.

2 Aktive Täuschung und Menschenwürde

2.1 § 147 StPO – direkte Anwendung

Begonnen werden soll daher zunächst auch hier mit der Frage, ob § 147 StPO legendierte Kontrollen rechtfertigen kann.

§ 147 StPO regelt das Recht des Beschuldigten bzw. seines Verteidigers auf Akteneinsicht. Dabei erlaubt § 147 Abs. 2 StPO, dem Verteidiger vor Abschluss der Ermittlungen eine Einsicht in die Ermittlungsakten entweder ganz oder zumindest teilweise zu versagen, wenn der Ermittlungserfolg durch diese Einsicht gefährdet sein könnte.

Gefragt werden soll hier zunächst, ob diese Norm in direkter Anwendung legendierte Kontrollen rechtfertigen kann.

Dazu kann gesagt werden, dass dies aus einer Reihe von Gründen ausscheidet.

Zunächst erfolgt eine aktive Täuschung bei legendierten Kontrollen im Regelfall zuerst durch Beamte des Polizeidienstes. So war es in dem vom Bundesgerichtshof zu entscheidenden Fall; und so ist es auch in den vergleichbaren unter 1.3 geschilderten Fallkonstellationen. Für Beamte des Polizeidienstes ist nach einhelliger Ansicht § 147 StPO indes nicht anwendbar, da über Akteneinsicht sowie über die Versagung von Akteneinsicht alleine die Staatsanwaltschaft zu entscheiden hat.[9] Dies folgt ohne Weiteres aus deren Stellung als Herrin des Ermittlungsverfahrens; es folgt indes auch daraus, dass die Staatsanwaltschaft und nicht die Polizei im Ermittlungsverfahren aktenführende Behörde ist. § 147 StPO eignet sich daher in direkter Anwendung zur Rechtfertigung derartiger aktiver Täuschungen im Regelfall schon mangels Zuständigkeit nicht.

Die Norm ist allerdings auch sonst offensichtlich nicht direkt anwendbar, da die erlaubte Rechtsfolge, nämlich das Versagen einer Akteneinsicht, ersichtlich nicht die hier erwünschte Rechtsfolge, nämlich das Rechtfertigen einer aktiven Täuschung, darstellt. Das Versagen von Akteneinsicht ist eben nicht mehr als die Weigerung, Akten oder Aktenbestandteile zur Verfügung zu stellen. Es ist keine Täuschung, es ist nicht einmal ein aktives Verheimlichen. Es ist schlicht die Ablehnung eines Antrags.

---

9 Meyer-Goßner, § 147 Rn. 34.

2.2 § 147 StPO – analoge Anwendung: Aktive Täuschung als Verletzung der Menschenwürde?

2.2.1 Täuschung, verbotene Vernehmungsmethoden und Menschenwürde

Scheidet eine direkte Anwendung von § 147 StPO mithin aus, so ist als Nächstes zu fragen, ob die Norm analog oder dem Rechtsgedanken nach zur Rechtfertigung legendierter Kontrollen angewendet werden kann.

Voraussetzung dafür, diese oder andere Normen der Strafprozessordnung überhaupt analog oder dem Rechtsgedanken nach heranzuziehen, um legendierte Kontrollen – sowie jedwede Art aktiver Täuschung, welche hier erstmals generell in den Blick rückt – auch dort zu rechtfertigen, wo sich eine Rechtfertigung aus dem Gesetz nicht ausdrücklich ergibt, ist allerdings, dass der Zulässigkeit aktiver Täuschung nicht grundsätzliche verfassungsrechtliche Hindernisse entgegenstehen.

Zu denken wäre dabei zunächst daran, dass aktive Täuschung als Grundrechtseingriff einer Ermächtigungsgrundlage bedarf.

Mit der Schaffung der Ermittlungsgeneralklausel des § 161 Abs. 1 StPO hat der Gesetzgeber indes eine Norm geschaffen, auf die Grundrechtseingriffe auch dann gestützt werden können, wenn eine spezielle Ermächtigungsgrundlage fehlt.[10] Bei der Frage, ob etwa aus dem Rechtsgedanken anderer Normen der StPO die Zulässigkeit aktiver Täuschung folgen könnte, wäre es mithin möglich, derartige Rechtsgedanken zur Auslegung der dann heranzuziehenden Ermächtigungsgrundlage der genannten Generalklausel zu verwenden. Grundrechtsrelevanz bzw. Grundrechtsintensität aktiver Täuschung als solche stünde einer Anwendung anderer Normen der StPO analog oder dem Rechtsgedanken nach mithin nicht grundsätzlich entgegen. Inwieweit durch aktive Täuschung Grundrechte betroffen sind, soll daher nicht abstrakt vorweg, sondern jeweils anlassbezogen im weiteren Gange der Erörterung geklärt werden.

Jede Art von einfachgesetzlicher Rechtfertigung aktiver Täuschung sperren würde es indes, wenn aktive Täuschung als Verletzung der Menschenwürde aus Art. 1 Abs. 1 GG anzusehen wäre. Denn bei einem Eingriff in Art. 1 Abs. 1 GG ist bereits die Verletzung des Schutzbereichs zugleich die Entscheidung, dass der Eingriff verfassungsrechtlich unzulässig ist. Bei Art. 1 Abs. 1 GG ist eine verfassungsrechtliche Rechtfertigung von Eingriffen schlechterdings

10 Meyer-Goßner, §161 Rn. 1 m.w.N.

ausgeschlossen.[11] Wäre eine aktive Täuschung durch die Ermittlungsbehörden mithin ein Eingriff in die Menschenwürde, so wäre die Erörterung hiesigen Themas schnell beendet: Aktive Täuschung durch die Ermittlungsbehörden wäre ausnahmslos unzulässig. Vor jeder weiteren Befassung mit dem Thema ist daher quasi vor die Klammer gezogen zu klären, ob aktive Täuschung die Menschenwürde verletzt.

Die wohl herrschende Meinung in der Literatur verneint dies;[12] es werden aber immer wieder Stimmen laut, welche in der aktiven Täuschung eine Verletzung der Menschenwürde sehen.[13] Diskutiert wird dieses Problem üblicherweise im Zusammenhang mit § 136 a StPO und hier konkret der Frage, inwieweit das Verbot der aktiven Täuschung in dieser Norm die Menschenwürde schützen soll.

Das § 136 a StPO *grundsätzlich* den Zweck hat, die Menschenwürde zu schützen und konkret zu verhindern, dass der Beschuldigte zum bloßen Objekt des Strafverfahrens degradiert und ihm seine Würde und sein Wert als Mensch und als Handlungssubjekt abgesprochen werden, kann als allgemeine Ansicht in Rechtsprechung und Literatur angesehen werden.[14] Fraglich ist allerdings, ob *auch* die Täuschung als eine der in § 136 a StPO genannten verbotenen Vernehmungsmethoden diesem Zweck dient.

Diejenigen Stimmen in der Literatur, die dies bejahen, argumentieren dabei im Regelfall von zwei Richtungen her:

Zum Teil wird versucht, in historischer Auslegung, d.h. unter Rückgriff auf Gesetzesbegründung und Entstehungsgeschichte, ein derartiges Auslegungsergebnis zu rechtfertigen.

So argumentiert etwa Popp in einem 1998 erschienenen Aufsatz. Er führt aus, Intention des Gesetzgebers sei es gewesen, eine staatliche Wahrheitsfindung um jeden Preis zu verhindern und auf diese Art die Menschenwürde zu schützen. Negatives Vorbild sei dabei die NS-Zeit gewesen. Von diesem Ausgangspunkt ausgehend stellt Popp dann die Behauptung auf, die Menschenwürde sei durch *alle* verbotenen Methoden immer in der gleichen Weise betroffen mit der Folge, dass *auch* bei Täuschung eine Verletzung der Menschenwürde anzunehmen sei.[15]

11 BeckOK GG, Art. 1 Rn.10.
12 Meyer-Goßner, §136 a Rn. 12; Otto, GA 1970, 289; Renzikowski, JR 2008, 164; Lindner, S.43 ff., Saliger, Menschenwürde, S. 206 f.
13 Ausführliche Nachweise bei Lindner, S. 42.
14 Meyer-Goßner, §136 a Rn. 1.
15 Popp, NStZ 1998, 95.

Eine zweite mögliche Richtung der Begründung findet sich bei Wolfslast in einem 1987 erschienenen Artikel. Hier wird nicht unter Rückgriff auf die Gesetzesbegründung, sondern durch Auslegung nach Wortlaut und Normzweck versucht, zu dem gleichen Ergebnis zu kommen. Wolfslast stellt zunächst die Behauptung auf, dass „in der Anwendung von List (...) die Verletzung der Menschenwürde und des Selbstbestimmungsrechts (liegt), dadurch wird der Beschuldigte zum Objekt des Strafverfahrens gemacht, daß er nicht weiß, welche Konsequenzen sein Verhalten hat."[16] Weiter heißt es dann, dass „die Perfidität einer Täuschung doch darin (liegt), *daß* der Tatverdächtige die Freiheit der Entscheidung für oder gegen ein Schuldgeständnis nicht hat, weil ihm nicht bewusst werden kann, daß er – mittelbar – ein Geständnis abgelegt bzw. Beweise mit geständnisgleicher Wirkung schafft" (Hervorhebungen im Original).[17] Die Argumentation wird so zusammenfassen zu sein, dass der Verstoß gegen die Menschenwürde darin gesehen wird, dass der Beschuldigte nicht vollständig über die Konsequenzen seines Handelns informiert wird und er daher eine Aussage gegen sich selbst macht, ohne dies zu wissen. In dieser unabsichtlichen Aussage gegen sich selbst wird dann offenbar die Degradierung des Beschuldigten zum bloßen Objekt des Strafverfahrens gesehen.

In die gleiche Richtung argumentiert Prasch, der in der Täuschung nicht nur ebenso eine Degradierung des Beschuldigten zum bloßen Objekt sieht, sondern diese sogar für besonders schwerwiegend hält, da der Getäuschte die Täuschung nicht wahrnehme und sich daher weiter für frei halte, obwohl er in Wirklichkeit zum Objekt herabgewürdigt sei.[18]

Freilich vermögen beide Arten der Argumentation nicht zu überzeugen.

Zum grundsätzlich begrüßenswerten Versuch, die in Rede stehende Frage unter Rückgriff auf die Gesetzesbegründung zu lösen, ist Folgendes zu sagen:

Zunächst ist es gar nicht so einfach, die Begründung zu § 136 a StPO überhaupt auszumachen. Die Norm kam im Jahre 1950 im Zusammenhang einer umfassenden Gesetzesreform nicht nur der Strafprozessordnung, sondern auch einer Reihe anderer Gesetze wie des Gerichtsverfassungsgesetzes und der Zivilprozessordnung in die StPO. Im ursprünglichen Gesetzesentwurf fand sich § 136 a StPO indes zunächst nicht.[19] Folge hiervon ist, dass sich auch in der ursprünglichen Gesetzesbegründung zu § 136 a StPO keine Ausführungen finden. Die Norm wurde dann in einem Unterausschuss in den Gesetzestext eingefügt,

16 Wolfslast, NStZ 1987, 103, 104.
17 Wolflast, NStZ 1987, 103, 104.
18 Prasch, S. 57 ff.
19 BT-Drucksachen 1/510 und 1/530.

wobei dieser Unterausschuss geheim tagte mit der Folge, dass eine Begründung in den Gesetzesmaterialien nicht existiert.[20] Eine Gesetzesbegründung findet sich letztlich allein im mündlichen Vortrag des Berichterstatters Dr. Greve in der 79. Sitzung des Deutschen Bundestages vom 26. Juli 1950.[21] Der Berichterstatter führte dabei in der Tat aus, dass die Norm deswegen eingefügt werden sollte, um eine Wiederholung dessen zu vermeiden, was „aus der hinter uns liegenden Erfahrung“[22], mithin aus der NS-Zeit, an Menschenrechtsverletzungen durch Strafverfolgungsbehörden in Deutschland geschehen war. Ausdrücklich geht der Berichterstatter dann alleine auf sogenannte „Wahrheitsspritzen“ ein, welche in den Jahren zuvor, also auch nach dem Nationalsozialismus, von Polizeibehörden offenbar tatsächlich zur Anwendung gebracht wurden. Der Berichterstatter führt aus, dass derartige Methoden in Zukunft ausgeschlossen werden sollen. Als einzige weitere allgemeine Gesetzesbegründung wird dann noch angedeutet, dass auch die Erforschung der „angebliche(n) Wahrheit“[23] verhindert werden soll. Weitere Ausführungen durch den Berichterstatter finden sich nicht.

Zu dieser einzig auffindbaren Gesetzesbegründung ist zunächst zu sagen, dass entgegen der Behauptung von Popp dieser Begründung keineswegs zu entnehmen ist, dass durch *alle* in § 136 a StPO genannten verbotenen Vernehmungsmethoden die Menschenwürde tangiert wird. Insbesondere zur Täuschung findet sich in dieser Gesetzesbegründung schlicht nichts.

Die auffindbaren Normzwecke sprechen sodann vielmehr dagegen, dass auch die Täuschung an diesem allgemeinen Normzweck des § 136 a StPO teilhat. Weder war die Täuschung diejenige Vernehmungsmethode, welche im Nationalsozialismus Terror und Schrecken verbreitet hatte, noch besteht bei der Täuschung eine den Wirkungen der anderen verbotenen Methoden vergleichbare Gefahr, dass jemand etwas gesteht, was er in Wahrheit nicht begangen hat. Unter die in der Gesetzesbegründung zu findenden Intentionen des Gesetzgebers lassen sich vielmehr allein die anderen verbotenen Vernehmungsmethoden fassen, die Täuschung aber gerade nicht. Die Gesetzesbegründung spricht mithin dafür, dass die Täuschung am Schutz der Menschenwürde, dem § 136 a StPO dient, gerade nicht teilhat.

Zu einem anderen Ergebnis gelangt man auch mit anderen Auslegungsmethoden nicht.

---

20 Lindner, S. 62.

21 StenoB, 1.Wahlp., S.2882.

22 StenoB, 1.Wahlp., S.2882.

23 StenoB, 1.Wahlp., S.2882.

Die Täuschung unterscheidet sich von allen anderen verbotenen Vernehmungsmethoden darin, dass alle anderen Methoden den Zweck haben, den Willen des Beschuldigten zu beugen bzw. drastischer formuliert zu brechen. Der Beschuldigte soll gezwungen werden, etwas bzw. etwas Bestimmtes zur Sache zu sagen. Ihm soll – anders formuliert – die Entscheidungsfreiheit genommen werden, ob er überhaupt etwas sagt oder nicht und wenn er etwas sagt, was er sagt.

Die Täuschung lässt sich so ganz offensichtlich nicht fassen. Bei der Täuschung bleibt der Beschuldigte Herr seiner Entscheidung, ob er überhaupt eine Aussage machen will oder nicht. Er bleibt auch Herr der Entscheidung, ob er die Wahrheit sagen oder lügen will; ebenso bleibt er Herr der Entscheidung, ob er das vom Vernehmungsbeamten Gewünschte sagt oder etwas anderes. Der Wille des Beschuldigten wird mithin weder gebrochen noch gebeugt.[24]

Da der Beschuldigte Herr seiner Entscheidung und Herr seiner Aussage bleibt, wird er auch nicht lediglich zum Objekt degradiert, da er eine eigene Entscheidung trifft, ob er überhaupt etwas sagt und wenn ja was. Anders formuliert: Der Beschuldigte bleibt frei, er ist lediglich falsch informiert.

Anders als etwa von Birmanns zumindest implizit behauptet und anders als die anderen verbotenen Vernehmungsmethoden schafft die Täuschung auch gerade keine „unerträgliche Lage“[25] für den Beschuldigten; der Beschuldigte wird – salopp gesagt – eben nicht gequält, sondern nur „gelinkt“.

Es liegt schließlich auch keine Degradierung zum Objekt darin, dass man nicht mitbekommt, in gewissem Maße manipuliert zu sein: Mit Saliger ist dem nämlich entgegenzuhalten, dass jede Täuschung eben auch Selbsttäuschung ist und der Getäuschte daher zwar über den Willen manipuliert wird, aber eben nicht total, sondern weit schwächer, als bei den anderen Vernehmungsmethoden, die die Willensentscheidung gänzlich aufheben. Und dieses bloße Beeinflussen des Willens reicht für die Annahme eines Verstoßes gegen die Menschenwürde grundsätzlich noch nicht.[26]

Dass die Täuschung sich nicht nur in ihrer Struktur von den anderen verbotenen Vernehmungsmethoden unterscheidet, sondern auch wesentlich weniger schwer wiegt, lässt sich neben den benannten Argumenten noch mit einem doppelten Blick auf das materielle Strafrecht stützen.

Zum einen unterfällt die Täuschung als einzige der verbotenen Vernehmungsmethoden schon dem insoweit eindeutigen Wortlaut nach nicht der Strafbarkeit

24 Lindner, S. 41 f.

25 Birmanns, NJW 1970, 1834, 1835.

26 Saliger, Menschenwürde, S.206 f.

der Aussageerpressung nach § 343 StGB.[27] Lediglich ein mit den anderen verbotenen Vernehmungsmethoden erzwungenes Geständnis oder eine erzwungene Aussage ist danach eine Aussageerpressung, ein durch Täuschung erlangtes Geständnis bzw. eine durch Täuschung erlangte Aussage ist dies gerade nicht. Die Täuschung des Beschuldigten *als solche* durch einen Vernehmungsbeamten ist mithin straflos.

Straflos ist die Täuschung *als solche* indes nicht nur für Vernehmungsbeamte, sondern auch sonst im gesamten StGB.[28] Auch darin unterscheidet sie sich von der Beeinflussung des Willens durch Gewalt oder Drohung, mithin durch Zwang. Letztere ist nämlich grundsätzlich immer über § 240 StGB strafbar;[29] Erstere ist es nur dann, wenn durch die Täuschung an einem anderen dann allein geschützten Rechtsgut ein Schaden entsteht, etwa wie in § 263 StGB am Vermögen.[30]

Der Gesetzgeber selbst macht damit gleich an zwei Stellen deutlich: Die Täuschung *als solche* ist kein so schwerwiegender Eingriff in Rechte von Geschädigten oder Beschuldigten, dass sie als solche unter Strafe gestellt werden müsste. Durch das materielle Strafrecht geschützt ist der freie Wille als solcher in Vernehmungen, aber auch sonst im deutschen Recht allein gegen Gewalt und Zwang. Und nur Letzteres degradiert im Strafverfahren den Beschuldigten zum Objekt, da nur Letzteres ihm die freie Entscheidung über sein Tun und Lassen nimmt.

Dass es letztlich der Zwang ist, welcher die Menschenwürde tangiert und nicht die Täuschung, wird zum Teil auch von Vertretern der Ansicht, die Täuschung verletze ebenfalls die Menschenwürde, erkannt. So macht der bereits erwähnte Popp den Versuch, seine zunächst auf die Entstehungsgeschichte gegründete Argumentation auch systematisch damit abzusichern, dass er behauptet, „die Verursachung von Irrtümern (sei) immer auch gleichzeitig die Ausübung von Zwang“[31]. Eine derartige Behauptung ist schon sprachlich kühn; in der Sache zeigt sie indes allein, wie wenig haltbar die Behauptung ist, die Täuschung als solche verletze die Menschenwürde.

Festzuhalten ist daher für hiesiges Thema Folgendes: Die Menschenwürde wird durch aktive Täuschung keinesfalls tangiert. Die Entscheidung, ob aktive Täuschung erlaubt oder verboten ist, wird unterhalb dieses ehernen Grundsatzes zu suchen sein.

---

27 Kühl, §343 Rn.3.

28 Saliger, Recht, S. 102.

29 Schönke/Schröder, §240 Rn. 1.

30 Saliger, Recht, S. 96 ff., 102.

31 Popp, NStZ 1998, 95, 96.

2.2.2 § 147 StPO analog oder dem Rechtsgedanken nach und legendierte Kontrollen

Wäre eine analoge Anwendung von § 147 StPO oder eine Anwendung dem Rechtsgedanken nach zur Rechtfertigung aktiver Täuschung und damit auch legendierter Kontrollen also zumindest nicht von vornherein unzulässig, so ist nun also weiter zu fragen, ob sie für Letztere mit Erfolg in Betracht kommt.

Eine analoge Anwendung würde voraussetzen, dass man die in § 147 StPO vorgesehene Rechtsfolge auf einen ähnlich gelagerten, von den Tatbestandsvoraussetzungen der Norm indes nicht erfassten Sachverhalt überträgt.

Es liegt auf der Hand, dass eine solche analoge Anwendung hier ausscheidet, da die Rechtsfolge hier nicht diejenige ist, die erstrebt wird. Rechtsfolge ist nämlich wie dargetan lediglich die Ablehnung eines Antrages; gesucht wird aber nach der Rechtfertigung für eine aktive Täuschung.

Zu erwägen ist freilich eine Anwendung dem Rechtsgedanken nach.

Jedoch kommt auch eine solche nicht in Betracht. § 147 Abs. 2 StPO erlaubt gewissermaßen eine offene Geheimhaltung: Der Beschuldigte erfährt, dass er das, was er erfahren möchte, nicht erfährt. Mit der legendierten Kontrolle und der mit dieser verbundenen aktiven Täuschung ist diese Konstellation nicht vergleichbar: Dort erfährt der Beschuldigte gerade nicht nur nicht bzw. nicht vollständig, was ihm gegenüber tatsächlich geschieht, sondern er wird darüber hinausgehend sogar noch darüber falsch informiert. Dies ist von anderer Qualität als die schlichte Verweigerung einer Auskunft.

2.3 Ergebnis

Zur Rechtfertigung aktiver Täuschung mithin kann grundsätzlich auf Ermächtigungsgrundlagen der StPO oder auf solche Normen, welche Beschuldigtenrechte beschränken, zurückgegriffen werden. Dem steht insbesondere nicht entgegen, dass aktive Täuschung als Verletzung der Menschenwürde generell tabu wäre. Die Menschenwürde ist durch aktive Täuschung nämlich keinesfalls berührt, unabhängig davon, was sonst zu deren Zulässigkeit zu sagen ist.

Für legendierter Kontrollen kommt eine Rechtfertigung über den insoweit grundsätzlich möglichen Rückgriff auf § 147 StPO gleichwohl nicht in Betracht. Die Anwendung scheitert indes allein an der nicht passenden Rechtsfolge. Zwar dient § 147 StPO nämlich wie legendierte Kontrollen (auch) der Geheimhaltung verdeckter Ermittlungsmaßnahmen; dies geschieht bei § 147 StPO jedoch nicht durch aktive Täuschung, sondern allein durch Ablehnung eines Antrags.

3 Heimliches Vorgehen und aktive Täuschung: § 101 Abs. 5 StPO

3.1 Anwendungsbereich und Normzweck

Zunächst weiter der Struktur der Argumentation des Bundesgerichtshof – und damit wieder dem „Anwendungsfall" legendierte Kontrollen – folgend, soll nunmehr gefragt werden, inwieweit im Ausgangsfall bzw. in vergleichbaren Konstellationen eine Rechtfertigung des in Rede stehenden Verhaltens über § 101 Abs. 5 StPO in Betracht kommt.

Wie dargetan lehnt der Bundesgerichtshof auch dies ohne nähere Begründung ab. Meyer-Goßner hält dieses Ergebnis für „selbstverständlich".[32]

Auch hier ist freilich zu fragen, ob eine derart rasche Verneinung ihrerseits gerechtfertigt erscheint.

Zu klären ist zunächst Anwendungsbereich und Normzweck, da nur von diesem Ausgangspunkt aus gesagt werden kann, welche Relevanz § 101 Abs. 5 StPO für hiesiges Thema hat.

Die Norm fasst seit der Neufassung durch das „Gesetz zur Neuregelung der Telekommunikationsüberwachung und anderer verdeckter Ermittlungsmaßnahmen sowie zur Umsetzung der RL 2006/24/EG" von 21. Dezember 2007[33] Vorschriften zusammen, welche alle gemeinsam haben, dass es darum geht, für bestimmte verdeckte Ermittlungsmaßnahmen die Zurückstellung der Benachrichtigung zu regeln. Hintergrund ist, dass bei verdeckten Ermittlungsmaßnahmen, bei welchen der Beschuldigte sich bei Anordnung bzw. Durchführung gegen die Maßnahme regelmäßig mangels Kenntnis nicht wehren kann, dieser grundsätzlich nach Beendigung zu benachrichtigen ist, um nachträglichen Rechtsschutz zu ermöglichen. Das Gesetz regelt dann aber – nunmehr in § 101 Abs. 5 StPO -, dass die grundsätzlich erforderliche Benachrichtigung erst erfolgt, sobald dies ohne Gefährdung des Untersuchungszwecks möglich ist.

Diese gesetzliche Regelung ist alt, war zunächst jedoch allein auf die Beschlagnahme von Postsendungen gemäß § 99 StPO bezogen und geregelt in § 101 Abs. 1 StPO. Mit dem „Gesetz zur Beschränkung des Post-, Fernmelde- und Telekommunikationsgeheimnis" vom 13. August 1968[34] wurde diese Regelung dann

---

32 Meyer-Goßner, §101 Rn.19.

33 BGBl. I Nr. 70, 3198–3211.

34 BGBl. I, S. 949.

zunächst nur unter Ergänzung des § 101 Abs. 1 StPO auf die mit dem genannten Gesetz geschaffenen Eingriffsermächtigungen für andere verdeckte Maßnahmen, insbesondere die Überwachung der Telekommunikation, ausgedehnt. Die entsprechende Norm wurde seitdem um weitere Gründe, die Benachrichtigung zurückzustellen, erweitert[35] und teilweise wieder beschränkt[36]; die hier interessierende Variante, wonach die Benachrichtigung erst erfolgen darf, wenn der Ermittlungserfolg durch die Bekanntgabe nicht mehr gefährdet wird, blieb indes dabei unangetastet.

Die Vorschrift ist nach insoweit einhelliger Ansicht so zu verstehen, dass die Benachrichtigung so lange nicht in Betracht kommt, wie noch erwartet werden kann, dass mithilfe der Maßnahmen Beweismittel aufgefunden oder beweiserhebliche Mitteilungen aufgefangen werden können.[37] Die Regelung ist verfassungskonform, da hier gewichtige Gründe vorliegen, welche dem Benachrichtigungsinteresse vorgehen.[38]

Geht man von diesem Normzweck aus und kehrt zurück zum Ausgangsfall dieser Abhandlung, so liegt ohne Weiteres auf der Hand, dass die in Rede stehende aktive Täuschung genau deshalb erfolgte, da noch zu erwarten war, dass durch in demselben Verfahren laufende verdeckte Maßnahmen Beweismittel aufgefunden oder beweiserhebliche Mitteilungen aufgefangen werden könnten. Entgegen der Ansicht des Bundesgerichtshofs und insbesondere entgegen der Ansicht von Meyer-Goßner, welcher, wie dargetan, meint, dass § 101 Abs. 5 StPO „selbstverständlich" kein Recht auf aktive Täuschung gewähre, ist zunächst zu konstatieren, dass die Norm ihrem Zweck nach genau mit dem Ziel geschaffen wurde, welchem auch die aktive Täuschung in Fällen legendierter Kontrollen dient.

Entscheidend ist daher, was genau § 101 Abs. 5 StPO zur Erreichung des genannten Zweckes gestattet.

§ 101 Abs. 5 S. 1 StPO enthält seinem Wortlaut nach dazu keine eindeutige Aussage, weil er nur festlegt, wann die Benachrichtigung erfolgt. § 101 Abs. 5 S. 2 und Abs. 6 StPO sprechen dann jedoch davon, dass eine Benachrichtigung nach § 101 Abs. 5 S. 1 StPO „zurückgestellt" wird. Dieser Normtext legt nahe, dass § 101 Abs. 5 StPO den Fall regelt, dass eine Benachrichtigung zunächst schlicht unterbleibt.

Die aktive Täuschung darüber, dass eine entsprechende Maßnahme überhaupt stattgefunden hat, scheint davon nicht erfasst.

---

35 BGBl. I Nr. 34, 1302.

36 BGBl. I Nr. 70, 3198.

37 Meyer-Goßner, §101 Rn. 19.

38 BVerfGE 109, 279, 365 ff.

3.2 Die Zurückstellung der Benachrichtigung: Ein Rechtsinstitut zwischen Heimlichkeit und Täuschung

3.2.1 Zur Begrifflichkeit: Abgrenzung zwischen heimlichem Vorgehen und aktiver Täuschung bei strafprozessualen Zwangsmaßnahmen

Zur Klärung der Frage, ob das zuletzt Gesagte tatsächlich das letzte Wort sein muss, ist nun freilich zu fragen, worin eigentlich der Unterschied zwischen einer schlichten Zurückstellung und einer aktiven Täuschung liegen soll.

In Erweiterung des Themas über die zugrunde liegenden Fallkonstellationen hinaus soll dabei gefragt werden, wie überhaupt heimliches Vorgehen und aktive Täuschung bei strafprozessualen Zwangsmaßnahmen abzugrenzen sind.

Zunächst liegt es nahe, zu sagen, dass eine aktive Täuschung nur da vorliegt, wo der Beschuldigte *belogen* wird. Wird ihm lediglich etwas *verschwiegen*, so wäre – falls nicht ausnahmsweise wie etwa gem. § 107 StPO bei der Durchsuchung eine bestimmte Aufklärungspflicht bestünde – nur ein heimliches Vorgehen festzustellen.

Belogen werden kann der Beschuldigte nur dort, wo direkt mit ihm kommuniziert wird. Tritt man mit dem Beschuldigten gar nicht in Kontakt, so läge jeweils nur heimliches Vorgehen vor.

Erscheint dieses Ergebnis da, wo mit dem Beschuldigten nicht kommuniziert wird, noch recht eindeutig, so verkompliziert sich die Situation dann, wenn eine direkte Kommunikation mit dem Beschuldigten stattfindet.

Dass eine aktive Täuschung nämlich nur dort vorliegen soll, wo der Beschuldigte durch eine Erklärung quasi expressis verbis belogen wird, erscheint im Blick auf andere Konstellationen, in denen es um vergleichbare Abgrenzungen geht, keineswegs selbstverständlich. Die Frage ist nämlich, inwieweit ein Beschuldigter nicht auch im Strafprozess durch bestimmte Handlungen bzw. das Erklären bestimmter Umstände unter Verschweigen andere Umstände konkludent getäuscht werden kann.

Hilfreich erweist sich in diesem Zusammenhang ein Blick auf die ähnlich gelagerte Problematik bei § 263 StGB. Nach allgemeiner Ansicht ist eine Täuschung hier nicht nur dadurch möglich, dass aktiv etwas erklärt wird, sondern auch durch sogenannte konkludente Täuschung. Diese soll dann vorliegen, wenn mit einer bestimmten Erklärung ein darüber hinausgehender Erklärungswert verbunden ist,[39] also quasi selbstverständlich etwas anderes miterklärt wird.

39 Fischer, §263 Rn. 21 m.w.N.

Maßgeblich hierfür soll neben dem objektiven Inhalt einer Erklärung sein, was der andere unter Zugrundelegung der Verkehrsauffassung verstehen durfte, [40] also der allgemeine Empfängerhorizont. Die Täuschung ist eben, wie Saliger formuliert, „anders als die Lüge nicht auf explizit sprachliches Verhalten beschränkt. Täuschung erfaßt auch konkludentes Verhalten und die Manipulation von Gegenständen, sofern damit auf das Vorstellungsbild eines anderen eingewirkt werden soll.“[41]

Will man heimliches Vorgehen und aktive Täuschung im Strafprozessrecht abgrenzen, so würde sich mithin die Frage stellen, inwieweit es auch im Strafprozess konkludente Erklärungen der Ermittlungsbehörden gibt, inwieweit also bei bestimmtem Verhalten etwas miterklärt wird, ohne dass es ausdrücklich gesagt wird.

Auf hierfür infrage kommende Konstellationen soll später noch eingegangen werden. Zunächst gilt es allein festzustellen, dass die Grenzen zwischen heimlichem Vorgehen und aktiver Täuschung durchaus fließend sein können.

Dem gleichen Zwecke dienen soll der Hinweis auf die in der jüngeren Literatur geführte Diskussion, inwieweit nicht gerade der Begriff der List, welcher für § 136 a StPO und die dort erlaubte kriminalistische List[42] von Bedeutung ist, immer auch ein Täuschungselement enthält.

Wurde diese lange Zeit vorrangig als Klugheit, Schläue oder Wissen bzw. Geschick aufgefasst[43], so meint in der jüngeren Diskussion etwa Prasch, dass die List das Vermögen sei, sich zur Erlangung des eigenen Vorteils einer Täuschung zu bedienen[44]. Er vertritt die Ansicht, dass gerade die Irreführung des Gegenübers das Charakteristische an der List sei. Die List, die er dabei negativ bewertet, sei – und damit wird das Thema hiesiger Erörterung direkt berührt – dabei gerade deshalb als moralisch negativ zu bewerten, da sie ein Element der Heimlichkeit enthalte.[45]

Noch deutlicher formuliert Saliger, dass erlaubte Formen kriminalistischer List wie etwa Fangfragen oder doppeldeutige Erklärungen „gleichfalls als Formen von Lüge und Täuschung (zu) interpretieren (seien), nur eben als subtile“.[46]

---

40 Schönke/Schröder, §263 Rn. 12.

41 Saliger, Recht, S. 98.

42 Heidelberger Kommentar, § 136 a Rn. 18.

43 Soiné, NStZ 2010, 596 f. m.w.N.

44 Prasch, S. 2 ff, 24 f.

45 Prasch, S. 5 ff.

46 Saliger, Recht, S. 113.

Auf Praschs Negativbewertung der List soll dabei an dieser Stelle nicht eingegangen werden – die Frage nach ihrer Zulässigkeit und Bewertung bleibt Thema der gesamten Erörterung. Für hiesige Zwecke relevant ist zunächst allein die Behauptung, die List zeichne sich eben gerade durch Täuschung oder Heimlichkeit aus. Diese Ansicht erscheint auf beschreibender Ebene durchaus überzeugend: Die List kann nämlich darin bestehen, dass etwas vorgetäuscht wird, was in Wirklichkeit anders ist; immer aber besteht sie darin, dass etwas verheimlicht wird, was das Gegenüber gerade nicht wissen soll. Man denke etwa an den Fall des Vorspiegelns einer freundlichen Gesinnung in einer Vernehmung. Hier kann eine Täuschung insoweit vorliegen, als eine solche freundliche Gesinnung womöglich nicht existiert. Aber selbst, wenn der Vernehmungsbeamte den Beschuldigten tatsächlich persönlich durchaus sympathisch findet und vielleicht sogar ein gewisses Verständnis für dessen Situation haben mag, aus der es zu der vorgeworfenen Tat gekommen sein soll, wird doch mit der freundlichen Gesinnung, die in diesem Fall keineswegs eine Täuschung sein muss, die zwar dem Beschuldigten grundsätzlich bekannte, ihm aber womöglich in der konkreten Situation nicht präsente Tatsache verheimlicht, dass auch diese in freundlicher Gesinnung geführte Beschuldigtenvernehmung selbstverständlich am Ende gegen den Beschuldigten verwandt und zu dessen Überführung genutzt werden kann und unter Umständen auch soll.

Auch hier trifft man also auf fließende Grenzen: Heimlichkeit, List und Täuschung sind nicht scharf abzugrenzen, sondern gehen ineinander über und teilweise ineinander auf.

3.2.2 Die Einordnung von § 101 Abs. 5 StPO: Bloße Heimlichkeit oder aktive Täuschung?

Gerade am Beispiel der Zurückstellung der Benachrichtigung über verdeckte Ermittlungsmaßnahmen lässt sich das Problem der fließenden Übergange zwischen Heimlichkeit und Täuschung in der Praxis verdeutlichen.

Ist eine verdeckte Maßnahme beendet und wäre der Beschuldigte hierüber grundsätzlich zu benachrichtigen, so wird er in vielen Fällen bereits wissen, dass gegen ihn ermittelt wird und wird möglicherweise über seinen Verteidiger bereits teilweise Akteneinsicht erhalten haben. Wird nun eine Benachrichtigung zurückgestellt, so stellt sich mithin die Frage, ob darin eine bloße Heimlichkeit oder schon eine konkludente Täuschung liegt. Die Antwort würde davon abhängen, wenn man die entsprechende Dogmatik zu § 263 StGB einfach überträgt, ob der Beschuldigte nach teilweiser Offenlegung des Verfahrens gegen ihn *durch diese Offenlegung erwartet,* dass die Ermittlungsbehörden nichts mehr in der

Hinterhand haben und zurückhalten. Das Problem stellt sich dabei so immer, wenn Ermittlungsbehörden offenes und verdecktes Handeln kombinieren.

Wie auch immer man diese Frage entscheiden wollte – was wohl in hohem Maße vom Einzelfall abhinge –, so wird jedenfalls deutlich, dass bei der allzu raschen Ablehnung der Zulässigkeit aktiver Täuschung verkannt wird, wie weit im deutschen Strafprozess an die Täuschung heranreichende Maßnahmen ebenso wie die Täuschung selbst gang und gäbe sind und wie unscharf auch im Strafprozessrecht die Abgrenzung zwischen bloßer Heimlichkeit und aktiver Täuschung sein kann.

Doch auch über diesen weiten Horizont hinaus hat die Erörterung konkrete Bedeutung für die in diesem Abschnitt zu klärende Frage, ob § 101 Abs. 5 StPO direkt oder dem Rechtsgedanken nach aktive Täuschung in Fällen legendierter Kontrollen erlaubt.

3.3 Direkte Anwendung von § 101 Abs. 5 StPO

Freilich stellt sich diese Frage bei der direkten Anwendung von § 101 Abs. 5 StPO wohl noch nicht. Die benannte Normsystematik spricht dafür, dass diese Norm nicht mehr gestattet als das schlichte Nichtmitteilen, dass bestimmte verdeckte Maßnahmen stattgefunden haben. Darüber hinausgehende unrichtige Erklärungen werden sich unter den vom Gesetz selbst für den Anwendungsbereich gefundenen Begriff der „Zurückstellung" sprachlich schwer fassen lassen. Im Übrigen regelt die Norm ausdrücklich auch nur den Fall, dass *nach* Beendigung einer Maßnahme diese nicht offengelegt wird; den Fall, das eine *laufende* Maßnahme geheim gehalten werden soll, erfasst sie direkt nicht.

3.4 Anwendung dem Rechtsgedanken nach

Sehr viel größere Relevanz entfalten die zuvor angestellten grundsätzlichen Erwägungen indes, wenn es um die Frage geht, ob die entsprechende Norm dem Rechtsgedanken nach auch die aktive Täuschung zum Schutz verdeckter Ermittlungsmaßnahmen gestatten kann.

Fasst man das bisher Gesagte zusammen, so ist zu konstatieren: § 101 Abs. 5 StPO dient ausdrücklich dazu, verdeckte Ermittlungsmaßnahmen, welche noch von Nutzen sein können, vor Offenlegung zu schützen. Die Norm erlaubt dabei ein Verhalten, dass jedenfalls dann, wenn es mit anderen offenen Verhaltensweisen von Ermittlungsbehörden zusammentrifft, für den Beschuldigten durchaus täuschenden Charakter haben kann. Dies legt zumindest nahe, sie dem

Rechtsgedanken nach über die bloße Zurückstellung hinaus auch für die aktive Täuschung heranzuziehen.

Diese Überlegung wird durch folgenden Fall bestärkt: Man stelle sich vor, in einem bestimmten Stadium der Ermittlungen wird dem Beschuldigten bekannt gemacht, dass gegen ihn ermittelt wird; dass verdeckte Maßnahmen stattgefunden haben, wird indes verschwiegen. Wie ist nun zu verfahren, wenn der Beschuldigte ausdrücklich nachfragt, ob auch verdeckte Maßnahmen erfolgt sind? Will man hier mit dem Bundesgerichtshof und mit Meyer-Goßner „selbstverständlich" annehmen, dass § 101 Abs. 5 StPO die aktive Täuschung nicht gestattet, so kommt man zu dem unweigerlichen Ergebnis, dass dem ausdrücklich fragenden Beschuldigten der wahre Sachverhalt mitgeteilt werden *muss*, und zwar *gegen* den eindeutigen Norm*zweck* von § 101 Abs. 5 StPO auch dann, wenn dadurch der Ermittlungserfolg gefährdet wird.

Wollte man dies als geltende Rechtslage in Deutschland erachten, so wäre jedem Beschuldigten und jedem Verteidiger zu raten, nach Bekanntgabe, dass gegen den Beschuldigten ermittelt wird, zunächst routinemäßig nach der Durchführung verdeckter Ermittlungsmaßnahmen zu fragen.

Will man die Norm daher nicht gegen den ebenso eindeutigen wie unbestrittenen Normzweck faktisch leerlaufen lassen, so wird man jedenfalls in diesen Fallkonstellationen die Beantwortung einer entsprechenden Anfrage mit „Nein" zulassen müssen.

Damit aber ist die aktive Täuschung gestattet.

Inwieweit daraus nun folgt, dass § 101 Abs. 5 StPO jedenfalls dem Rechtsgedanken nach *jede* aktive Täuschung zum Schutz verdeckter Ermittlungsmaßnahmen erlaubt, ist damit freilich noch nicht ausgemacht.

An die Benachrichtigung über verdeckte Ermittlungsmaßnahmen knüpft das Gesetz in § 101 Absatz 7 Satz 2 StPO ein speziell geregeltes Rechtschutzverfahren, welches mit Ausschlussfristen versehen ist. Dass eine Norm, die die Zurückstellung einer Benachrichtigung gestattet, an die derartige Rechtsfolgen geknüpft sind, auch nur dem Rechtsgedanken nach für den Fall anzuwenden ist, dass Ermittlungsbeamte bei *laufenden* Maßnahmen *faktisch* zur Offenlegung gezwungen werden könnten, ließe sich daher in Abrede stellen.[47]

Es wird auf diese Frage nicht ankommen. Als für hiesige Untersuchung wesentlich soll daher allein festgehalten werden, dass mit § 101 Abs. 5 StPO entgegen der Ansicht des Bundesgerichtshofs und entgegen Meyer-Goßner bereits die erste Norm gefunden ist, die sich nach Normzweck und Rechtsgedanken so

47 Nowrousian, Kriminalistik 2011, 370, 371.

lesen lässt, dass sie mehr als nur das eindeutig heimliche Vorgehen, sondern auch die konkludente und in jedenfalls einem Falle die ausdrückliche Täuschung gestattet.

Zu fragen ist, ob diese Norm darin von anderen Normen oder dem Normengefüge der StPO insgesamt flankiert und erweitert wird.

3.5 Ergebnis

Die Übergänge zwischen heimlichem Vorgehen und aktiver Täuschung sind mithin fließend. Jenseits der eindeutigen Fälle der unwahren Erklärung einerseits und dem Verheimlichen ohne direkte Kommunikation anderseits gibt es auch im Prozessrecht Fallkonstellationen, bei denen konkludente Täuschungen möglich scheinen. Auch enthält der Begriff der List, welche anders als die Täuschung auch in Vernehmungen erlaubt ist, oft auch ein Element der Täuschung.

Entsprechend ist zur Rechtfertigung von aktiver Täuschung an Normen, welche die Geheimhaltung gestatten, durchaus zu denken. Zumindest dann, wenn der Beschuldigte nach teilweiser Offenlegung der Ermittlungen fragt, ob auch Maßnahmen etwa nach § 100 a StPO erfolgt sind, wird man nicht umhin können, aus dem grundsätzlich nur die Geheimhaltung regelnden § 101 Abs. 5 StPO das Recht zur unwahren Beantwortung dieser Frage herzuleiten.

Entscheidend für die Zulässigkeit aktiver Täuschung ist indes nicht die Reichweite des § 101 Abs. 5 StPO. Entscheidend ist, inwieweit das Normgefüge der StPO insgesamt Aussagen zur Zulässigkeit aktiver Täuschung enthält.

4 Zur generellen Zulässigkeit aktiver Täuschung: Wahrhaftigkeit des Staates im Ermittlungsverfahren?

4.1 Die beiden Extreme: § 136 a StPO und § 110 a StPO

Um dies zu klären, soll der Blick nun gelöst werden sowohl von der Struktur, die der Bundesgerichtshof seiner Entscheidung zugrunde gelegt hat, als auch von der Begrenzung des Themas auf Fälle wie die zur Entscheidung gestellten, also legendierte Kontrollen.

Es soll die Frage dahin erweitert werden, ob die aktive Täuschung *als solche grundsätzlich* erlaubt oder verboten ist.

Die Frage kann man auch anders wenden: Darf der Beschuldigte sich darauf verlassen, dass Ermittlungsbehörden ihn zumindest grundsätzlich nicht anlügen dürfen? Hat der Beschuldigte also eine Art Anspruch auf Wahrhaftigkeit des Staates im Ermittlungsverfahren?

Ausgangspunkt dieser Überlegungen sollen die beiden – einzigen – Normen der Strafprozessordnung sein, welche zur aktiven Täuschung expressis verbis Stellung beziehen. Gemeint ist einmal § 136 a StPO, der in bestimmten Kontexten die aktive Täuschung ausdrücklich verbietet sowie andererseits § 110 a StPO, der die aktive Täuschung in einem bestimmten Fall gestattet und regelt.

4.2 § 136 a StPO: Das ausdrückliche Verbot der Täuschung

4.2.1 Der ungeklärte Normzweck

Begonnen werden soll zunächst mit § 136 a StPO. Dieser regelt das Verbot der Täuschung in Vernehmungen. Gemeint sind alle Arten von Vernehmungen, also richterliche sowie über Verweisnormen auch staatsanwaltschaftliche und polizeiliche. Täuschungen durch Vernehmungspersonen sind mithin im gesamten Verfahren verboten, auch im Ermittlungsverfahren.[48]

Um zu klären, wie weit dieses Täuschungsverbot reicht und was sich diesem ganz allgemein über Zulässigkeit oder Unzulässigkeit aktiver Täuschungen entnehmen lässt, ist auch hier zunächst nach dem Normzweck gerade des Täuschungsverbots zu fragen.

48 Meyer-Goßner, § 136 a Rn. 1.

Mit der herrschenden Lehre wird dabei durch den Verfasser, wie dargetan, davon ausgegangen, dass der Normzweck des Täuschungsverbots nicht der Schutz der Menschenwürde ist.

Lehnt man dies ab, so ist dann indes zu konstatieren, dass der Normzweck dieser Regelung im Blick auf die Täuschung auf seltsame Art ungeklärt geblieben ist.

In Schrifttum und Kommentierung wird überwiegend der Versuch gemacht, den Zweck des Täuschungsverbotes in § 136 a StPO als Ausdruck einer „integre(n) rechtsstaatliche(n) Strafrechtspflege" bzw. als Ausdruck des „Ansehen(s) des Rechtstaats" zu begründen.[49] So findet sich etwa bei Meyer-Goßner die Behauptung, die Täuschung des Beschuldigten in einer Vernehmung sei „eines Rechtsstaates unwürdig".[50] In die gleiche Richtung argumentiert Gleß im Löwe-Rosenberg, welche die Täuschung als „rechtsstaatlich bedenklich" erachtet[51] sowie Neuhaus, der – in Vermengung mit dem Schutz der Menschenwürde – den Sinn des Täuschungsverbotes in der Garantie einer „integere(n) rechtsstaatliche(n) Strafrechtspflege" sieht, welche sicherstellen soll, dass „keiner (…) bloßes Objekt des Strafverfahrens" werde.[52] Ähnlich argumentiert auch Seebode, welcher das „Ansehen des Staates", „menschliche Anständigkeit" und das Ziel eines „fairen Strafverfahrens" als Zwecke des Täuschungsverbotes nennt.[53] Den gleichen Weg beschreiten schließlich auch Kudlich, der wiederum auf die Unwürdigkeit der Täuschung für einen Rechtsstaat[54] rekurriert, sowie Sternberg-Lieben, der Ansehung und Selbstdarstellung des Rechtsstaates als Schutzzweck des Täuschungsverbotes ansieht[55].

Freilich vermögen derartige Begründungen wenig zu überzeugen.

Zunächst fällt auf, dass diese selten wirklich argumentativ abgestützt werden. Meistens erschöpft sich die These in der These selbst, ohne dass eine Begründung überhaupt nur erfolgen würde. Dies gilt etwa für alle zuvor zitierten Literaturstimmen, die alle eine Begründung ihrer jeweiligen Behauptungen schuldig bleiben.

Zutreffend weist darüber hinaus Lesch in seiner Kommentierung aus dem Jahre 1999 darauf hin, dass Begriffe wie „Ansehen des Rechtsstaats" oder

49 KMR-Lesch, §136 a Rn.7 m.w.N.
50 Meyer-Goßner, §136 a Rn. 12.
51 LR-Gleß, §136 a Rn. 39.
52 Neuhaus, NStZ 1997, 312, 314 f.
53 Seebode, JR 1988, 427, 428 m.w.N.
54 Kudlich, JuS 1997, 696, 698.
55 Sternberg-Lieben, JURA 1995, 299, 307.

„Integrität der Rechtspflege“ nur dann zur Begründung des Täuschungsverbotes herangezogen werden könnten, wenn diese Begriffe ihrerseits Ausdruck objektiver Beurteilungsmaßstäbe und nicht lediglich dessen wären, was der jeweilige Normanwender nach seinem subjektiven Empfinden als richtig postuliert.[56]

Besonders zu beachten ist dann freilich der zweite Kritikpunkt von Lesch: Dieser führt aus, dass nicht recht zu ersehen sei, weshalb die Täuschung des Beschuldigten bei der Vernehmung eines Rechtsstaates unwürdig sein soll, der auf Täuschung angelegte Einsatz von verdeckten Ermittlern oder V-Leuten aber nicht.[57]

Mit diesem letzten Aspekt trifft Lesch das Problem im Kern: Es ist gerade die Frage, ob die Täuschung des Beschuldigten als solche eines Rechtsstaates unwürdig ist, und gerade diese Frage gilt es *begründet* zu klären. Die bloße Behauptung, die Täuschung sei rechtsstaatlich bedenklich, ermangelt daher nicht nur einer Begründung, sondern verstellt gerade den Blick auf das eigentliche Problem.

Lesch selbst freilich bietet dann eine Argumentationslinie, mit der das Verbot der aktiven Täuschung begründet werden soll. Lesch ordnet dieses Verbot in den historischen Kontext der Überwindung des Inquisitionsprozesses ein und stellt dar, dass im Zuge dieses historischen Prozesses etwa ab der zweiten Hälfte des 19. Jahrhunderts bereits das generelle Verbot aufgestellt worden sei, durch Zwang und inquisitorische List auf den Inhalt der Aussage des Beschuldigten einzuwirken.[58] Es seien bereits damals – wie Lesch aus einen Aufsatz von Heldmann aus dem Jahre 1916 zitiert – „als selbstverständliche Pflicht (…) die Anwendung aller Versprechungen und Drohungen, aller Ueberrumpelungen und Ueberlistungen, überhaupt aller Mittel, die auf eine Schwächung der psychischen Kräfte hinauslaufen“[59], einem „strikten Tabu“[60] unterworfen worden. Grund für diesen historischen Kampf gegen den Inquisitionsprozess sei gewesen, durch ein Verbot erzwungener und erschlichener Geständnisse von zweifelhaftem Wert Fehlerquellen im Strafprozess zu minimieren.[61] In dieser rechtshistorischen Strömung sieht Lesch das Täuschungsverbot, und von diesem Ausgangspunkt aus hält er dieses nicht nur nicht für zu weit, sondern vielmehr sogar für zu eng gefasst.[62]

---

56 KMR-Lesch, §136 a Rn.7 m.w.N.

57 KMR-Lesch, §136 a Rn.7 m.w.N.

58 KMR-Lesch, §136 a Rn. 28 f.

59 KMR-Lesch, §136 a Rn.29 m.w.N.

60 KMR-Lesch, §136 a Rn. 29.

61 KMR-Lesch, §136 a Rn. 29.

62 KMR-Lesch, §136 a Rn. 29 f.

Die Argumentation von Lesch geht inhaltlich also dahin, das Täuschungsverbot diene dazu, zu verhindern, dass man zu falschen selbstbelastenden Aussagen eines Beschuldigten kommt. In die gleiche Richtung argumentiert auch der bereits genannte Kudlich, der die Erhaltung der „Qualität des Beschuldigten als Beweismittel" als weiteren Zweck des Täuschungsverbotes sieht, da dieser sich womöglich - auch - „im Irrtum über die tatsächlichen Umstände zu Aussagen genötigt sieht, die die Strafverfolgungsbehörden vielleicht ‚gerne hören' wollen".[63]

So historisch bedeutsam und anerkennenswert der Kampf gegen den Inquisitionsprozess – auf dessen Hauptvertreter im Kontext des Gebots der effektiven Strafverfolgung noch einmal eingegangen werden soll – auch war und so sehr einleuchtet, dass das Verbot der Folter in allen seinen Formen gerade auch dem Zweck dient, falsche Geständnisse und damit Fehlerquellen zu eliminieren, so wenig will indes einleuchten, wieso dies auch für das Verbot der Täuschung der Fall sein soll. Denn dass ein Beschuldigter aufgrund einer Täuschung etwas gesteht, was er nicht begangen hat, erscheint schon aus den Gründen jedenfalls unwahrscheinlicher, welche auch gegen die Einbeziehung der Täuschung in den Anwendungsbereich der Menschenwürde sprachen: Bei der Täuschung bleibt der Beschuldigte nämlich ganz allein Herr dessen, was er sagt, sodass im Regelfall schon gar keine *zwingende* Motivation durch Täuschung geschaffen werden kann, etwas zu gestehen, was man nicht begangen hat. Zwar kann auch durch Täuschung ein psychischer Druck aufgebaut werden, etwa dann, wenn wahrheitswidrig behauptet wird, ein anderer Beschuldigter habe bereits ein Geständnis abgelegt. Dies kann dann auch Anlass zu einem falschen Geständnis sein. Der Druck ist jedoch dem, welcher durch Folter aufgebaut werden kann, keinesfalls vergleichbar und die Gefahr einer von den Ermittlungsbehörden verursachten Falschbezichtigung daher zumindest deutlich geringer.

Es ist insoweit als erstes Zwischenergebnis zu konstatieren, dass der Grund, ein absolutes Täuschungsverbot in Vernehmungen auszusprechen, sich auch in mehr als sechzigjähriger Geltung des § 136 a StPO nicht sicher finden ließ.

4.2.2 Die misslungene Norm: Kritik und einschränkende Auslegung

Es verwundert daher nicht, dass § 136 a StPO, soweit er ein Verbot der Täuschung enthält, nach der Verabschiedung im Jahre 1950 erheblicher Kritik unterworfen war.

---

63 Kudlich, JuS 1997, 696, 698.

Die Norm wurde als kontraproduktiv für eine effektive Strafverfolgung erachtet sowie als überflüssig, da man die Notwendigkeit eines solchen Verbotes nicht sah.[64] So formulierte etwa Erbs in einem 1951 erschienenen Artikel: „Das absolute Verbot der Täuschung geht bis an die Grenze dessen, was für eine wirksame Bekämpfung von Verbrechen tragbar ist.“[65]

Schnell entwickelte sich insoweit eine bis heute herrschende Ansicht, welche sagt, dass §136 a StPO mit dem dort ausgesprochenen Täuschungsverbot zu weit gefasst sei und die Norm insoweit einer restriktiven Auslegung bedürfe.[66] Umstritten war allein, wie diese Restriktion erfolgen solle.[67]

Durchgesetzt und zur nunmehr herrschenden Dogmatik geworden hat sich dabei der doppelte Ansatz, einerseits eine Restriktionen über den Begriff der Vernehmung herbeizuführen sowie andererseits nicht jede Irreführung als aktive Täuschung zu fassen.[68]

Die erstere Linie besteht darin, zu postulieren, dass eine Vernehmung nur dann vorliegt, wenn ein Ermittlungsbeamter einem Beschuldigten in dieser Funktion gegenübertritt und Auskunft verlangt. Jenseits solcher förmlicher Vernehmungen soll das Täuschungsverbot nicht gelten, sodass insbesondere Spontanäußerungen und Äußerungen gegenüber verdeckt ermittelnden Personen durch das Verbot des § 136 a StPO nicht erfasst sind.[69]

Ferner soll die kriminalistische List keine aktive Täuschung im Sinne des § 136 a StPO darstellen und mithin erlaubt sein.[70]

Zwar ist zu Letzterem anzumerken, dass die Abgrenzung zwischen verbotener Täuschung und kriminalistischer List bis heute Schwierigkeiten bereitet und im Detail nicht sicher geklärt ist, weswegen diese Abgrenzung auch bis heute in der Kritik steht.[71] Wie bereits erörtert, wird eine trennscharfe Abgrenzung angesichts fließender Übergänge auch kaum je möglich sein.

Die zuvor beschriebene Linie der doppelten Einschränkung des Täuschungsverbotes ist indes, wie dargetan, zur herrschenden Ansicht in Schrifttum und Rechtsprechung geworden.

---

64 Bader, JZ 1951, 123; Erbs, NJW 1951, 386.
65 Erbs, NJW 1951, 386, 387.
66 Bader, JZ 1951, 123; Baumann, GA 1959, 33, 34 m.w.N.
67 Otto, GA 1970, 289, 296 ff., 299 ff.
68 Meyer-Goßner, § 136 a Rn. 12 ff.
69 Meyer-Goßner, § 136 a Rn. 4.
70 Meyer-Goßner, § 136 a Rn. 15.
71 SK-Rogall, §136 a Rn. 56 m.w.N.

Für die Rechtsprechung ist insoweit insbesondere die Hörfallen-Entscheidung des Großen Senats[72] zu nennen, welche die doppelte Einschränkung des § 136 a StPO bestätigt hat.

Zum Vernehmungsbegriff heißt es – zwar zu § 136 StPO, aber offensichtlich gleichlautend gemeint für alle die Vernehmung regelnden Normen des entsprechenden Abschnitts der Strafprozessordnung –:

> „Zum Begriff der Vernehmung im Sinne der Strafprozeßordnung gehört, daß der Vernehmende der Auskunftsperson (also dem Beschuldigten, dem Zeugen oder dem Sachverständigen) in amtlicher Funktion gegenübertritt und in dieser Eigenschaft von ihr Auskunft (eine ‚Aussage') verlangt (BGHSt 40, 211, 213; Rogall in SKStPO § 136 Rdn. 6; Schlüchter/Radbruch NStZ 1995, 354; Sternberg-Lieben Jura 1995, 299, 306, 308; a.A. Seebode JR 1988, 427, 428). Das entspricht der überkommenen Bedeutung des Wortes in der Rechtssprache und wird durch eine Reihe von Vorschriften der Strafprozeßordnung bestätigt, die Einzelheiten der formellen Abwicklung der (richterlichen oder anderen) Vernehmung betreffen oder die Verwertung ihrer Ergebnisse regeln und alle erkennbar auf das Bild dieser ‚offenen' Vernehmung zugeschnitten sind (vgl. für die Zeugen- und Sachverständigenvernehmung z.B. § 52 Abs. 3, §§ 69, 161a, 163a Abs. 5, § 168c Abs. 2 StPO, § 251 Abs. 1 und 2, § 253, für die Vernehmung des Beschuldigten z.B. §§ 115, 133, 135, 136 Abs. 1 und 2, § 147 Abs. 3, § 163a Abs. 1 Satz 1, Abs. 3 Satz 2 und Abs. 4; §§ 166, 168c Abs. 1, § 254 StPO)."[73]

Ausdrücklich abgelehnt werden Tendenzen in der Literatur, den Begriff „Vernehmung" über diese Grenzen hinaus zu erweitern:

> „Eine Erweiterung des Begriffs der Vernehmung in dem Sinn, daß hierzu alle Äußerungen des Beschuldigten gehören, welche ein Strafverfolgungsorgan direkt oder indirekt herbeigeführt hat (‚funktionaler Vernehmungsbegriff'; vgl. LG Darmstadt StV 1990, 104; G. Schäfer, Praxis des Strafverfahrens 5. Aufl. (1992) Rdn. 266; Seebode JR 1988, 427), ist dem Gesetz aus den eben dargelegten Gründen nicht zu entnehmen. Ein erweiterter Begriff würde überdies seine Einheitlichkeit für die verschiedenen Vorschriften der Strafprozeßordnung in Frage stellen. So würde ein solcher Vernehmungsbegriff auch auf Äußerungen zutreffen, die ein Verdeckter Ermittler im Rahmen seiner Tätigkeit beim Beschuldigten hervorgerufen hat; mit dem Sinn und Zweck der §§ 110a ff. StPO wäre das nicht zu vereinbaren. Darüber hinaus ist der Begriff unvereinbar mit dem von der Strafprozeßordnung vorgegebenen System der Beweismittel. Der Beschuldigte muß sich nicht stets mündlich äußern. Denkbar ist auch, daß er – mittelbar von der Polizei veranlaßt – eine schriftliche Erklärung abgibt, etwa einen Brief schreibt. Nach einem ‚funktionalen' Verständnis wären solche Äußerungen als Vernehmungen zu betrachten und gegebenenfalls dem Urkundenbeweis entzogen. Der Bundesgerichtshof hat bei po-

72 BGH NStZ 1996, 502.

73 BGHSt 42, 139, 145 f.

lizeilich veranlaßten Äußerungen, die der Telefonüberwachung unterlagen, deshalb eine Anwendung von Vorschriften über Vernehmungen abgelehnt (BGHSt 33, 217, 223 f.)."[74]

Auch Versuchen, durch analoge Anwendung von Normen über die Vernehmung deren Anwendungsbereich faktisch auszudehnen, erteilt der BGH im Blick auf den Normzweck eine Absage:

„Sinn und Zweck dieser Vorschriften ist es nicht, dem Tatverdächtigen zu Bewußtsein zu bringen, daß er von einer Amtsperson oder einer mit den Ermittlungsbehörden zusammenarbeitenden Privatperson befragt wird (so aber Roxin NStZ 1995, 465, 466); wäre dies der Fall, hätte eine Belehrung durch uniformierte Polizeibeamte oder vor Gericht keinen Sinn und schon gar nicht könnten Belehrungsfehler in diesen Fällen ein Verwertungsverbot begründen. Durch die Belehrung soll vielmehr gegenüber dem Beschuldigten eindeutig klargestellt werden, daß es ihm freisteht, nicht auszusagen, obwohl ihn ein Richter, Staatsanwalt oder Polizeibeamter in amtlicher Eigenschaft befragt. Das Belehrungsgebot will sicherstellen, daß der Beschuldigte vor der irrtümlichen Annahme einer Aussagepflicht bewahrt wird, zu der er möglicherweise eben durch die Konfrontation mit dem amtlichen Auskunftsverlangen veranlaßt werden könnte (ähnlich Schlüchter/Radbruch aaO S. 354). § 136 Abs. 1 StPO ist vor diesem Hintergrund einer kraft staatlicher Autorität vorgenommenen Befragung zu verstehen (Kramer, Grundbegriffe des Strafverfahrensrechts, 2. Aufl. 1994 Rdn. 28a)."[75]

Zum Begriff der Täuschung in § 136 a StPO heißt es dann:

„Der Begriff der Täuschung ist nach allgemeiner Ansicht zu weit gefaßt und muß einschränkend ausgelegt werden (Eb. Schmidt Lehrkommentar zur StPO und zum GVG Nachtragsband I § 136a Rdn. 13; Hanack in Löwe/Rosenberg StPO 24. Aufl. § 136a Rdn. 33 m.w.N.; Kleinknecht/Meyer-Goßner StPO 42. Aufl. § 136a Rdn. 12; Boujong in KK-StPO 3. Aufl. § 136a StPO Rdn. 19). Dabei ist der Bezug zur Freiheit der Willensentschließung und Willensbetätigung sowie zu den anderen in der Vorschrift aufgeführten verbotenen Mitteln zu berücksichtigen."[76]

Die – im zu entscheidenden Fall erfolgte – aktive Täuschung darüber, mit einem im Bereich der Ermittlungsbehörden stehenden Informanten zu sprechen, unterfällt nach der Entscheidung des BGH dem Täuschungsbegriff dabei gerade nicht:

„Mit der Beeinträchtigung der Willensentschließung und -betätigung durch Mißhandlung, durch Ermüdung, durch körperlichen Eingriff, durch Verabreichung von Mitteln

74 BGHSt 42, 139, 146.
75 BGHSt 42, 139, 146 f.
76 BGHSt 42, 139, 149.

oder durch Quälerei läßt sich eine Befragung des Beschuldigten, die das Ermittlungsinteresse nicht aufdeckt, nicht gleichstellen."[77]

Zur einzigen Norm in der Strafprozessordnung, welche die Täuschung überhaupt verbietet, ist daher Folgendes zu konstatieren: Der Normzweck ist bis heute ungeklärt geblieben. Es besteht große Übereinstimmung darin, dass ein weit gefasstes Täuschungsverbot eine effektive Strafverfolgung gefährden, wenn nicht gar unmöglich machen würde. Das Verbot der Täuschung ist daher restriktiv auszulegen.

Bereits diese Dogmatik zu § 136 a StPO legt nahe, dass es ein grundsätzliches Täuschungsverbot in der deutschen Strafprozessordnung gerade nicht gibt.

Dies ließe sich etwa aus einem Umkehrschluss zu der gebotenen restriktive Auslegung der einzigen die Täuschung verbietende Norm herleiten.

Vor einer abschließenden Bewertung sollen indes diejenigen Normen und Rechtsfiguren betrachtet werden, welche die aktive Täuschung explizit oder konkludent erlauben.

4.3 § 110 a StPO: Der Verdeckte Ermittler als konkludent erlaubte aktive Täuschung

Der Blick soll nun also auf die andere Seite gewendet werden zu derjenigen Norm, welche jedenfalls konkludent die aktive Täuschung gestattet.

Gemeint ist die gesetzliche Regelung des sogenannten Verdeckten Ermittlers, also eines Polizeibeamten, welcher unter falscher Identität mit dem Beschuldigten in Kontakt treten und so Informationen über diesen oder von diesem erhalten soll.

Es soll gefragt werden, was dieser Norm über die grundsätzliche Zulässigkeit aktiver Täuschung zu entnehmen ist.

4.3.1 Normzweck, Gesetzesbegründung und aktive Täuschung

Auch hier ist zunächst nach dem Normzweck zu fragen, wobei diese Frage auch hier mit der Gesetzesbegründung beginnen soll.

Die entsprechende gesetzliche Regelung ist durch das „Gesetz zur Bekämpfung des illegalen Rauschgifthandels und anderer Formen der organisierten Kriminalität" vom 15. Juli 1992, in Kraft getreten am 22. September 1992, Teil der Strafprozessordnung geworden. Zum Normzweck heißt es in der Gesetzesbegründung:

---

77 BGHSt 42, 139, 149.

> „Nicht nur der illegale Rauschgifthandel, sondern auch die sonstige organisierte Kriminalität sind gegenüber den herkömmlichen Ermittlungsmaßnahmen weitgehend immun. Die Strafverfolgungsbehörden müssen daher zu Ermittlungsmethoden greifen, die es erlauben, in das Innere der kriminellen Organisationen einzudringen.“[78]

Die aktive Täuschung Beschuldigter hält der Gesetzgeber jedenfalls in dem Deliktsfeld der organisierten Kriminalität, wohl aber, wie der Anwendungsbereich des Verdeckten Ermittlers in §110 a StPO zeigt, auch darüber hinaus, soweit es um erhebliche Kriminalität mit konspirativen Charakter geht, für eine unumgängliche Ermittlungsmethode.

Der Gesetzgeber hält diese Methode indes nicht allein für unumgänglich, er hält sie ganz offensichtlich auch für verfassungsrechtlich weithin unbedenklich.

So wird als Grund für eine gesetzliche Regelung ausdrücklich nicht eine verfassungsrechtliche Notwendigkeit in dem Sinne angesehen, dass der Einsatz Verdeckter Ermittler und die damit verbundene aktive Täuschung ohne eine spezielle Rechtsgrundlage unzulässig wären. Der Gesetzgeber hält vielmehr die bis zur Einführung des § 110 a StPO gängige Vorgehensweise, die Maßnahme selbst auf Generalklauseln und deren konkrete Ausgestaltung auf Verwaltungsvorschriften zu stützen, für verfassungsrechtlich zulässig.

Dies ergibt sich daraus, dass der Gesetzgeber verfassungsrechtliche Bedenken gegen das Fehlen einer speziellen Ermächtigungsgrundlage zwar aufgreift, diesen aber nur insoweit folgt, als er die Schaffung der speziellen Ermächtigungsgrundlage vorrangig zum Schutz der eingesetzten Beamten, nicht etwa des getäuschten Beschuldigten vornimmt und auch dies offensichtlich nicht für zwingend erachtet. So heißt es in der Gesetzesbegründung zu der entsprechenden Motivation:

> „Ein wesentliches Instrument hierzu ist der Einsatz Verdeckter Ermittler. Er wird im geltenden Recht auf §§ 161,163 gestutzt. Die Justiz- und Innenressorts der Länder haben ihn in den Jahren 1986 durch übereinstimmende Richtlinien geregelt (...). Allerdings wird die Regelung durch bloße Verwaltungsvorschrift vielfach nicht als zureichend angesehen und eine ausdrückliche gesetzliche Basis gefordert. Dem trägt der Entwurf schon im Interesse der Fürsorge für die eingesetzten Beamten Rechnung.“[79]

Tatsächlich hält der Gesetzgeber die Grundrechtsrelevanz und die Grundrechtsintensität des Verdeckten Ermittlers und damit der im deutschen Strafprozessrecht weitgehendsten Form der aktiven Täuschung des Beschuldigten als solche für außerordentlich marginal. Zur Grundrechtsintensität führt der Gesetzgeber in der Begründung zu § 110 a StPO insoweit ausdrücklich aus:

---

78 BT-Drucksache 12/989, S. 41.

79 BT-Drucksache 12/989, S.41.

> „Der Einsatz eines Verdeckten Ermittlers ist für sich allein meist von geringerer Eingriffsintensität als die Überwachung des Fernmeldeverkehrs oder der Einsatz technischer Überwachungsgeräte."[80]

Im Blick auf die hier interessierende Frage der Zulässigkeit aktiver Täuschung ist dieser vom Gesetzgeber herangezogene Vergleich von besonderem Interesse.

Wie dargetan handelt es sich bei Maßnahmen etwa der Überwachung des Fernmeldeverkehrs um ein heimliches Vorgehen, welches der aktiven Täuschung vorgelagert ist, sich mit dieser in einem Graubereich überschneiden kann, aber zumindest in seiner Grundform das Maß einer aktiven Täuschung noch nicht erreicht.

Dass der Gesetzgeber diese bloß heimlichen Maßnahmen für grundrechtsintensiver hält als die sehr viel weitergehende aktive Täuschung etwa durch Verdeckte Ermittler unterstreicht einmal mehr, dass der Gesetzgeber in der aktiven Täuschung des Beschuldigten als solcher kein sonderlich relevantes Rechtsproblem zu erkennen scheint.

Schon diese Passagen der Gesetzesbegründung können nicht anders gelesen werden, als dass der Gesetzgeber die aktive Täuschung als solche für ohne Weiteres zulässig erachtet.

Mit der aktiven Täuschung als solcher, welche durch den Einsatz Verdeckter Ermittler erfolgt, befasst sich der Gesetzgeber in der gesamten Gesetzesbegründung dann auch nur ein einziges mal, und zwar gerade nicht mit der aktiven Täuschung des Beschuldigten, sondern alleine mit der durch den Einsatz Verdeckter Ermittler möglichen aktiven Täuschung des redlichen Geschäftsverkehrs. Nur dies scheint dem Gesetzgeber ein Problemfeld, welches einer expliziten Befassung bedarf. Der Gesetzgeber erörtert insoweit im Zusammenhang mit Ausführungen, welche die Legende des Verdeckten Ermittlers und dessen Teilnahme am Rechtsverkehr unter dieser Legende betreffen, an einer Stelle ausdrücklich die Frage, was zu geschehen hat, wenn der Verdeckte Ermittler unter dieser Legende einen Schaden verursacht.[81] Der Gesamtkontext dieser Ausführungen machte deutlich, dass damit ein zivilrechtlicher Schaden gemeint ist und der Gesetzgeber hier allein den geschädigten redlichen Geschäftsverkehr, nicht aber den in seinen Grundrechten verletzten Beschuldigten im Blick hat.

Der Gesetzgeber sieht sich zu diesem Blick auf die Problemlage insbesondere auch deshalb berechtigt, da er seine Einschätzung zur Notwendigkeit und Zulässigkeit des Verdeckten Ermittlers und der damit einhergehenden aktiven

---

80 BT-Drucksache 12/989, S.41.

81 BT-Drucksache 12/989, S.42.

Täuschung des Beschuldigten in Übereinstimmung sieht mit ständiger obergerichtlicher Rechtsprechung.[82]

Dem ist zuzustimmen, da sowohl der Bundesgerichtshof als auch das Bundesverfassungsgericht in der Tat in ständiger Rechtsprechung entsprechende Ermittlungsmaßnahmen dem Grunde nach für unumgänglich und unbedenklich erachten.

Zur kriminalistischen Notwendigkeit dieser die aktive Täuschung implizierenden Ermittlungsmaßnahmen heißt es etwa in einer auch vom Gesetzgeber in der Begründung zu § 110 a StPO zitierten[83] Entscheidung des Bundesgerichthofs vom 17. Oktober 1983:

> „Die Entwicklung der Kriminalität im mittleren und schweren Bereich in den vergangenen Jahren ist nicht nur durch einen zahlenmäßigen Anstieg der Straftaten gekennzeichnet, sie läßt vielmehr auch eine qualitative Veränderung insoweit erkennen, als in verstärktem Maße kriminelle Organisationen in Erscheinung treten, durch die die Verbrechensaufklärung wesentlich erschwert wird. Dies gilt insbesondere auf dem Gebiet des Rauschgifthandels, bei Straftaten im Zusammenhang mit dem ‚Nachtgewerbe', im Hinblick auf die Verschiebung hochwertiger Kraftfahrzeuge, für Diebstähle in großem Ausmaß, teilweise auf Bestellung, auf dem Hintergrund eines organisierten Hehlerrings, für die Herstellung und Verbreitung von Falschgeld sowie beim illegalen Waffenhandel. Die Vorgehensweise der Täter im Rahmen dieses „organisierten Verbrechens" ist darauf angelegt, die Hauptpersonen möglichst nicht nach außen in Erscheinung treten zu lassen. Die Polizei kann mit herkömmlichen Ermittlungsmethoden bei derart organisierten Gruppierungen häufig nur solche Straftäter überführen, die innerhalb der Gruppierung eine untergeordnete Rolle spielen. Da diese Straftäter in der Regel beliebig austauschbar und ersetzbar sind, werden die kriminellen Aktivitäten der Organisation durch eine Aufdeckung der Taten dieser Randfiguren im Kern nicht gestört, zumal die Randtäter in der Regel keinen Einblick in Aufbau und Zusammensetzung der Gesamtorganisation haben. Unvermeidbare Mitwisser werden im übrigen mittels Schweigegeldern oder durch Drohung und Einschüchterung davon abgehalten, ihre Wahrnehmungen weiterzugeben. Wird ein Einzeltäter gefaßt und in Haft genommen, gewährt die Organisation den bedürftigen Familienangehörigen häufig materielle Unterstützung und übernimmt die Verteidigerkosten, um auf diese Weise Gefügigkeit zu erreichen und der Offenbarung von Wissen, das die Organisation betrifft, vorzubeugen.
>
> Der Erfolg der Verbrechensbekämpfung hängt daher letztlich davon ab, inwieweit die hauptverantwortlichen Straftäter, die Organisatoren, Finanziers und im Hintergrund agierenden Drahtzieher der Begehung von Straftaten überführt werden können. Um diesem Ziel näher zu kommen, sind die Ermittlungsbehörden dazu übergegangen,

82 BT-Drucksache 12/989, S.41.

83 BT-Drucksache 12/989, S.41.

verdeckt operierende Polizeibeamte in die Organisationen einzuschleusen und V-Leute einzusetzen."[84]

Die insoweit von den Ermittlungsbehörden gefundene Lösung wird vom Bundesgerichtshof sodann in derselben Entscheidung für unbedenklich erachtet:

„Im Hinblick auf die veränderten Kriminalitätsstrukturen und der durch sie bewirkten erheblichen Erschwerung der Verbrechensaufklärung besteht in der neueren Rechtsprechung der Obergerichte und auch des Bundesgerichtshofs Einigkeit darüber, daß die Bekämpfung der geschilderten Formen der Kriminalität den Einsatz anonymer Gewährsleute erfordert (BGH NStZ 1982, 40; 1983, 325, 326). Die Notwendigkeit des Einsatzes von V-Personen zur Bekämpfung besonders gefährlicher und schwer aufklärbarer Kriminalität ist unbestritten. Nach der insoweit feststehenden Rechtsprechung des Bundesgerichtshofes ist auch nicht zu bezweifeln, daß es zulässig ist, das Wissen von V-Personen in das Strafverfahren einzuführen (BGH JR 1969, 305; GA 1975, 333; NJW 1980, 1761; NStZ 1981, 70; NJW 1981, 1626; BGH, Urteil vom 16. Februar 1983 – 2 StR 437/82 – S. 10; vgl. ferner KK-Mayr § 250 StPO Rdn. 13 ff m.w.N.; kritisch hierzu aus der Literatur: Lüderssen, Festschrift für Karl Ignors, 1974, S. 349 ff; Dencker, Festschrift für Dünnebier, 1982, S. 447 ff; Berz JuS 1982, 417 ff; Bruns NStZ 1983, 49). Auch der Vorlegungsbeschluß geht davon aus, daß der V-Mann als solcher ein mögliches Beweismittel ist. Gegen die Verwertung des Wissens des V-Mannes, das prozessordnungsgemäß in das Verfahren eingeführt worden ist, bestehen danach keine grundsätzlichen Einwendungen. Etwas anderes ergibt sich auch nicht aus verfassungsrechtlichen Erwägungen. Aus der Entscheidung des Bundesverfassungsgerichts BVerfGE 57, 250 ff folgt eindeutig, daß jedenfalls gegen die Verwendung des Wissens einer namentlich bekannten V-Person keine verfassungsrechtlichen Bedenken hergeleitet werden können."[85]

Das Bundesverfassungsgericht teilt diese Ansicht, ergänzt die Argumentation des Bundesgerichtshof indes noch um den Aspekt, dass der Einsatz Verdeckter Ermittler und damit Maßnahmen der aktiven Täuschung unter gewissen kriminalistischen Erwägungen nicht nur verfassungsrechtlich unbedenklich, sondern im Blick auf das Gebot effektiver Ermittlungsarbeit sogar verfassungsrechtlich geboten sein können:

„Es liegt indessen auf der Hand, daß es verfassungsmäßig legitimierte staatliche Aufgaben gibt, die zu ihrer Erfüllung der Geheimhaltung bedürfen, ohne daß dagegen verfassungsrechtliche Bedenken zu erheben wären. Die Wahrnehmung derartiger – in ihrer rechtlichen Gebundenheit nicht außerhalb des Rechtsstaats stehender – Aufgaben würde erheblich erschwert und in weiten Teilen unmöglich gemacht, wenn die Aufdeckung geheimhaltungsbedürftiger Vorgänge im Strafverfahren ausnahmslos geboten wäre. Dies gilt insbesondere für Erkenntnisse und Arbeitsweisen der für die innere und

84 BGHSt 32, 115, 120 f.

85 BGHSt 32, 115, 121 f.

äußere Sicherheit der Bundesrepublik Deutschland tätigen Behörden. Auch zur Bekämpfung besonders gefährlicher Kriminalität, wie etwa der Bandenkriminalität und das Rauschgifthandels, können die Strafverfolgungsorgane, wenn sie ihrem Auftrag der rechtsstaatlich gebotenen Verfolgung von Straftaten überhaupt gerecht werden sollen, ohne den Einsatz sogenannter V-Leute nicht auskommen, deren Identität auch noch nach dem Einsatz gewahrt werden muß."[86]

Festzustellen ist daher zunächst Folgendes:

Gesetzgeber und Obergerichte halten Ermittlungsmaßnahmen, welche eine aktive Täuschung implizieren, als solche für grundrechtlich wenig gravierend, jedenfalls in bestimmten Deliktsfeldern notwendig und zumindest dort verfassungsrechtlich gänzlich unbedenklich.

Die Notwendigkeit, von welcher Gesetzgeber und Obergerichte dabei ausgehen, ist dabei als kriminalistische Notwendigkeit zu verstehen, das heißt: Notwendig ist die aktive Täuschung, weil anders nicht effektiv ermittelt werden kann.

Ist eine aktive Täuschung aber in diesem Sinne notwendig, so kann sie im Blick darauf, dass es rechtsstaatlich geboten ist, dass die Ermittlungsbehörden effektiv arbeiten können, ihrerseits nicht nur erlaubt, sondern vielmehr gerade geboten sein.

4.3.2 Der Streit um die Selbstbelastungsfreiheit: Aktive Täuschung als Verletzung des nemo-tenetur-Prinzips?

Mit dieser eindeutigen Positionierung des Gesetzgebers sowie deren obergerichtlicher Bestätigung war die Diskussion um das Erlaubtsein oder jedenfalls die Grenzen aktiver Täuschung indes keineswegs dauerhaft beendet.

Gerade die beiden zurückliegenden Jahrzehnte haben vielmehr eine sehr lebhafte Diskussion um das Erlaubtsein und die Grenzen aktiver Täuschungen erlebt, wobei Aufhänger jeweils die Erlangung selbstbelastender Äußerungen eines Beschuldigten durch verdeckt agierende Personen wie Verdeckte Ermittler oder V-Leute waren und die Frage im Raume stand, inwieweit durch das Verhalten der ermittelnden Personen das Recht des Beschuldigten, nicht selbst zu seiner Überführung beitragen zu müssen, verletzt worden sein könnte.

Freilich schien auch diese im Schrifttum von Beginn an kontrovers diskutierte Frage[87] zumindest für die Praxis durch die bereits zitierte Entscheidung

86 BVerfGE 57, 250, 284.

87 Meyer-Goßner, §136 a Rn. 4 a m.w.N.

des Großen Senats des Bundesgerichtshofs 13. Mai 1996[88] zunächst eindeutig entschieden.

Der Bundesgerichtshof sah nämlich den Grundsatz der Selbstbelastungsfreiheit durch entsprechendes Verhalten etwa von Verdeckten Ermittlern schlechterdings nicht berührt. Der Grundsatz der Selbstbelastungsfreiheit schütze nämlich, so der Bundesgerichtshof, lediglich davor, zu selbstbelastenden Aussagen nicht gezwungen zu werden. Davor, durch Täuschung zu solchen veranlasst zu werden, schützte dieser Grundsatz nicht. Entsprechend klar und eindeutig heißt es in der Entscheidung dann auch:

> „Gegenstand des Schutzes des nemo-tenetur-Grundsatzes ist die Freiheit von Zwang zur Aussage oder zur Mitwirkung am Strafverfahren. Die Freiheit von Irrtum fällt nicht in den Anwendungsbereich dieses Grundsatzes."[89]

Tangiert sein könne durch ein solches Verhalten allein der Grundsatz des fairen Verfahrens. Insoweit sei eine Abwägung erforderlich, bei welcher davon auszugehen sei, dass die Erlangung selbstbelastender Aussagen eines Beschuldigten mittels aktiver Täuschung jedenfalls dann nicht zu beanstanden sei, wenn es um die Aufklärung schwerer Straftaten gehe und diese Aufklärung auf andere Art unmöglich oder wesentlich erschwert wäre.

Auch wenn diese Entscheidung im Schrifttum auf erhebliche Kritik stieß,[90] so war damit jedoch zweierlei erreicht: Zum einen war die Frage, wie dargetan, für die Praxis entschieden. Zum anderen war, worauf selten geblickt wurde, die Frage in einer Art und Weise entschieden, welche dem gesetzgeberischen Willen, die aktive Täuschung jedenfalls zur Bekämpfung schwerer Kriminalität möglichst großflächig einzusetzen, ohne darin schwerwiegende Grundrechtseingriffe zu sehen, durchaus entsprach.

In die insoweit bei festen Fronten befriedete Diskussion kam indes wieder erhebliche Bewegung durch die Entscheidung des Europäischen Gerichtshofs für Menschenrechte vom 5. November 2002 in dem Verfahren Allan vs. Großbritannien.[91]

Zur Entscheidung gestellt war dem Europäischen Gerichtshof für Menschenrechte ein Fall, in welchem der Beschwerdeführer durch britische Gerichte wegen Mordes verurteilt worden war und die Beweisführung im Wesentlichen auf der Zeugenaussage eines Informanten der Polizei beruhte, welcher auf Veranlassung

88 BGHSt 42, 139.

89 BGHSt 42, 139, 153.

90 Meyer-Goßner, §136 a Rn. 4 a m.w.N.

91 EGMR StV 2003, 257.

der Polizei zu dem inhaftierten Beschwerdeführer auf dieselbe Zelle verlegt und dahin instruiert worden war, aus diesem an Information heraus zu holen, was möglich sei. Entsprechend gelang es diesem nach eigenen Angaben dann schließlich auch, den Beschwerdeführer, welcher sich zuvor in polizeilichen Vernehmungen auf sein Schweigerecht berufen hatte, zu der Aussage zu bringen, dass der Beschwerdeführer am Tatort anwesend gewesen sei. Maßgeblich auf dieser Aussage beruhte die Verurteilung.

Der Europäische Gerichtshof für Menschenrechte sah hierin eine Verletzung des Art. 6 Abs. 1 EMRK und begründete dies in einer Art und Weise, welche sich zunächst von der Rechtsprechung des Bundgerichtshofs zur Zulässigkeit der Erlangung selbstbelastender Aussagen durch aktive Täuschung deutlich abzuheben schien.

Der erste zentrale Unterschied bestand darin, dass der Europäische Gerichtshof für Menschenrechte den Schutzbereich des Grundsatzes der Selbstbelastungsfreiheit für eröffnet ansah und damit ausdrücklich entschied, dass darunter nicht nur Zwang falle, sondern prinzipiell die Freiheit einer verdächtigen Person, zu entscheiden, ob sie gegenüber der Polizei aussagen oder schweigen wolle. Der erste Leitsatz der Entscheidung lautet daher entsprechend:

> „Der Anwendungsbereich des Schweigerechts des Beschuldigten ist nicht auf Fälle beschränkt, in denen der Beschuldigte Zwang widerstehen mußte oder in denen der Wille des Beschuldigten in irgendeiner Weise direkt überwunden wurde. Das Schweigerecht, das zum Kernbereich des fairen Verfahrens gehört, dient vielmehr prinzipiell der Freiheit einer verdächtigen Person, zu entscheiden, ob sie in Polizeibefragungen schweigen oder aussagen will.“[92]

In den Gründen stellt der Europäische Gerichtshof für Menschenrechte dann zwar selbst dar, dass der Schutz gegen Selbstbelastung bzw. das Schweigerecht von dem Gerichtshof wiederholt zunächst nur so verstanden wurde, dass es darauf abziele, den Beschuldigten gegen unzulässigen Zwang der Strafverfolgungsbehörden zu schützen und bezeichnet diesen Schutz gegen unzulässigen Zwang auch als dasjenige, wozu die Selbstbelastungsfreiheit in erster Linie diene.[93] Das Gericht geht dann jedoch in der bezeichneten Art darüber hinaus und führt aus, dass prinzipiell die Freiheit einer verdächtigen Person, zu entscheiden, ob sie aussagen wolle oder nicht, von dem Grundsatz der Selbstbelastungsfreiheit umfasst sei.

---

92 EGMR, StV 2003, 257.

93 EGMR, StV 2003, 257, 259.

Diese Einbeziehung wird dabei dahin akzentuiert, dass es ein Unterlaufen dieses Grundsatzes sei, wenn man einen Beschuldigten, welcher sich in Vernehmungen bereits zum Schweigen entschieden habe, nun durch Täuschung zu einer selbstbelastenden Aussage veranlasse, welche man ohne diese Täuschung nicht hätte erlangen können. Entsprechend lautet der zweite Leitsatz:

> „Eine freie Entscheidung des Beschuldigten wird effektiv unterlaufen, wenn die Behörden in einem Fall, in dem sich der Beschuldigte in der Vernehmung für das Schweigerecht entschieden hat, eine Täuschung anwenden, um dem Beschuldigten Geständnisse oder andere belastende Äußerungen zu entlocken, die sie in der Vernehmung nicht erlangen konnten, und die so erlangten Geständnisse oder selbstbelastenden Äußerungen in den Prozeß als Beweis einzuführen.“[94]

Freilich sieht der Europäische Gerichtshof für Menschenrechte bereits in dieser Entscheidung nicht in jeder aktiven Täuschung mit der Folge einer Selbstbelastung zugleich einen Konventionsverstoß, sondern bemüht sich bereits hier um das Aufstellen von Kriterien, in welchen Fällen sich eine Verletzung des Schweigerechts aus Art. 6 EMRK ergeben soll. Zunächst wird festgestellt, dass es auf die Umstände des Einzelfalles ankomme. Eine Verletzung sei dann anzunehmen, wenn ein Informant als „Agent des Staates“ handele und den Beschuldigten so zu einer Äußerung veranlasse. Als Agent des Staates anzusehen sein soll ein Informant dann, wenn der Wortwechsel zwischen dem Beschuldigten und dem Informanten nicht in der gleichen Weise erfolgt wäre, wenn die Behörden nicht eingegriffen hätten. Von einer Veranlassung soll auszugehen sein, wenn die fraglichen Beweise „entlockt“ worden seien, was wiederum von der Art der Beziehung zwischen dem Informanten und dem Beschuldigten sowie davon abhängen soll, ob das Gespräch des Informanten mit dem Beschuldigten als funktionales Äquivalent einer staatlichen Vernehmung anzusehen sei. [95]

Von den Gegnern der zuvor skizzierten Rechtsprechung des Bundesgerichtshofs wurde diese Entscheidung begrüßt, wobei die Ansicht geäußert wurde, die Entscheidung stehe quer zur Dogmatik des Bundesgerichtshofs und zwinge diesen, seine ohnehin abzulehnende Haltung aufzugeben. So vertrat etwa Gaede in einer Urteilsanmerkung[96] die Ansicht, dass mit dieser Entscheidung sowohl die bisherige Auslegung des Selbstbelastungsfreiheitsgrundsatzes sowie darüber hinaus das Prinzip aufzugeben sei, dass jede Art des Einsatzes von V-Personen zur Erlangung selbstbelastender Aussagen bei schweren Delikten gestattet sei.

94 EGMR, StV 2003, 257.
95 EGMR, StV 2003, 257.
96 Gaede, StV 2003, 260.

Letzteres begründet er damit, dass die Rechte des Art. 6 EMRK, zu welchen auch das Schweigerecht gehöre, gerade unabhängig von der Art und Schwere des vorgeworfenen Delikts zu gewähren seien. Und da Art. 6 EMRK durch die aktive Täuschung entgegen der Ansicht des BGH eben doch tangiert sein könne, komme irgendeine Art von Abwägung mit der Deliktsschwere für die Zulässigkeit einer solchen Täuschung nicht in Betracht.[97]

In der so genannten Mallorca-Entscheidung vom 26. Juli 2007 griff der Bundesgerichtshof sodann die Rechtsprechung des Europäischen Gerichtshofs für Menschenrechte auf.[98]

Zur Entscheidung gestellt war ein Urteil des Landgerichts Wuppertal aus dem Jahre 2006, durch welches der Angeklagte wegen Körperverletzung mit Todesfolge zu einer Freiheitsstrafe von acht Jahren verurteilt worden war. Das Landgericht hatte es als erwiesen angesehen, dass der Angeklagte in seiner Wohnung auf Mallorca ein 15 Jahre altes Mädchen betäubt habe, welches dadurch verstorben sei. Die Kammer war zu ihrer Überzeugung wesentlich durch die Aussage eines Verdeckten Ermittlers gelangt.

Hintergrund war, dass, nachdem andere Ermittlungsansätze nicht mehr vorhanden waren und nachdem der Beschuldigte sich bereits auf sein Schweigerecht berufen hatte, mit gerichtlicher Zustimmung ein Verdeckter Ermittler auf den sich in Untersuchungshaft befindenden Beschuldigten angesetzt worden war, welchem es schließlich gelang, das Vertrauen des Beschuldigten zu gewinnen und welcher dessen einzige Kontaktperson außerhalb des Strafvollzuges war. Im Blick auf Letzteres war der Beschuldigte auf den Verdeckten Ermittler auch für Vollzugslockerungen angewiesen. Während eines gewährten Hafturlaubs im Jahre 2005, welchen der Beschuldigte gemeinsam mit dem Verdeckten Ermittler in einem von diesem angemieteten Haus verlebte, brachte der Verdeckte Ermittler das Gespräch auf die verfahrensgegenständliche Tötung und verlangte von dem auch gegenüber dem Verdeckten Ermittler die Tat bis dahin stets leugnenden Beschuldigten unter Hinweis auf das bestehende Vertrauensverhältnis wahrheitsgemäße Angaben. Im Blick darauf, dass der Beschuldigte auf den Verdeckten Ermittler für seine weitere Lebensplanung angewiesen war, gestand er diesem gegenüber die Tat grundsätzlich ein.

Auf eine entsprechende Verfahrensrüge der Verteidigung hin entschied der Bundesgerichtshof, dass die Verwertung der Angaben des Verdeckten Ermittlers unzulässig gewesen sei.

---

97 Gaede, StV 2003, 260 ff.

98 BGHSt 52, 11.

Dabei stellte der Bundesgerichtshof zunächst fest, dass die Voraussetzungen für den Einsatz eines Verdeckten Ermittlers vorgelegen hätten und dass daraus folge, dass die von dem Verdeckten Ermittler gewonnenen Erkenntnisse grundsätzlich ohne Weiteres verwertbar seien. Dies gelte gerade auch für Äußerungen, welche der Beschuldigte dem Verdeckten Ermittler gegenüber getätigt habe. Der Senat führte dazu aus:

> „Insbesondere hätten auch der Verwertung von Äußerungen des Angeklagten keine rechtlichen Hindernisse entgegengestanden, die dieser – jedenfalls außerhalb bestimmter Haftsituationen (vgl. dazu BGHSt 34, 362; 44, 129) – aufgrund des von dem Verdeckten Ermittler geschaffenen Vertrauensverhältnisses diesem gegenüber von sich aus gemacht hätte.“[99]

Unter Beibehaltung der bis dahin entwickelten und zuvor skizzierten Rechtsprechung des Bundesgerichtshofs sah der Senat insbesondere auch in fehlenden Belehrungen keinen Grund, welcher gegen die Verwertbarkeit der Aussage hätte sprechen können. Insoweit heißt es:

> „Dass ein Verdeckter Ermittler nicht gehalten ist, den Beschuldigten, gegen den er eingesetzt ist, über sein Schweigerecht zu belehren, wenn dieser dazu ansetzt, über die Tat zu berichten, versteht sich aus dem Wesen des von der Strafprozessordnung zugelassenen Einsatzes von Verdeckten Ermittlern und begegnet auch mit Blick auf die verfassungsmäßigen und prozessualen Rechte des Beschuldigten keinen Bedenken.“[100]

Ganz in der Diktion des Europäischen Gerichtshofs für Menschenrechte sah der Bundesgerichtshof dann indes gleichwohl eine unzulässige Maßnahme, welche ein Verwertungsverbot nach sich zieht, darin, dass der Verdeckte Ermittler hier über die bloße Weitergabe von von dem Beschuldigten freiwillig getätigten Äußerungen hinaus massiv auf eine selbstbelastende Äußerung des Beschuldigten hingewirkt habe. Der entsprechende Leitsatz lautete:

> „Ein Verdeckter Ermittler darf einen Beschuldigten, der sich auf sein Schweigerecht berufen hat, nicht unter Ausnutzung eines geschaffenen Vertrauensverhältnisses beharrlich zu einer Aussage drängen und ihm in einer vernehmungsähnlichen Befragung Äußerungen zum Tatgeschehen entlocken (Rn.15). Eine solche Beweisgewinnung verstößt gegen den Grundsatz, dass niemand verpflichtet ist, sich selbst zu belasten (Rn.19), und hat regelmäßig ein Beweisverwertungsverbot zur Folge (Rn.36).“[101]

Unter erneuter Bekräftigung der Entscheidung des Großen Senats, soweit es um die Unanwendbarkeit der §§ 136 und 136 a StPO auf Konstellationen wie

---

99 BGHSt 52, 11, 14 f.

100 BGHSt 52, 11, 15.

101 BGHSt 52, 11.

der vorliegenden geht, stellte der Senat sodann ausdrücklich fest, dass nach der Entscheidung des Großen Senates der Grundsatz der Selbstbelastungsfreiheit lediglich vor Zwang schütze, im Blick auf die zitierte Entscheidung des Europäischen Gerichtshofs für Menschenrechte indes von einem weitergehenden Schutzbereich mit der Folge ausgegangen werden könne, dass die bisherige Rechtsprechung des Bundesgerichtshofs womöglich zu korrigieren sei. Diese Frage bedürfe indes keiner abschließenden Entscheidung, da jedenfalls in einer Fallkonstellation, in welcher der Beschuldigte sich ausdrücklich auf sein Schweigerecht berufen habe, der Grundsatz der Selbstbelastungsfreiheit verbiete, ihn in gezielten, vernehmungsähnlichen und von den Ermittlungsbehörden mit initiierten Gesprächen doch noch zu einer selbstbelastenden Aussage zu bringen, zu welcher er zuvor nicht bereit gewesen sei. Die Ermittlungsbehörden hätten dann, wenn ein eindeutiges Sich-Berufen auf das Schweigerecht vorliege, dieses zu respektieren.

Ausdrücklich begründet der Senat seine Entscheidung damit, dass nur so die rechtlich gebotene Umsetzung der Europäischen Menschenrechtskonvention im Verständnis des Europäischen Gerichtshofs für Menschenrechte gewährleistet sei. Ebenso ausdrücklich hebt der Senat indes hervor, dass darin auch keine Abweichung von der bisherigen Rechtsprechung insbesondere des Großen Senates zu sehen sei. Bereits der Große Senat habe nämlich unter Rückgriff auf den Grundsatz des fairen Verfahrens und gerade auch wegen der Nähe zum Grundsatz der Selbstbelastungsfreiheit bereits anerkannt, dass die grundsätzlich zulässige Befragung von Beschuldigten durch verdeckt ermittelnde Personen in Einzelfällen unzulässig sein könne. Dabei habe der Senat bereits ausdrücklich auch den Fall in Erwägung gezogen, in welchem sich der Beschuldigte zuvor ausdrücklich auf sein Schweigerecht berufen habe. Der Senat führt insoweit aus:

> „Der Rechtsprechung des Bundesgerichtshofs scheint zwar in der Tendenz ein engeres Verständnis vom Regelungsgehalt des nemo-tenetur-Grundsatzes zugrunde zu liegen. Dafür spricht insbesondere die Entscheidung des Großen Senats für Strafsachen, die – wie dargestellt – hervorhebt, dass der Grundsatz die Freiheit von Zwang zur Aussage beinhaltet (BGHSt 42, 139, 151 ff. – GS). Indes hat auch der Große Senat ausdrücklich die rechtsstaatlichen Grenzen betont, die der vernehmungsähnlichen Befragung von Tatverdächtigen ohne Aufdeckung der Ermittlungsabsicht – wegen ihrer Nähe zum nemo-tenetur-Prinzip (BGHSt 42, 139, 156 – GS) – gesetzt sind (BGHSt 42, 139, 154 ff. – GS). Aus dieser Nähe sowie aus dem Rechtsstaatsprinzip, speziell dem Grundsatz des fairen Verfahrens könne sich eine heimliche Befragung im Einzelfall auch unter Berücksichtigung des Gebotes einer effektiven Strafverfolgung als unzulässig erweisen (vgl. BGHSt 42, 139, 156 f. – GS). Abgesehen von diesen ganz allgemein bestehenden – durch Abwägung im Einzelfall zu ermittelnden – Grenzen steht nach der Entscheidung des Großen Senats für Strafsachen aber auch außer Frage, dass in verschiedenen Sachverhalten die

heimliche Befragung von Tatverdächtigen aus rechtsstaatlichen Gründen von vornherein unzulässig ist (BGHSt 42, 139, 154 f. – GS). Als Beispiele aus der älteren Rechtsprechung werden in diesem Zusammenhang ausdrücklich die Fälle erwähnt, dass einem Untersuchungshäftling ein Spitzel in die Zelle gelegt (BGHSt 34, 362; vgl. auch BGHSt 44, 129) oder das gesprochene Wort verbotswidrig fixiert wurde (BGHSt 31, 304; 34, 39). Der Große Senat hat als weiteren möglichen Anwendungsfall einer aus rechtsstaatlichen Gründen absolut unzulässigen heimlichen Befragung des Beschuldigen den der gezielten Anbahnung eines Liebesverhältnisses zur Gewinnung von Informationen genannt und daran anschließend weiter ausgeführt, dass ‚auch an einen Fall gedacht werden kann, in dem der Beschuldigte durch eine Privatperson befragt wurde, obwohl er zuvor in einer Vernehmung ausdrücklich erklärt hatte, keine Angaben zur Sache machen zu wollen' (BGHSt 42, 139, 155 – GS).“[102]

Bereits nach seinem eigenen Dafürhalten macht der Senat hier offenbar zweierlei: er greift die neue Dogmatik des Europäischen Gerichtshofs für Menschenrechte zum Schutzbereich des Grundsatzes der Selbstbelastungsfreiheit auf und kommt unter Anwendung dieses Grundsatzes zur Unzulässigkeit der entsprechenden Ermittlungsmethode; zugleich stellt er indes heraus, dass man mit der Dogmatik des Großen Senates über den Grundsatz des fairen Verfahrens zu exakt dem gleichen Ergebnis gekommen wäre.

Bewegte sich der Bundesgerichtshof in der Mallorca-Entscheidung zumindest in der dogmatischen Einordnung auf den Europäischen Gerichtshof für Menschenrechte zu, so kam dieser in der nachfolgenden Entscheidung Bykov vs. Russland[103] im Ergebnis der restriktiveren Handhabung von Beschuldigtenrechten durch den Bundesgerichtshof deutlich entgegen, wobei er auch die in der Allan-Entscheidung aufgestellten Grundsätze in einer Art und Weise konkretisierte, welche deren Anwendungsbereich zu begrenzen schienen.

Zur Entscheidung gestellt war dem Gerichtshof die Verurteilung eines russischen Beschwerdeführers wegen versuchter Anstiftung zum Mord durch russische Strafgerichte, welcher die Feststellung zugrunde lag, der Beschwerdeführer habe einen später als V-Mann der Polizei arbeitenden Zeugen mit der Ermordung seines früheren Geschäftspartners beauftragt. Nachdem sich der derart Beauftragte der Polizei anvertraut hatte, hatte diese das Auffinden der Leiche des Geschäftspartners inszeniert und medial verbreitet und dann den mit Abhörtechnik präparierten Zeugen gezielt zu dem Beschwerdeführer geschickt, der diesen in einem Gasthaus seines Anwesens empfing, wo der Zeuge dem Beschwerdeführer gegenüber die Ausführung des Auftrages mitteilte und ihm

102 BGHSt 52, 11, 20 f.

103 EGMR JR 2009, 514.

angebliche persönliche Gegenstände des Mordopfers übergab. Dabei wurde das Gespräch mit dem Beschwerdeführer aufgenommen und später gegen diesen verwertet. Neben anderen Rügen, welche für hiesige Zwecke nicht von Bedeutung sind, rügte der Beschwerdeführer, die beschriebene verdeckte Operation sei eine Verletzung der Selbstbelastungsfreiheit und des Schweigerechts, da seine Verurteilung auf List und Tücke beruhe. Der Europäische Gerichtshof für Menschenrechte vertrat die Ansicht, dass die Rüge nicht durchgreife, eine Verletzung des Art. 6 EMRK nicht angenommen werden könne und der Fall gerade anders liege als die Allan-Entscheidung. Dort habe sich der Beschuldigte in Untersuchungshaft befunden und habe sich bereits zuvor auf sein Schweigerecht berufen, als ihm die Polizei einen Zellengenossen auf die Zelle gelegt habe mit dem Ziel, sich die Verletzlichkeit des Beschwerdeführers in beeinflussbarem Zustand zunutze zu machen. Der Gerichtshof habe gerade in der Kombination dieser Faktoren eine Form von Zwang und Druck gesehen und daran die Verletzung der Menschenrechtskonvention festgemacht. Nichts von alledem habe in dem nun zur Entscheidung stehenden Fall vorgelegen, in welchem der Beschwerdeführer insbesondere gerade unter keinem Druck gestanden habe, den Zeugen in seinem Gasthaus zu empfangen, mit ihm zu sprechen oder ihm gegenüber irgendwelche Angaben zu machen. Eine Beweisgewinnung durch Zwang oder Druck sei nicht zu ersehen.

Das Bemerkenswerte an dieser Entscheidung ist insbesondere, dass der Gerichtshof zwar ausdrücklich auf die Grundsätze aus der Allan-Entscheidung Bezug nimmt, diese jedoch gerade nicht primär so versteht, dass dort auch die aktive Täuschung als solche als mögliche Verletzung des Art. 6 EMRK in Betracht käme, sondern vielmehr allein darauf abstellt, dass dort eine Konstellation von Zwang und Druck bestanden habe, welche vorliegend nicht bestanden hätte mit der Folge, dass alleine deshalb schon eine Verletzung der Selbstbelastungsfreiheit aus Art. 6 EMRK ausscheide.

Mit dem Abstellen maßgeblich auf Zwang und Druck und nicht auf Täuschung rückt der Europäische Gerichtshof für Menschenrechte sein Verständnis der Selbstbelastungsfreiheit nahe an dasjenige Verständnis, welches der Große Senat expressis verbis geäußert hatte und welches durch die Allan-Entscheidung gerade quer zum Verständnis des Europäischen Gerichtshofs für Menschenrechte zu stehen schien. Zwar hat der EGMR, worauf Gaede durchaus zu Recht hinwies, die Grundsätze der Allan-Entscheidung nicht einfach zurückgenommen, da er „den Fall *Bykov* subsumierend an den Rechtsmaßstäben, die er in *Allan* aufgestellt hat“ (Hervorhebungen im Original), misst, und schon in der

Allan-Entscheidung auch auf Druck abgestellt worden sei.[104] Er entwickelt diese Grundsätze, wie von Gaede ebenfalls angemerkt, jedoch gerade nicht in Richtung „Täuschung“ weiter.[105] Da freilich genau dies in der Allan-Entscheidung angelegt schien, wird man ein gewisses Maß an „zurück“ in der Bykov-Entscheidung nicht bestreiten können.

In Fortführung dieser Linien hat der Bundesgerichtshof sodann durch Beschluss vom 18. Mai 2010[106] entschieden, dass das Ausforschen von Beschuldigten unter aktiver Täuschung dann, wenn diese sich in Haft befinden, von vornherein Bedenken begegne und dass jedenfalls dann, wenn die Täuschung mit einer Drohung verbunden sei, ein Eingriff in die Selbstbelastungsfreiheit vorliege, welcher die Annahme eines Beweisverwertungsverbotes erzwinge.

Der Entscheidung lag ein Fall zugrunde, in welchem einem Beschuldigten, welcher sich in Haft befand, zur Last gelegt wurde, das Angebot eines Mithäftlings, seine Ehefrau durch Mittelsmänner töten zu lassen, angenommen zu haben. Ein angeblicher Angehöriger der Hells Angels, welcher die Tötung vornehmen sollte, wandte sich dann an den Beschuldigten wegen angeblicher Identifizierungsprobleme des vermeintlichen Tatopfers. Er erklärte, dass man zwei mögliche Personen, nämlich die Ehefrau und eine andere infrage kommende Person, töten würde, wenn der Beschuldigte keine konkreteren Angaben zur Identifizierung mache. Erst auf diese Drohung hin war der Beschuldigte, welcher sich bis dahin auch gegenüber V-Leuten misstrauisch gezeigt hatte und ein Gespräch über die beauftragte Tötung nicht führen wollte, zur Benennung des Tatopfers bereit.

Das bezeichnete Verhalten sah der Senat als strafbare Nötigung im Sinne des § 240 StGB und führt aus, dass darin ohne Weiteres ein Verstoß gegen den Grundsatz der Selbstbelastungsfreiheit zu sehen sei.

Bereits das Aufsuchen des inhaftierten Beschuldigten begegnet dabei nach Ansicht des Senats Bedenken, wobei er diesen Gedanken angesichts des als eindeutig bewerteten weiteren Verhaltens der Ermittlungsbehörden jedoch nicht weiter ausführt.

Interessanterweise sieht der Senat auch hier den Grundsatz der Selbstbelastungsfreiheit im Einklang mit der Auffassung des Großen Senats und des Europäischen Gerichtshofs für Menschenrechte maßgeblich durch die Anwendung von Zwang verletzt.[107]

---

104 Gaede, JR 2009, 493, 497.

105 Gaede, JR 2009, 493, 497 f.

106 BGH NStZ 2010, 527.

107 BGH NStZ 2010, 527.

Zu konstatieren ist am bisherigen Schlusspunkt der Entwicklung, dass die zunächst widersprüchlich scheinenden Ansätze des Bundesgerichtshofs einerseits sowie des Europäischen Gerichtshofs für Menschenrechte andererseits sich im Ergebnis in einer Weise angenähert haben, dass sich Sowada folgend[108] mittlerweile sogar ein einheitliches Prüfungsschema[109] bilden lässt, in welchen Fällen aktive Täuschung als unzulässiger Eingriff in die Selbstbelastungsfreiheit anzusehen ist und welchem sich dann auch die Randbereiche entnehmen lassen, in welchen diese Frage noch ungeklärt ist.

Zu fragen ist dabei nach Sowada zunächst, ob die Täuschung überhaupt dem Staat zuzurechnen sei, was nur dann der Fall sei, wenn der Informant als ein Agent des Staates gehandelt habe und dem Beschuldigten selbstbelastende Äußerungen entlockt habe. Ein Entlocken liege dabei nur dann vor, wenn das von dem Informanten geführte Gespräch ein funktionales Äquivalent zu einer offenen Vernehmung sei, was wiederum nur dann angenommen werden könne, wenn der Informant das Gespräch faktisch lenke und steuere. Das bloße Anstoßen eines Themas etwa durch besondere Neugierde sei für den Grundsatz der Selbstbelastungsfreiheit ebenso wenig relevant wie ein lediglich passives Aushorchen. Um von einem Entlocken ausgehen zu können, müsse zu dem funktionalen Äquivalent zu einer offenen Vernehmung dann jedoch noch ein besonderer psychischer Druck hinzukommen. Dieser sei in Haftsituationen besonders nahe liegend, daneben nach obergerichtlicher Rechtsprechung jedoch auch dann, wenn sich der Beschuldigte zuvor auf sein Schweigerecht berufen habe. Letzteres hält Sowada im Blick darauf, dass der Beschuldigte dann durch sein Schweigen in der Hand habe, den Weg in verdeckte Ermittlungen zu eröffnen oder zu versperren, für bedenklich, sieht es von den Obergerichten jedoch auch eher im Sinne eines Umgehungsverbots verstanden. Darüber hinaus seien die einzelnen Fallgruppen des besonderen psychischen Drucks noch unklar und in Teilen unscharf; insbesondere die Frage, ob aus der schlichten Intensität und Häufigkeit von Befragungen durch den Informanten irgendwann ein hinreichend großer psychischer Druck entstehen könne, sei dogmatisch ungeklärt.[110]

Blickt man auf die Entwicklung der Rechtsprechung des Bundesgerichtshofs einerseits sowie des Europäischen Gerichtshofs für Menschenrechte andererseits seit der Allan-Entscheidung, so ist zu konstatieren, dass sich jedenfalls die mit dieser Entscheidung von den Gegnern der Rechtsprechung des Großen Senats

108 Sowada, S. 689.
109 Sowada, S. 704 ff.
110 Sowada, S. 714 ff.

erhoffte Kehrtwende in der Spruchpraxis nicht ereignet hat. Die Entwicklung bestand vielmehr darin, dass man mit teilweise neuer dogmatischer Verortung im Ergebnis nichts anderes gemacht hat als eine Systematik dafür zu entwickeln, wann die grundsätzlich erlaubte aktive Täuschung durch das Entlocken selbstbelastender Aussagen im Einzelfall unzulässig sein kann. Keine Rede sein kann davon, dass aus der obergerichtlichen Rechtsprechung die generelle Unzulässigkeit aktiver Täuschung folgen oder auch nur nahe gelegt sein könnte. Die Rechtslage zur aktiven Täuschung hat sich im Ergebnis nicht wesentlich geändert.

Für hiesige Zwecke lässt sich daher aus der obergerichtlichen Rechtsprechung des Bundesgerichtshofs sowie nunmehr auch des Europäischen Gerichtshofs für Menschenrechte festhalten:

1. Jedenfalls dann, wenn es um die Verfolgung schwerer Straftaten geht, ist die aktive Täuschung des Beschuldigten als solche ohne Weiteres zulässig und stellt weder einen Verstoß gegen einfachgesetzliche Normen der Strafprozessordnung noch gegen Verfahrensgrundsätze oder Grund- und Menschenrechte dar.
2. Lediglich im Einzelfall kann die aktive Täuschung unzulässig sein, was regelmäßig erst dann anzunehmen ist, wenn die mit ihr verbundenen Eingriffe in Rechtspositionen des Beschuldigten ein so erhebliches Maß erreichen, dass der Eingriff nicht mehr gerechtfertigt erscheint.
3. Im Falle der Erlangung selbstbelastender Aussagen durch aktive Täuschung kann dies erst dann angenommen werden, wenn die aktive Täuschung ein Ausmaß an psychischem Druck erzeugt, das einer Zwangssituation vergleichbar erscheint.

Wie sehr in der Rechtsprechung des Bundesgerichtshofs die skizzierte Kombination aus den grundsätzlichen Feststellungen des Großen Senats zur Zulässigkeit der aktiven Täuschung im Blick auf die §§ 136, 136 a StPO einerseits sowie der nunmehr modifizierten Dogmatik zur Anwendbarkeit des Prinzips der Selbstbelastungsfreiheit aus Art. 6 EMRK andererseits bereits als gefestigte Linie angesehen werden kann, zeigt etwa eine Entscheidung des Bundesgerichtshof vom 31. März 2011[111]. Im zu entscheidenden Fall konfrontierte eine Informantin einen nicht in Haft befindlichen und sich zuvor nicht auf sein Schweigerecht berufenden Beschuldigten mit angeblich belastenden Aussagen des Ehemanns der Informantin und forderte den Beschuldigten auf, ihr gegenüber zu sagen, ob diese belastenden Aussagen richtig seien. Der Senat verwarf die Revision unter

111 BGH StV 2012, 129.

geradezu routinemäßiger Prüfung der skizzierten Grundsätze und unter ausdrücklicher Bezugnahme auf die genannten Entscheidungen, da keine der entwickelten Fallgruppen für die Annahme psychischen Drucks vorgelegen habe.

Ist damit für die Praxis die geltende Rechtslage, welche sich ja allein aus dem Normtext sowie dessen Auslegung durch höchstrichterliche Rechtsprechung ergibt, in den wesentlichen Zügen festgelegt und bedarf lediglich die Klärung der Frage, in welchen möglichen weiteren Fallgruppen von psychischem Druck im genannten Sinne auszugehen ist, noch weiterer Erörterungen, so ist damit natürlich die Diskussion unter wissenschaftlichen Gesichtspunkten nicht beendet, da die Kritik an der geltenden Rechtslage fortbesteht und über deren Richtigkeit mit dem Verweis auf eine bestehende höchstrichterliche Rechtsprechung noch nichts gesagt ist.

Das Schrifttum hierzu ist mittlerweile zahlreich.[112] Auf eine lückenlose Abbildung des Meinungsstands kommt es für hiesige Zwecke indes nicht an. Entscheidend ist vielmehr, dass sich die grundsätzliche Kritik an der obergerichtlichen Linie, welche trotz nicht weniger zustimmender Beiträge[113] wohl als herrschend anzusehen ist, bei aller Vielstimmigkeit gleichwohl in zweierlei Hinsicht systematisieren und zusammenfassen lässt. Zum einen wird die Kritik teils auf einfaches Recht[114], teils auf Prinzipien und Verfassungsrecht gestützt[115]; zum anderen kreisen diese Kritiken bei im Einzelnen abweichenden Begründungen im Kern stets um dieselben Thesen. Soweit es um Kritik auf der Basis des einfachen Rechts geht, ist dies die Behauptung, aus der Normsystematik der StPO folge ein generelles Verbot verdeckter Befragungen.[116] Auf diese These soll nach Erörterung weiterer, die aktive Täuschung implizierender Rechtsfiguren eingegangen

112 Meyer-Goßner, §136 a Rn. 4 a m.w.N.; LR-Gleß, §136 a Rn. 15 m.w.N.

113 Sternberg-Lieben, JURA 1995, 299; Duttge, JZ 1996, 556, 562 f.; Schneider, JR 1996, 401, 405 f.; Schneider, GA 1997, 374; Verrel, NStZ 1997, 361; Verrel, NStZ 1997, 415; Pawlik, GA 1998, 384; Rogall, NStZ 2008, 110.

114 Puppe, GA 1978, 289, 305; Dencker, StV 1994, 667, 674 f.; Weiler, GA 1996, 101, 114 ff.; Fezer, NStZ 1996, 289; Roxin, NStZ 1997, 18; Rothfuß, StraFo 1998, 289, 293; Derksen, JR 1997, 167, 168 f.; Bosch, JURA 1998, 236, ff.; Eisenberg, JR 2011, 409 f.; Roxin, StV 2012, 131.

115 Schlüchter/Radbruch, NStZ 1995, 354; Fezer, NStZ 1996, 289; Derksen, JR 1997, 167; Bosch, JURA 1998, 236, 241 ff.; Weßlau, ZStW 110, (1998), 1 ff.; Gaede, JR 2009, 493; Roxin, NStZ 1995, 465; Roxin StV 2012, 131; Popp, NStZ 1998, 95; Müssig, GA 2004, 101; Prasch, S. 97.

116 Puppe, GA 1978, 289, 305; Dencker, StV 1994, 667, 674 f.; Weiler, GA 1996, 101, 114 ff.; Fezer, NStZ 1996, 289; Rothfuß, StraFo 1998, 289, 293; Derksen, JR 1997, 167, 168 f.; Eisenberg, JR 2011, 409 f.; Roxin, StV 2012, 131.

werden. Soweit es um die Kritik anhand von Prinzipien und Verfassungswerten geht, ist die Behauptung stets, der Grundsatz der Selbstbelastungsfreiheit sei eben nicht – wie zunächst vom Bundesgerichtshof angenommenen – auf den Schutz vor erzwungener Aussage beschränkt, sondern sei – wie vom Europäischen Gerichtshof für Menschenrechte zunächst postuliert und dann wie gesehen faktisch wieder relativiert – eben auch ein Schutz davor, aufgrund von Täuschung zu seiner eigenen Überführung beizutragen.[117] Zwar werden gelegentlich auch andere Ansätze gewählt. So erhebt etwa Bernsmann den für juristische Dogmatik kaum verwendbaren Einwand, die obergerichtliche Rechtssprechung sei Ausdruck eines allseits zu beobachtenden und der Sache nach abzulehnenden Trends zur Privatisierung und Deregulierung.[118] Einige andere Autoren greifen ebenfalls nicht auf den Grundsatz der Selbstbelastungsfreiheit zurück, sondern etwa allgemein auf denjenigen des fairen Verfahrens[119] oder machen nicht vorrangig inhaltliche, sondern methodische Bedenken gegen die Rechtsprechung geltend[120]. Es ist jedoch meist die zuvor genannte These, welche die Judikatur zu Selbstbelastungsfreiheit und aktiver Täuschung seit den Neunzigern mal zustimmend und mal ablehnend begleitet.

Freilich befinden sich diejenigen, die nämliches behaupten, zunächst schon aus historischen Gründen in Begründungszwang: Der Grundsatz der Selbstbelastungsfreiheit hat nämlich zumindest in deutscher Tradition nie irgendetwas anderes bedeutet als die Freiheit davor, durch Zwang zu seiner eigenen Überführung beitragen zu müssen. Der Grundsatz schützt daher, wie es Rogall in seiner grundlegenden Arbeit von 1977 dargelegt hat, das Recht der negativen Mitwirkungsfreiheit[121] oder – mit der Formulierung Schneiders – das Rechts zur Passivität[122], also das Recht, nichts zu tun, was über das bloße Dulden hinausgeht. Das Recht, bei freiwillig unternommenen Handlungen, wozu auch freiwillig getätigte Äußerungen zu zählen sind, nicht aufgrund einer Fehlvorstellung sich selber den Ermittlungsbehörden als belastendes Beweismittel darzubieten, war in historischer Perspektive vom Grundsatz der Selbstbelastungsfreiheit nie

117 Schlüchter/Radbruch, NStZ 1995, 354; Fezer, NStZ 1996, 289; Derksen, JR 1997, 167; Gaede, JR 2009, 493; Roxin, NStZ 1995, 465; Roxin StV 2012, 131; Popp, NStZ 1998, 95; Müssig, GA 2004, 101.

118 Bernsmann, StV 1997, 116, 119.

119 Schlüchter/Radbruch, NStZ 1995, 354, 355.

120 Rieß, NStZ 1996, 502 f.

121 Rogall, Beweismittel, S. 59 ff.

122 Schneider, Selbstbegünstigungsprinzip, S. 28 ff.

erfasst.[123] Will man diesen Grundsatz nun auch auf Irrtumsfreiheit ausdehnen, so wird man, da die Selbstbelastungsfreiheit jede Ermittlungstätigkeit sperrt, dafür Gründe anführen müssen, welche hinreichend gewichtig sind, um eine solche Beschränkung der Ermittlungstätigkeit zu rechtfertigen. Die Gründe müssen letztlich so gewichtig sein, dass sie dem bisherigen Anwendungsbereich der Selbstbelastungsfreiheit gleichstehen; denn dass die Selbstbelastungsfreiheit als zentrales Beschuldigtenrecht auf Beeinträchtigungen der Rechtsstellung des Beschuldigten auszudehnen sei, welche wenig schwerwiegend sind, wird sich schon aus normsystematischen Gründen schwerlich vertreten lassen. Von der Notwendigkeit gleich schwerwiegender Eingriffe wird auch in der die Rechtsprechung ablehnenden Literatur insoweit teils expressis verbis ausgegangen.[124] Tatsächlich handeln diejenigen Literaturstimmen, welche eine solche Ausdehnung befürworten, auch immer dann, wo sie sich nicht in der bloßen Behauptung erschöpfen, genau davon: Dem Versuch, darzulegen, wieso auch die irrtumsbedingte Selbstüberführung derart schwerwiegend in Beschuldigtenrechte eingreife, dass sie jedenfalls dann, wenn der Irrtum durch die Ermittlungsbehörden verursacht wurde, wie Zwang verboten werden müsse.

Ein häufig beschrittener Weg, zu diesem Ziel zu gelangen, besteht in der Behauptung, der Inhalt der Selbstbelastungsfreiheit sei nicht spezifisch der Schutz vor Zwang, sondern sei vielmehr das Recht des Beschuldigten, frei entscheiden zu können, ob er sich durch eigene Einlassung zum belastenden Beweismittel macht oder nicht. Diese ganz generell geschützte Freiheit sei dann aber durch Täuschung in exakt der gleichen Weise gefährdet wie durch Zwang, da der Getäuschte im Blick auf diese Entscheidung genauso unfrei sei wie der Gezwungene.[125] Der nemo-tenetur-Grundsatz sei daher in allen Fällen der Täuschung verletzt.[126] Zwar könne der Getäuschte noch entscheiden, ob er Belastendes preisgebe oder nicht; er könne jedoch nicht mehr entscheiden, ob er dabei zu seiner Überführung beitrage, da ihm die Wirkung einer belastenden Aussage anders als die der erzwungenen nicht klar sei. Zur Willensentschließungsfreiheit gehöre eben auch, über alle relevanten Umstände informiert zu sein, und ein solcher Umstand sei sicherlich für jedermann, ob es sich bei dem Gesprächspartner um einen Ermittler oder eine Privatperson handele.[127]

123 Rogall, NStZ 2008, 110, 112.

124 Derksen, JR 1997, 167, 170.

125 Gaede, JR 2009, 493, 497 f.

126 Roxin, NStZ 1995, 465; Roxin StV 2012, 131.

127 Popp, NStZ 1998, 95 f.

Eine Variation hierzu bietet Müssig, indem er unter Rückgriff auf den nemo-tenetur-Grundsatz ein Informationsverfügungsrecht des Beschuldigten annimmt, welches durch Täuschung in gleicher Weise verletzt sei wie durch Zwang.[128]

In die gleiche Richtung geht die Argumentationslinie, in durch Täuschung veranlasster Selbstbezichtigung einen unzulässigen Eingriff in das Recht auf informationelle Selbstbestimmung zu sehen.[129]

Auf das Gleiche hinauslaufend, aber noch höher angesiedelt sind schließlich diejenigen Begründungen, die in der durch Täuschung veranlassten Selbstüberführung einen Verstoß gegen die Menschenwürde ausmachen[130], da der Beschuldigte hier vollständig instrumentalisiert und daher zum bloßen Objekt des Verfahrens degradiert werde. Hier überschneidet sich die Argumentation mit derjenigen der bereits zitierten Stimmen, welche in jeder Täuschung eine Verletzung der Menschenwürde sehen.

Schließlich findet sich – weniger dogmatisch, aber dafür rechtspraktischer gedacht – das Umgehungsargument: Dürfe der Staat durch Täuschung nach Belieben selbstbelastende Äußerungen erlangen, so liefen die Beschränkungen des Schweigerechts faktisch leer.[131]

Wie auch immer gewendet wird jedwedem Versuch, unter Rückgriff auf Prinzipien von Verfassungsrang zu einem generellen Täuschungsverbot zu gelangen, letztlich entgegenzuhalten sein, dass so der Täuschung zu viel der juristischen Ehre zuteilwird, da sie dabei schlicht zu hoch angesiedelt wird.[132]

Zunächst gilt hier das bereits zu Täuschung und Menschenwürde Gesagte: Der Getäuschte bleibt anders als der Gezwungene frei; seine Freiheit mag eingeschränkt sein durch Fehlvorstellungen, aufgehoben ist sie aber nicht. Schon dies lässt es wenig plausibel erscheinen, Täuschung und Zwang auf dieselbe Stufe zu stellen.

Auch wäre es – soweit die Menschenwürde bemüht wird – eine eigentümliche Gewichtung, bei der etwa in § 81 a StPO unstreitig zulässigen Benutzung des Körpers des Beschuldigten als Beweismittel keine Degradierung des Beschuldigten

---

128 Müssig, GA 2004, 101 f.

129 Derksen, JR 1997, 167, 169 f.; Popp, NStZ 1998, 95, 96.

130 Popp, NStZ 1998, 95.

131 Müssig, GA 2004, 101 f.; Roxin, NStZ 1995, 465, 467 f.; Roxin, NStZ 1997, 18 f.; Odenthal, NStZ 1995, 579, 580.

132 Verrel, NStZ 1997, 361, 363 ff.

zum bloßen Objekt zu rügen, bei der den Beschuldigten weit weniger unfrei machenden Täuschung aber schon.[133]

Insbesondere aber sind Täuschung, Irrtum und Vertrauensbruch anders als Aussagezwang geläufige Risiken jeder menschlichen Kommunikation. Pawlik hat dies treffend formuliert, wenn er sagt: „Es gibt keine allgemeine Vertraulichkeitsvermutung."[134] Insofern handelt jeder – und damit eben auch jeder Beschuldigte – auf eigenes Risiko, wenn er eine Information „in eine für ihn unbeherrschbare Außenwelt entläßt"[135]. Der Getäuschte mag insoweit darüber irren, wem genau er gerade etwas erzählt; *dass* er aber die Kontrolle über sein Wort aus der Hand gibt, ist auch dem Getäuschten als unvermeidliche Folge *jeder* Kommunikation bekannt. Von Unfreiheit kann anders als bei einer erzwungenen Äußerung mithin keine Rede sein: Der Sprecher *weiß*, ein zumindest abstraktes *Risiko* einzugehen, und dieses *Risiko* wählt er – anders als der Gezwungene – eben *ganz und gar freiwillig*.

Dies wird teils auch von den Gegnern der bisherigen Rechtsprechung vor allem des Bundesgerichtshofs dem Grunde nach zugestanden. So formuliert etwa Gaede, dass ein Beschuldigter grundsätzlich „damit rechnen (muss), dass sich ein nicht zur Verschwiegenheit verpflichteter Gesprächspartner der Polizei offenbart und vielmehr als Zeuge zur Aussage prinzipiell verpflichtet ist".[136] Er will daher auch das Täuschungsverbot auf „gravierende Täuschungen"[137] beschränken.

Kaum thematisiert wird von den Verfechtern einer weiten Ausdehnung der Selbstbelastungsfreiheit bei alledem jedoch, dass das Problem *überhaupt* nur entstehen kann, wenn ein *Straftäter* – und nicht etwa ein zu Unrecht Beschuldigter, der nichts zu beichten hätte – einem anderen mitteilt, eine Straftat begangen zu haben. Dass man sich bei einem solchen Geständnis – gleich wem gegenüber abgelegt – auf Vertraulichkeit verlassen kann, ist mehr noch als bei allen anderen Inhalten menschlicher Kommunikation schlicht nicht der Fall: Auch wer seinem besten Freund gegenüber von einer Straftat berichtet, muss damit rechnen, dass dieser kein schweigender Mitwisser sein will, sondern sein Gewissen ihn zur Mitteilung an die Ermittlungsbehörden treibt. Der Kampf darum, dass ausgerechnet der andere zu Mitwissern machende Straftäter anders als alle übrigen Menschen ein Recht auf täuschungsfreie Kommunikation haben soll, ist

133 Verrel, NStZ 1997, 415, 417.
134 Pawlik, GA 1998, 384, 385.
135 Sternberg-Lieben, JURA 1995, 299, 308.
136 Gaede, JR 2009, 493, 498.
137 Gaede, JR 2009, 493, 498.

daher – um eine Formulierung Stürmers aufzugreifen – zu viel an „Sensibilität gegenüber den Nöten des Straftäters“[138].

Vor diesem Hintergrund ist auch die oft beschworene Umgehungsgefahr durchaus überschaubar: Schon die allgemeine Vorsicht, irgendwem gegenüber eine Straftat zu gestehen, wird oft genug die verdeckte Befragung als genauso wirkungslos erweisen wie die offene.

4.4 Zwischenergebnis

An dieser Stelle kann als Ergebnis zunächst festgehalten werden, dass nach dem gesetzgeberischen Willen sowie der Rechtsprechung aller Obergerichte die aktive Täuschung des Beschuldigten zumindest zur Aufklärung schwerer Straftaten grundsätzlich erlaubt und nur in bestimmten Fällen, in denen sie einen zu weitgehenden Eingriff in Beschuldigtenrechte darstellt und Zwangscharakter annimmt, als unzulässig zu erachten ist. Diesem Willen des Gesetzgebers sowie dieser Rechtsprechung lassen sich Prinzipien des Strafprozessrechts oder Verfassungswerte mit Erfolg nicht entgegenhalten.

4.5 Weitere Verschiebung der Grenzen: Der Scheinkäufer und der Lockspitzel

4.5.1 Der Scheinkäufer: Aktive Täuschung in jedem Deliktsbereich und ohne spezielle Ermächtigungsgrundlage

Freilich ist damit das letzte Wort über die grundsätzliche Zulässigkeit der aktiven Täuschung sowie deren mögliche Grenzen noch nicht gesprochen. Im nächsten Schritt der Untersuchung soll vielmehr geklärt werden, ob die gefundenen Grenzen im Blick auf zwei weitere Rechtsinstitute, welche das Element der aktiven Täuschung beinhalten, noch weiter hinauszuschieben sind. Gemeint ist einerseits der Scheinkäufer, welcher im Blick auf die Grundrechtsintensität aktiver Täuschungen sowie insbesondere im Blick auf die möglichen Deliktsfelder, in denen aktive Täuschung gestattet sein kann, von Interesse ist sowie der Lockspitzel, der unter dem Gesichtspunkt der aktiven Täuschung und der Selbstüberführung des Beschuldigten beleuchtet werden soll.

Blickt man dabei zunächst auf den Scheinkäufer, so ist als erstes zu klären, was genau hierunter zu verstehen ist und wie insbesondere die Abgrenzung zum Lockspitzel erfolgen soll.

---

138 Stürmer, NJW 1981, 1763.

Als Scheinkäufer ist ein nur kurzzeitig, regelmäßig einmalig verdeckt auftretender Ermittlungsbeamter anzusehen, der einem bereits zur Tat entschlossenen Beschuldigten zum Zwecke der Beweissicherung sowie nachrangig der Gefahrenabwehr Gegenstände abkauft, welche der Beschuldigte entweder in Kenntnis von deren deliktischer Erlangung oder in Kenntnis der Strafbarkeit der Veräußerung zum Kauf anbietet.[139] Bedeutung hat der Scheinkäufer vor allen Dingen im Bereich der Betäubungsmittelstraftaten; er kann darüber hinaus aber auch in anderen Deliktsfeldern wie etwa zur Aufklärung von Taten des Diebstahls oder der Hehlerei durch Ankauf von Diebesbeute zum Einsatz kommen.

Vom Lockspitzel unterscheidet sich der Scheinkäufer im Wesentlichen dadurch, dass er lediglich bei einer schon längst geplanten Tat mitmacht, während der Einsatz von Lockspitzeln in mehr oder weniger hohem Maße immer auf die Weckung von Tatentschluss oder dessen Intensivierung gerichtet ist.[140]

Sucht man nach einer gesetzlichen Regelung des Scheinkäufereinsatzes, so wird man feststellen, dass es eine ausdrückliche gesetzliche Regelung nicht gibt, der Gesetzgeber sich aber mit der Zulässigkeit des Scheinkäufers sowie der nötigen Ermächtigungsgrundlage expressis verbis befasst hat.

Diese Befassung erfolgte im Zusammenhang mit der Ausgestaltung von § 161 Absatz 1 Satz 1 StPO zur Ermächtigungsgrundlage in Form einer Ermittlungsgeneralklausel. In der Gesetzesbegründung[141] findet sich zunächst der ausdrückliche Hinweis, dass im Blick auf die Grundrechtsdogmatik sowie die Rechtsprechung des Bundesverfassungsgerichts, welche für jeden Grundrechtseingriff eine Ermächtigungsgrundlage in Form eines Gesetzes verlangen, eine solche Ermittlungsgeneralklausel zu schaffen sei. Geschaffen werden sollte diese Ermittlungsgeneralklausel für sämtliche Ermittlungsmaßnahmen, welche zwar einerseits Grundrechtseingriffe darstellen, da nur dann eine Ermächtigungsgrundlage nötig ist, bei denen indes die Intensität des Grundrechtseingriffs nicht so schwer wiegt, dass eine spezielle Ermächtigungsgrundlage zu fordern sei. Sodann findet sich in der Gesetzesbegründung eine Aufzählung solcher Ermittlungsmaßnahmen, welche mit den abgekürzten Worten „zum Beispiel" eingeleitet wird und in welcher der Scheinkäufer zur Aufklärung von Betäubungsmittelstraftaten ausdrücklich genannt wird.[142]

Dieser Gesetzesbegründung ist zunächst einmal erneut zu entnehmen, dass der Gesetzgeber der aktiven Täuschung so überhaupt nur eine geringe

139 LR-Erb, §163 Rn. 68.

140 LR-Erb, §163 Rn. 68.

141 BR-Drucksache 65/99, S.46.

142 BR-Drucksache 65/99, S.46.

Grundrechtsintensität beimisst und Maßnahmen, welche eine aktive Täuschung beinhalten, nicht deswegen für einer speziellen Ermächtigungsgrundlage bedürftig hält, sondern vielmehr die neu geschaffene Ermittlungsgeneralklausel für ausreichend erachtet. Einer speziellen Ermächtigungsgrundlage bedarf nach dem eindeutigen Willen des Gesetzgebers die aktive Täuschung nur dann, wenn über dieses Täuschungsmoment hinaus weitergehende Eingriffe stattfinden.

Und obwohl die Gesetzesbegründung den Scheinkäufer zur Aufklärung von Betäubungsmittelstraftaten nennt, wird der Gesetzesbegründung im Blick auf das zuvor Gesagte über Grundrechtsintensität und ausreichende Ermittlungsgeneralklausel einerseits sowie dem lediglich beispielhaften Charakter der Aufzählung andererseits zu entnehmen sein, dass der Gesetzgeber den Einsatz von Scheinkäufern generell und nicht nur im Bereich von Betäubungsmittelstraftaten ausdrücklich gestattet. Insbesondere weist die Gesetzesbegründung nichts auf, woraus sich schließen ließe, dass die aktive Täuschung nur zur Aufklärung mittlerer oder gar schwerer Delikte erlaubt sei. Bereits die beispielhafte Benennung des Scheinkäufers zur Aufklärung von Betäubungsmittelstraftaten macht vielmehr deutlich, dass die aktive Täuschung in Form des Scheinkäufers auch zur Aufklärung von Delikten aus dem Bereich der leichten Kriminalität erlaubt sein soll. Dies folgt daraus, dass sich Betäubungsmittelstraftaten, welche durch Scheinkäufer aufgeklärt werden können, gerade auch in diesem Bereich abspielen, wenn es nämlich um diejenigen Beschuldigten geht, die lediglich geringe Mengen veräußern und in der Hierarchie organisierter Kriminalität ganz unten anzusiedeln sind.

Entsprechend findet sich auch die Kommentarlage, in welcher der Scheinkäufer generell und nicht auf bestimmte Deliktsgruppen oder eine bestimmte Deliktsschwere beschränkt als durch die Ermittlungsgeneralklausel gestattet dargestellt wird.[143]

Über das im ersten Fazit Gesagte hinaus ist daher zu konstatieren, dass die aktive Täuschung als solche grundsätzlich in jedem Deliktsbereich und ohne spezielle Ermächtigungsgrundlage gestattet ist.

4.5.2 Der Lockspitzel: Aktive Täuschung und Selbstüberführung

Wendet man den Blick nun auf die Steigerung des Scheinkäufers, nämlich den Lockspitzel, welcher sich entsprechend der zuvor genannten Definition dadurch auszeichnet, dass er nicht lediglich bei einer bereits fest geplanten Tat mitmacht,

143 LR-Erb, §163 Rn. 68, Meyer-Goßner, §161 Rn. 1; Heidelberger Kommentar, §161 Rn. 2.

sondern einen womöglich lediglich Tatgeneigten überhaupt erst zur Tatbegehung oder zur Tatintensivierung veranlasst,[144] so lassen sich auch daraus für hiesige Fragestellung nach der generellen Zulässigkeit der aktiven Täuschung Erkenntnisse ziehen.

Freilich sind die Zulässigkeit und die Grenze des Einsatzes von Lockspitzeln in weit höherem Maße streitig als dies bei dem Scheinkäufer der Fall ist.[145] Ferner ist streitig, inwieweit die Rechtsprechung des Bundesgerichtshofs mit der des Europäischen Gerichtshofs für Menschenrechte in allem konform geht.[146]

Die Einzelheiten des Streitstandes sowie die genauen Grenzen und Konturen des noch und des nicht mehr Erlaubten sind dabei indes für hiesige Untersuchung in gleicher Weise nicht entscheidend, wie dies bei den zuvor behandelten Rechtsinstituten der Fall war. Auch hier soll es daher lediglich darum gehen, eine Grundstruktur aufzuzeigen, welche der Diskussion unterlegt ist und mit welcher Erkenntnisse über die Zulässigkeit aktiver Täuschung insgesamt gewonnen werden können.

Zu konstatieren ist hier zunächst auch für den Lockspitzel, dass dessen Einsatz grundsätzlich zulässig ist, allerdings nur zur Aufklärung schwerer Straftaten. Der Bundesgerichtshof – welchem ein Großteil der Lehre gefolgt ist[147] – hat dies unter Bezugnahme auf seine ständige Rechtsprechung wie folgt formuliert:

> „Nach der Rechtsprechung des Bundesgerichtshofs ist der Einsatz polizeilicher Lockspitzel (agent provocateur) und anderer V-Personen zu einer wirksamen Bekämpfung der besonders gefährlichen und nur schwer aufklärbaren Rauschgiftkriminalität notwendig und zulässig, soweit sich das tatprovozierende Verhalten des Lockspitzels innerhalb der durch das Rechtsstaatsprinzip gesetzten Grenzen bewegt.“[148]

Die Grenzen seien erst dann erreicht, wenn der Einsatz des Lockspitzels unter rechtsstaatlichen Gesichtspunkten nicht mehr hinnehmbar erscheint, was regelmäßig erst dann der Fall sei, wenn das Handeln des Lockspitzels bei dem Zustandekommen der Straftat das Handeln des Beschuldigten weit überwiege und in den Schatten stelle. Der Bundesgerichtshof führt hierzu aus:

> „Das dem Grundgesetz und der Strafprozeßordnung immanente Rechtsstaatsprinzip untersagt es den Strafverfolgungsbehörden, auf die Verübung von Straftaten hinzuwirken, wenn die Gründe dafür vor diesem Prinzip nicht bestehen können. Das ist nur bei

---

144 LR-Erb, §163 Rn. 67.

145 LR-Erb, §161 Rn. 70 ff. m.w.N.

146 Gaede/Buermeyer, HRRS 6/2008, 279 ff.; Gaede, JR 2009, 493, 495 f.

147 LR-Erb, §161 Rn. 70 m.w.N.

148 BGH NStZ 1984, 555.

> erheblicher Einwirkung der Fall, wenn das tatprovozierende Verhalten des Lockspitzels ein solches Übergewicht erlangt, daß demgegenüber der eigene Beitrag des Täters in den Hintergrund tritt, der Täter gewissermaßen ‚zum bloßen Objekt staatlichen Handelns herabgewürdigt' wird."[149]

Die dogmatische Struktur ist hier identisch wie im Falle des Verdeckten Ermittlers und der Grenzen dessen Zulässigkeit im Blick auf den Grundsatz der Selbstbelastungsfreiheit: Jedenfalls zur Aufklärung schwerer Straftaten ist die Maßnahme grundsätzlich gestattet; sie wird erst unzulässig, wenn sie in nicht mehr hinnehmbarer Weise in Beschuldigtenrechte eingreift, was üblicherweise erst dann der Fall ist, wenn das staatliche Handeln den Entscheidungsspielraum des Beschuldigten so massiv beschränkt oder diesen so stark beeinflusst, dass von einer autonomen Entscheidung des Beschuldigten nicht mehr uneingeschränkt gesprochen werden kann.

Inwieweit der EGMR die Grenzen des Erlaubten womöglich enger zieht, indem er etwa auf die Hypothese abstellt, ob die vorgeworfene Tat durch den Beschuldigten auch ohne staatliche Provokation begangen worden wäre, also bereits so ein konkreter Verdacht gegen diesen bestand,[150] bedarf dabei vorliegend keiner Erörterung. Die Grundstruktur des prinzipiellen Erlaubtseins bis zur Grenze einer zu weitreichenden Beeinträchtigung von Beschuldigtengrundrechten – auf welche es vorliegend allein ankommt – ist nämlich auch in der Judikatur des EGMR die gleiche.

Die Übernahme dieser dogmatischen Struktur auch für den Lockspitzel ist im Blick auf das Erlaubtsein und die Grenzen aktiver Täuschung deswegen von besonderem Interesse, da in den Fällen des Lockspitzels der Beschuldigte zwar nicht durch ein Geständnis, aber durch eigene Handlung aktiv an seiner eigenen Überführung mitwirkt.

Für die grundsätzliche Zulässigkeit aktiver Täuschung ist daraus der Schluss zu ziehen, dass aktive Täuschung grundsätzlich auch dann gestattet ist, wenn sie zur Selbstüberführung des Beschuldigten führt und auch dann, wenn sie gerade mit diesem Ziel betrieben wird.

Angesichts dieses eindeutigen gesetzlichen Befundes lässt sich auch die von zahlreichen Stimmen in der Literatur vertretene Ansicht, aus dem Normengefüge der StPO folge ein Verbot verdeckter Erlangung von Personalbeweisen[151],

---

149 BGH NStZ 1984, 555.

150 Gaede/Buermeyer, HRRS 6/2008, 279, 284 f. m.w.N.

151 Puppe, GA 1978, 289, 305; Dencker, StV 1994, 667, 674 f.; Weiler, GA 1996, 101, 114 ff.; Fezer, NStZ 1996, 289; Rothfuß, StraFo 1998, 289, 293; Derksen, JR 1997, 167, 168 f.; Eisenberg, JR 2011, 409 f.; Roxin, StV 2012, 131.

nicht aufrechterhalten. Dreh- und Angelpunkte für die genannte Auffassung ist üblicherweise § 136 StPO, welcher umfangreiche Aufklärungspflichten gegenüber dem Beschuldigten statuiert, bevor dieser zur Sache befragt werden darf. Dieser Norm, so die Behauptung, sei ein allgemeines Prinzip dahin zu entnehmen, dass anders als dort statuiert mit dem Beschuldigten schlicht nicht kommuniziert werden und dieser insoweit erst recht nicht getäuscht werden dürfe.

Schon ohne § 110 a StPO und die beschriebenen im Gesetz nicht ausdrücklich normierten Arten aktiver Täuschung erscheint indes zweifelhaft, ob eine solche generelle Aussage § 136 StPO zu entnehmen ist. Dass die Vernehmung des Beschuldigten erst vor Abschluss der Ermittlungen vorgeschrieben ist, spricht schon dagegen, da damit implizit gesagt ist, dass die gesamten Ermittlungen nicht mit offenem Visier geführt werden müssen.[152] Auch wäre, wenn allein die offene und täuschungsfreie Kommunikation mit dem Beschuldigten gestattet wäre, der Sinn des Täuschungsverbotes in § 136 a StPO nicht recht einzusehen, da ein Anwendungsbereich für diese Norm kaum bliebe. Ferner gibt es genügend Normen, welche weitreichende Duldungspflichten des Beschuldigten enthalten und damit implizit erkennen lassen, dass der Beschuldigte es keineswegs zur Gänze in der Hand hat, inwieweit er als Beweismittel in dem Verfahren auch zu seiner eigenen Überführung dienen soll.[153]

Nicht zu verteidigen ist die Herleitung eines generellen Täuschungsverbots aus dem einfachen Recht aber im Blick auf § 110 a StPO und die weiteren die aktive Täuschung gestattenden Rechtsinstitute. Dass die Regelung des § 110 a StPO eine „engbegrenzte Ausnahmeerlaubnis“[154] sei, die keine generellen Schlüsse zuließe, ist schon deswegen unrichtig, weil sie eben nicht das einzige Rechtsinstitut ist, welches die aktive Täuschung gestattet und der Gesetzgeber, wie von diesem selbst deutlich gemacht, in ihr – soweit es um aktive Täuschung geht – eben gerade eine Regel und keine Ausnahme sieht. Wenig hilfreich ist es auch, zur Begründung der genannten Ansicht auf den Willen des historischen Gesetzgebers zurückzugreifen.[155] Nachdem der aktuelle Gesetzgeber seinen Willen klar und deutlich artikuliert hat, kommt es auf die Frage, ob der jetzige auch der historische Wille ist, für die Auslegung nicht mehr an.

Man mag dieses Ergebnis noch so sehr ablehnen: Der Exeget, der Auslegung zu betreiben und das heißt den Willen des Gesetzgebers zu ermitteln hat, wird an

---

152 Seitz, NStZ 1995, 519, 520.

153 Deutsch, S. 239 f.

154 Dencker, StV 1994, 667, 674.

155 Derksen, JR 1997, 167, 168.

der Erkenntnis, dass *der Gesetzgeber* das Täuschungs*verbot* für eine Ausnahme hält, nicht vorbeikommen.

4.5.3 Offenheit und Wahrhaftigkeit im Ermittlungsverfahren

Es gibt im deutschen Strafprozessrecht mithin nicht nur, wie vom Bundesgerichtshof wiederholt festgestellt, keinen Grundsatz der Offenheit staatlichen Handelns.[156] Es gibt auch keinen Grundsatz der Wahrhaftigkeit des Staates. Der Beschuldigte muss nicht nur jederzeit damit rechnen, dass der Staat ihm gegebenenfalls neben offenem Handeln auch verdeckt gegenübertritt; er muss jedenfalls grundsätzlich auch damit rechnen, von den Ermittlungsbehörden getäuscht werden zu können.[157]

Soweit jüngst Müller und Römer hiesiger Argumentation entgegengehalten haben, dass aus der Tatsache, dass die Ermittlungsgeneralklausel „(niederschwellige) Täuschungen" gestatte und der Gesetzgeber ansonsten bestimmte Arten der Täuschung sowohl erlaube, als auch untersage, ein entsprechender Grundsatz nicht herzuleiten sei[158], ist insoweit zunächst festzustellen, dass in dieser Darstellung weder hiesige Argumentation noch der gesetzliche Befund richtig wiedergegeben sind.

Zum einen besteht der gesetzliche Befund – wie vom Verfasser dargelegt – eben darin, dass die aktive Täuschung *nur* in einem *eng* zu fassenden Falle untersagt und sonst erlaubt ist, woraus bereits das Regel-Ausnahme-Verhältnis folgt. Im Übrigen ist es schlicht unrichtig, zu behaupten, der Gesetzgeber gestatte über die Ermittlungsgeneralklausel niederschwellige *Täuschungen*. Gestattet werden über die Ermittlungsgeneralklausel niederschwellige *Grundrechtseingriffe*, und dazu zählt der Gesetzgeber *auch* die aktive Täuschung, und zwar generell.

Ebenfalls schlicht unzutreffend ist dann auch der weitere Einwand von Müller und Römer, der Annahme, über die Ermittlungsgeneralklausel seien auch jenseits des Richtervorbehalts aktive Täuschungen des Beschuldigten zulässig, stünde ein genereller Grundsatz entgegen, dass in derartigen Fällen wie bei heimlichen Ermittlungsmaßnahmen auch ein Richtervorbehalt im Sinne eines Gebots der vorbeugenden Kontrolle bestünde[159]. Schon der Blick auf den Scheinkäufer und den Lockspitzel, welche nach Ansicht von Gesetzgeber, Rechtsprechung und herrschender Lehre ohne spezielle Ermächtigungsgrundlage

156 BGHSt 39, 335, 346 f.; Soiné, NStZ 2010, S. 597 m.w.N.
157 Nowrousian, Kriminalistik 2011, 370, 372.
158 Müller/Römer, NStZ 2012, 543, 544 ff.
159 Müller/Römer, NStZ 2012, 543, 546.

und ohne richterlichen Beschluss zulässig sind und welche insbesondere im Falle des Scheinkäufers eine noch sehr viel weitergehende Beschränkung von Verteidigungsmöglichkeiten beinhalten als etwa eine Durchsuchung, macht deutlich, dass es ein derartiges Gebot im deutschen Recht für aktive Täuschungen ersichtlich nicht gibt.

Selbst wenn man, wie es die Rechtsprechung für heimliches Vorgehen macht[160], dem Umstand der aktiven Täuschung – wie auch dem der Heimlichkeit – eingriffserhöhendes Gewicht bemisst, ergibt sich nicht mehr als dort, nämlich erhöhte Anforderungen unter dem Gesichtspunkt der Verhältnismäßigkeit. Es ergibt sich ebenso wie bei heimlichem Vorgehen indes keine generelle Notwendigkeit einer speziellen Ermächtigungsgrundlage oder ein genereller Richtervorbehalt[161]. Und verhältnismäßig müsste die mit aktiver Täuschung verbundene Ermittlungsmaßnahme schon nach allgemeiner Grundrechtsdogmatik ohnehin sein.

4.6 Vor allem: Zum Verhältnis von Strafverfolgungsbehörden und Beschuldigtem

Dieses Ergebnis, welches sich, wie dargetan, aus Systematik, gesetzgeberischem Willen und diesem folgender obergerichtlicher Rechtsprechung ergibt, soll schließlich noch durch einen weiteren Gedanken flankiert werden, welcher in gewisser Weise auch aus dem Ergebnis selbst folgt. Gemeint ist das Verhältnis von Strafverfolgungsbehörden und Beschuldigtem.

Einem bereits 1970 veröffentlichten Aufsatz von Otto[162] folgend, welcher sich als außerordentlich hellsichtig im Blick auf die Realität der Strafverfolgungspraxis erweist, ist nämlich festzustellen, dass das Verhältnis von Strafverfolgungsbehörden und Beschuldigtem im Ermittlungsverfahren mit dem Verhältnis des Angeklagten zu Gericht und Staatsanwaltschaft im Hauptverfahren nicht zu vergleichen ist. Erwartet der Angeklagte im letztgenanntem Verfahrensstadium vom Gericht und auch von der Staatsanwaltschaft Ehrlichkeit und Offenheit und rechnet er in diesem Verfahrensstadium nicht damit, hereingelegt, getäuscht oder im Unklaren über den tatsächlichen Umfang des Vorwurfs und der Beweise gelassen zu werden, so ist das Verhältnis des Beschuldigten zu den Strafverfolgungsbehörden im Ermittlungsverfahren jedenfalls auch

160 Möstl, Rn. 43 m.w.N.
161 Möstl, Rn. 44.
162 Otto, GA 1970, S. 289 ff.

gekennzeichnet durch die „Verfolgungs- und Nachspürfunktion“ [163] von Polizei und Staatsanwaltschaft – also direkter formuliert: durch das Verhältnis des Gejagten zum Jäger. Der Beschuldigte erwartet in diesem Verfahrensstadium gerade keine Aufrichtigkeit des Staates, sondern rechnet vielmehr damit, dass der Staat auch heimliche und täuschende Schritte ergreift, um ihn, welcher seinerseits täuscht und verheimlicht, zu überführen.

Verfehlt ist daher die Ansicht Roxins[164], gerade auf einen Vertrauensbruch als (Un-)Zulässigkeitskriterium für verdeckte Befragungen abzustellen. Es handelt sich dabei sozusagen um die personalisierte Variante der auch von Roxin geteilten Ansicht, der nemo-tenetur-Grundsatz schütze auch vor Täuschungen und irrtumsbedingter Selbstbelastung: Will diese Ansicht nämlich – wie bereits ausgeführt – im Ergebnis die Vertraulichkeit menschlicher Kommunikation schützen, so will Roxin darüber hinaus auch noch das Vertrauen in bestimmte, dem Beschuldigten nahe stehenden Kommunikationspartner in den Schutz mit einbeziehen.

Diese Ansicht teilt zunächst die bereits benannten Gebrechen der Theorie, welcher sie nahesteht, da es eben nicht nur keine Vertraulichkeitsgarantie für menschliche Kommunikation, sondern auch keine Vertrauensgarantie für menschliche Beziehungen gibt und insofern das Schutzgut so schlicht nicht existiert.

Darüber hinaus unterliegt sie noch deutlicher als Vertraulichkeitsgarantien einem weiteren Irrtum: Dem Ansatz liegt ja offenbar der Gedanke zugrunde, der Beschuldigte vertraue im Ermittlungsverfahren auf die Wahrhaftigkeit des Staates – und damit auch auf die Wahrhaftigkeit seiner Vertrauten – und dieses Vertrauen sei gerade in einem Rechtsstaat schützenswert. Diese Einschätzung hat mit der Realität der Strafverfolgung indes wenig gemein. Schon ein solches Vertrauen gibt es bei Beschuldigten nämlich oft nicht. Dies zeigt die Tatsache, dass Beschuldigte in den Deliktsfeldern, in denen üblicherweise in hohem Maße mit heimlichen und auch täuschenden Ermittlungsmethoden gearbeitet wird, wie etwa dem Bereich der organisierten Kriminalität oder der Betäubungsmittelkriminalität, sich bereits routinemäßig auf die Abwehr derartigen staatlichen Ermittlungsverhaltens eingestellt haben. So werde etwa Gespräche über unerlaubte Betäubungsmittel grundsätzlich auch dann nur verklausuliert geführt, wenn konkrete Hinweise auf ein Abhören von Telefonanlagen gar nicht vorliegen. In gleicher Weise gestaltet sich gerade auch die aktive Täuschung etwa in Form des

163 Otto, GA 1970, S. 289, 299.

164 Roxin, StV 2012, 131.

Verdeckten Ermittlers oft als besonders mühsam, da diesem zunächst ein allein allgemeiner Vorsicht geschuldetes Höchstmaß an Misstrauen entgegenschlägt und es – so dies überhaupt gelingt – sehr lange dauern kann, bis Verdeckte Ermittler dieses routinemäßige Grundmisstrauen überwinden können. Und auch ein etwaiger Vertrauensbruch wird in kriminellen Milieus anders aufgenommen als von Roxin offenbar unterstellt: Sieht man etwa, wie drakonisch die Folgen eines solchen Vertrauensbruchs bei Gruppierungen aus dem Bereich der organisierten Kriminalität sein können und wieso man dort derart verfährt, so wird deutlich, dass drakonisches Vorgehen gegen so empfundene „Verräter" nicht darauf zurückzuführen ist, dass man mit einem Vertrauensbruch *nicht* gerechnet hätte, sondern gerade darauf, *dass* man *jederzeit* damit rechnet und auch hier routinemäßig „Gegenmaßnahmen" vorhält. Vertrauensmissbrauch ist daher das denkbar schlechteste Kriterium, um die Zulässigkeit heimlicher und täuschender Ermittlungsmaßnahmen zu beurteilen.

4.7 Ergebnis: Zur generellen Zulässigkeit aktiver Täuschung

Als bisheriges Fazit ist daher schlicht festzustellen: Die aktive Täuschung des Beschuldigten ist im deutschen Strafprozessrecht außerhalb von Vernehmungen grundsätzlich erlaubt.

Jedenfalls unter diesem Gesichtspunkt begegnen daher auch legendierte Kontrollen keinen Bedenken.

4.8 Zur praktischen Bedeutung des Ergebnisses: Zielgerichtete Kombinationen von verdeckten und offenen Ermittlungsmaßnahmen

Zu weiteren Stützung des so gefundenen Ergebnisses ebenso wie zu einer Vorbereitung der weiteren dogmatischen Begründung der Zulässigkeit legendierter Kontrollen ist schließlich der Blick noch zu wenden auf eine Konstellation, in welcher es auf eine gewisse Art auch um aktive Täuschung geht.

Es geht um den Fall, dass gegen einen Beschuldigten Maßnahmen der Überwachung der Telekommunikation begonnen wurden bzw. beginnen sollen und nunmehr bewirkt werden soll, dass dieser verfahrensrelevante Gespräche führt. So kann etwa mit Beginn einer Maßnahme nach §100 a StPO parallel dazu eine offene Maßnahme durchgeführt werden, bei welcher es sich sowohl um eine Beschuldigtenvernehmung als auch, was sogleich näher erörtert werden soll, um eine Durchsuchung handeln kann und welche jedenfalls auch dem Zweck dient, den Beschuldigten dazu zu veranlassen, im Anschluss mit etwaigen Mittätern oder Dritten über die Tat zu sprechen. Die Besonderheit besteht hier darin, dass eine offene Maßnahme mit einer verdeckten kombiniert wird und dass der Beschuldigte bei der offenen Maßnahme in dem Sinne getäuscht wird, als ihm vorgespielt wird, es gehe nur um den Zweck dieser Maßnahme selbst, also etwa dem Auffinden von Beweismitteln bei einer Durchsuchung, obwohl es daneben auch darum geht, Gespräche zu provozieren – womit übrigens ein Fall konkludenter Täuschung im Strafprozess angetroffen wäre.

Eine solche Vorgehensweise, welche Nack treffend als „Aufscheuchen"[165] bezeichnet hat, ist dabei ebenso erlaubt[166] wie das bloße Verschweigen der Telekommunikationsüberwachung selbst.[167] Vor dem Hintergrund des zuvor gefundenen Ergebnisses leuchtet dies unmittelbar ein: Es handelt sich auch hier wiederum um einen Fall der aktiven Täuschung, für den der Grundsatz gilt, dass diese erlaubt ist, solange ihr nicht im Einzelfall gewichtige Gegengründe entgegenstehen. Und solche Gegengründe bestehen vorliegend nicht.

Erlaubt ist eine derartige Kombination verdeckter und offener Maßnahmen auch unter dem Gesichtspunkt der offenen Maßnahme selbst: Wird etwa bei Beantragung eines Durchsuchungsbeschlusses neben dem Auffinden von Beweismitteln gerade auch und vielleicht sogar vornehmlich ein derartiges Aufscheuchen des Beschuldigten bezweckt, so steht dies der Rechtmäßigkeit der Durchsuchung jedenfalls dann nicht entgegen, wenn deren Voraussetzungen vollständig vorliegen. Nur wenn überhaupt kein Auffinden von Beweismitteln erwartet wird, wäre ein solches Vorgehen rechtswidrig, da dann ein Durchsuchungsbeschluss nach § 102 StPO mangels Auffindevermutung nicht erlassen werden dürfte.[168]

Mit dieser Kombination offener und verdeckter Maßnahmen ist freilich noch etwas anderes gestattet: Gestattet ist, bei der Durchführung einer bestimmten Maßnahme, nämlich hier der offenen Maßnahme, etwas anderes, nämlich hier die verdeckte Maßnahme, im Hinterkopf zu haben, ohne den Beschuldigten darüber zu unterrichten und womöglich unter aktiver Täuschung über das Vorliegen derartiger Hintergedanken[169]. Dieser Aspekt soll hier noch nicht weiter vertieft werden; bei der Frage nach der Rechtsgrundlage für legendierte Kontrollen, welche im übernächsten Abschnitt erörtert werden soll, wird hierauf indes zurückzukommen sein.

---

165 KK-Nack, §100 a, Rn. 38.

166 KK-Nack, §100 a, Rn. 38; Nowrousian, Kriminalistik 2012, 174, 176.

167 BGHSt 33, 217, 223 f.

168 Nowrousian, Kriminalistik, 2012, 174, 176.

169 Nowrousian, Kriminalistik, 2012, 174, 176.

5 Zurück zum Ausgangsfall: Ausnahmsweise Unzulässigkeit der aktiven Täuschung bei legendierten Kontrollen?

5.1 Verstoß gegen den Grundsatz des fairen Verfahrens?

5.1.1 Der mögliche Eingriff

Kehrt man von diesem ersten Ergebnis zum Ausgangsfall, nämlich der Frage der Zulässigkeit legendierter Kontrollen, zurück, so ist mithin zunächst festzustellen, dass der Umstand, dass legendierte Kontrollen mit einer aktiven Täuschung des Beschuldigten, nämlich einer Täuschung über den Kontrollgrund, verbunden sind, als solcher gegen die Zulässigkeit legendierter Kontrollen nicht ins Feld geführt werden kann.

Freilich wäre das zuvor bezeichnete Ergebnis missverstanden, wenn man es so auffassen wollte, dass die aktive Täuschung des Beschuldigten immer und in jeder Fallkonstellation gestattet wäre. Wie bereits ausgeführt, ist sie lediglich grundsätzlich gestattet; d.h. mit anderen Worten: Im Einzelfall kann sie, wie etwa in bestimmten Konstellationen des Einsatzes eines Lockspitzels, unzulässig sein. Geklärt werden soll im Folgenden daher, ob im Falle der legendierten Kontrollen eine solche Ausnahme vorliegt oder ob es für legendierte Kontrollen bei der Grundregel bleiben kann.

Dies war offenbar auch das Problem, welches den Bundesgerichtshof als erstes im Zusammenhang mit legendierten Kontrollen umtrieb, da der 4. Senat des Bundesgerichtshofs in der Entscheidung aus März 2010 sich im Ergebnis mit dieser Frage befasst hat, indem er gefragt hat, ob legendierte Kontrollen womöglich im Einzelfall im Blick auf Beschuldigtenrechte unzulässig sein können.

Der Bundesgerichtshof spricht dabei den fair-trial-Grundsatz, also den Grundsatz des fairen Verfahrens, an und äußert, ohne diese Erwägungen indes weiter auszuführen, Bedenken, ob legendierte Kontrollen mit diesem Grundsatz vereinbar sind.[170] Dieser vom Bundesgerichtshof nicht weiter behandelte, sondern allein in die Diskussion geworfene Grundsatz soll daher hier als Erstes erörtert werden.

Dass zunächst die Frage einer Übereinstimmung legendierter Kontrollen mit dem Grundsatz des fairen Verfahrens erörtert werden soll, hat dabei indes nicht

170 BGH NStZ 2010, 294.

allein mit der Chronologie der juristischen Befassung mit legendierten Kontrollen zu tun. Der Grundsatz des fairen Verfahrens ist vielmehr, was sogleich weiter ausgeführt werden soll, ein Sammelbegriff für diverse zentrale Beschuldigtenrechte, sodass es durchaus auch unter methodischen Gesichtspunkten sinnvoll ist, legendierte Kontrollen zunächst unter diesem Aspekt zu betrachten: Verstoßen sie nämlich gegen den Grundsatz des fairen Verfahrens, sind weitere Erörterungen entbehrlich, da dann in einer Art und Weise in Beschuldigtenrechte eingegriffen wird, die durch keine Art mehr zu heilen ist. Für die Frage des Erlaubtseins legendierter Kontrollen ist deren Verhältnis zum Grundsatz des fairen Verfahrens insoweit zentral.

Nähert man sich der Frage eines etwaigen Verstoßes legendierter Kontrollen gegen den Grundsatz des fairen Verfahrens, so ist indes zunächst zu konstatieren, dass dieser Grundsatz, obwohl weithin akzeptiert, weder dem Geltungsgrunde noch seiner dogmatischen Struktur und seinem Anwendungsbereich nach klar und eindeutig konturiert ist.

Eindeutig verankert ist er allein in Art. 6 Abs. 1 EMRK; im deutschen Recht verortet ihn das Bundesverfassungsgericht im Rechtsstaatsprinzip in Verbindung mit den allgemeinen Freiheitsrechten und den Grundrechten als objektiver Wertordnung[171], der Bundesgerichtshof greift mal auf diese Fundierung, mal auch direkt auf Art. 6 Abs. 1 EMRK zurück[172].

Ist schon diese Verortung unscharf und in Teilen uneinheitlich, so bildet sich ein noch sehr viel unübersichtlicheres Feld, wenn man die Frage stellt, welche dogmatische Struktur der Grundsatz des fairen Verfahrens eigentlich haben soll. Im Schrifttum wird eine Reihe von möglichen Antworten gegeben; der Grundsatz des fairen Verfahrens wird etwa als „prozessuales Recht mit Auffangcharakter“[173], als „Optimierungsgebot“[174] oder als „oberstes Gebot des gesamten Strafprozessrechts“[175] angesehen. Am gängigsten dürfte indes seine Erachtung als Prozessmaxime sein, welche den Zweck hat, besonders eklatante Verletzungen rechtsstaatlicher Mindeststandards abzuwehren.[176]

Das Prinzip des fairen Verfahrens in diesem Sinne zu verwenden, erscheint dabei zumindest grundsätzlich auch sachgerecht: Sind nämlich Beschuldigtenrechte im deutschen Strafprozess durch diverse einfachgesetzliche Regelungen

---

171 BVerfGE 26, 66, 71; BVerfGE 86, 288, 317 m.w.N.
172 LR-Kühne, Einl I, Rn. 104 m.w.N.
173 SK-Rogall, vor §133, 101.
174 Rieß, GA 1997, S. 139.
175 Roxin/Schünemann, §11 Rn. 4.
176 LR-Kühne, Einl I, Rn. 104 m.w.N.

sowie gegebenenfalls unmittelbar durch Grundrechte im Prinzip in einem Maße gesetzlich geregelt, dass im Regelfall ein Rückgriff auf ungeschriebene Maxime nicht nötig ist, so gewinnt der Grundsatz des fairen Verfahrens jedenfalls dann einen sinnvollen Anwendungsbereich, wenn man ihn in der beschriebenen Art als eine Art juristische Notbremse für solche Fälle verwendet, in denen trotz Normierung der allermeisten Beschuldigtenrechte eine eklatante Verletzung rechtsstaatlicher Mindeststandards zu befürchten ist.

Ob der Grundsatz damit in seiner ganzen Tiefe ausgeschöpft wird oder ob nicht aufgrund seiner Verortung gerade auch in der EMRK über die pauschale Annahme einer Mindeststandardgarantie hinaus eine am Völkerrecht orientierte Anwendung im Sinne von „menschenrechtlichen Standards" geboten ist[177], kann – wie sich zeigen wird – für hiesige Erörterung dahinstehen.

Entgegen in der Literatur vertretener Ansichten, welche den Grundsatz für gänzlich überflüssig und inhaltsleer ansehen[178], und ohne dass es für hiesige Zwecke entscheidend darauf ankäme, ob dieser – wie es die Rechtsprechung in einem Fall getan hat[179] –, neben Einzelnormen der StPO oder nur dann zur Anwendung kommt, wenn solche fehlen[180], wird man jedenfalls bei der beschriebenen zurückhaltenden Anwendung in Einzelfällen dem Grundsatz weder jedwede Bedeutung absprechen noch die grundsätzlich berechtigte Sorge haben müssen, der Grundsatz diene als Hintertür für rechtssetzende Aktivitäten des Rechtsanwenders gegen den Willen des Gesetzgebers. Zuzustimmen ist daher Roxin/ Schünemann, der Grundsatz des fairen Verfahrens diene als „regulatives Prinzip im rechtstechnischen Sinne"[181].

Für die konkrete Rechtsanwendung bedeutet dies ein Doppeltes: Einerseits ist der Grundsatz des fairen Verfahrens nichts, worauf in jedem zweiten Falle zurückgegriffen werden müsste. Andererseits hat er aber gleichwohl jedenfalls in der beschriebenen Art einen Anwendungsbereich.

In dieser Art als Prozessmaxime versteht offenbar auch die Rechtsprechung dieses Prinzip. Das Bundesverfassungsgericht etwa hat ausgeführt:

> „Das Recht auf ein faires Verfahren enthält indessen keine in allen Einzelheiten bestimmten Gebote und Verbote. Es zu konkretisieren, ist zunächst Aufgabe des Gesetzgebers und sodann, in den vom Gesetz gezogenen Grenzen, Pflicht der zuständigen Gerichte bei der ihnen obliegenden Rechtsauslegung und -anwendung. Erst wenn sich

---

177 Gaede, Fairness, S. 134 ff, 146.

178 Heubel, S. 30 ff, 73, 122, 141.

179 BGHSt 32, 44.

180 Meyer-Goßner, Einl Rn. 19 m.w.N.

181 Roxin/Schünemann, §11 Rn. 5.

unter Berücksichtigung aller Umstände und nicht zuletzt der im Rechtsstaatsprinzip des Grundgesetzes selbst angelegten Gegenläufigkeiten eindeutig ergibt, daß rechtsstaatlich unverzichtbare Erfordernisse nicht mehr gewahrt sind, können aus dem Gebot der Rechtsstaatlichkeit selbst konkrete Folgerungen für die Ausgestaltung des Verfahrens gezogen werden (BVerfGE 57, 250 (275 f.)).“[182]

Ist damit die Art, wie der Grundsatz des fairen Verfahrens prozessual angewandt werden kann, festgestellt, bleibt damit freilich noch weithin offen, was dieser Grundsatz über die eben skizzierte letztlich allein formale Bestimmung hinaus inhaltlich bedeuten könnte.

Auch hier ist das im Schrifttum anzutreffende Spektrum weit und enthält in Teilen Ableitungen aus dem Gebot des fairen Verfahrens, welche sich auch in anderen Prozessmaximen verorten ließen[183].

Um zu verhindern, dass der Grundsatz des fairen Verfahrens konturlos oder zum Einfallstor für rechtspolitische oder verfahrensrechtliche Forderungen wird, erscheint es daher geboten, das Prinzip des fairen Verfahrens neben der formalen Beschränkung seiner Anwendbarkeit in dem bezeichneten Sinne auch inhaltlich so zu konkretisieren, dass wenigstens eine Überprüfung darauf, ob bestimmte konkrete Forderungen unter dieses sinnvoll zu fassen sind, möglich erscheint. Wie bei Prinzipien sonst auch wird ein ohne Weiteres subsumtionsfähiger Inhalt dabei nicht zu erreichen sein; es werden nur inhaltliche Definitionen gelingen, welche Prüfungen im Grenzbereich von Bewertung und Subsumtion ermöglichen.

In diesem Sinne zielführend erscheint etwa die Inhaltsbestimmung, den Grundsatz des fairen Verfahrens als das Recht auf eine aktive und eigenverantwortliche Beteiligung am Strafeprozess zu definieren.[184] Damit ist, wie von Gaede grundlegend herausgearbeitet, vor allem Teilhabe in Form von konkreter und wirksamer Verteidigung gemeint. Insbesondere umfasst dies auch die Möglichkeit formeller Verteidigung, ohne die Teilhabe für den rechtsunkundigen Beschuldigten faktisch oft kaum möglich wäre.[185] Auch dieser Ansatz ist obergerichtlicher Rechtsprechung nicht fremd. Das Bundesverfassungsgericht etwa hat hierzu ausgeführt, der Grundsatz des fairen Verfahrens beinhalte die Möglichkeit, prozessuale Rechte in der erforderlichen Art eigenverantwortlich wahrnehmen und Übergriffe abwehren zu können.[186] Ein Verstoß gegen den

182 BVerfGE 63, 45, 61.
183 LR-Kühne, Einl I, Rn. 107 m.w.N.
184 LR-Kühne, Einl I, Rn. 108 m.w.N.
185 Gaede, Fairness, S. 159 ff., 494 ff.
186 BVerfGE 38, 105, 111.

Grundsatz des fairen Verfahrens ist daher dann anzunehmen, wenn die Rechte des Beschuldigten auf eine effektive Verteidigung in so eklatanter Weise verletzt sind, dass von einer effektiven Verteidigung bzw. der Möglichkeit hierzu nicht mehr gesprochen werden kann.[187]

Nimmt man nun diese Definition sowie das zuvor Gesagte zur dogmatischen Verortung zusammen, so bedeutet dies, dass ein Verstoß gegen den fair-trial-Grundsatz nur dann anzunehmen ist, wenn elementare, eine aktive und eigenverantwortliche Beteiligung des Beschuldigten am Verfahren sichernde Rechte verletzt sind und wenn diese Verletzung nicht durch andere einfachgesetzliche Normen abzuwenden ist.

Dass der Grundsatz des fairen Verfahrens jedenfalls auf diese Art tatsächlich anwendbar wird, zeigt sich gerade am Beispiel der legendierten Kontrollen. Wendet man sich nämlich nun wieder diesen zu und fragt, worin denn eigentlich ein vom Bundesgerichtshof in den Raum gestellter Verstoß gegen diesen Grundsatz im Falle der legendierten Kontrollen liegen könnte, so käme wohl als einziges in Betracht, dass durch legendierte Kontrollen Beschuldigtenrechte, welche dessen aktive Teilnahme am Verfahren in Form einer effektiven Verteidigung ermöglichen sollen, verletzt sein könnten. Zu fragen ist also, ob durch legendierte Kontrollen die Verteidigungsmöglichkeiten des Beschuldigten in einer Art und Weise beschränkt werden, welche als so eklatant anzusehen ist, dass der Grundsatz des fairen Verfahrens verletzt ist.

Freilich wäre es ein Missverständnis, sowohl diesen Grundsatzes selbst als auch den bereits hergeleiteten Grundsatz, dass die aktive Täuschung des Beschuldigten im deutschen Strafprozess grundsätzlich erlaubt ist, nun so zusammenzuführen, dass die schlichte Tatsache, dass durch legendierte Kontrollen die Verteidigungsmöglichkeiten des Beschuldigten auf irgendeine Art beschränkt sein könnten, schon als Verletzung des Prinzips des fairen Verfahrens anzusehen sei. Einerseits wäre schon der Grundsatz des fairen Verfahrens selbst damit nicht richtig verstanden, da er, wie dargetan, nur als eine Art juristische Notbremse funktioniert und nicht etwa bei jeder Verletzung zum Beispiel des Rechts auf effektive Verteidigung herangezogen werden kann, sondern nur bei solchen, die in der beschriebenen Art eklatant sind. Zum anderen stehen dem Grundsatz auf ein faires Verfahren natürlich in der Weise Gegenrechte entgegen, dass der Grundsatz auf ein faires Verfahren dann zurücktreten muss, wenn bestimmte Einschränkungen der Möglichkeit des Beschuldigten zur Teilhabe am Verfahren nach anderen Grundsätzen gestattet sind. Und da, wie dargetan, als solcher

187 Nowrousian, Kriminalistik 2011, S. 370, 372 m.w.N.

Gegengrundsatz auch das prinzipielle Erlaubtsein der aktiven Täuschung anzusehen ist und dazu auch ein prinzipielles Erlaubtsein der mit der aktiven Täuschung verbundenen Beschränkung von Beschuldigtenrechten, ist die mit der aktiven Täuschung unvermeidlich verbundene Minimierung von Verteidigungsmöglichkeiten als solche nicht als Verstoß gegen den Grundsatz des fairen Verfahrens anzusehen.

Zu fragen ist also: Werden durch legendierte Kontrollen Beteiligungsrechte des Beschuldigten und hier insbesondere das Recht auf eine effektive Verteidigung in einer Art und Weise eingeschränkt, welche trotz des grundsätzlichen Erlaubtseins der aktiven Täuschung und damit des Erlaubtseins der Beschränkung von Beschuldigtenrechten durch diese so schwerwiegend sind, dass sie als nicht mehr hinnehmbar und damit als Verletzung des Grundsatz des fairen Verfahrens angesehen werden müssen?

5.1.2 Die Lösung: Zur Verwertbarkeit geheim gehaltener Erkenntnisse

Diesem Problem nähern kann man sich am sinnvollsten dadurch, dass man sich noch einmal die Situation vor Augen hält, in der es üblicherweise zu legendierten Kontrollen kommt und danach fragt, wozu einerseits die legendierte Kontrolle eigentlich durchgeführt wird und wie andererseits das Verfahren nach dieser Maßnahme im Regelfalle weitergeht.

Legendierte Kontrollen werden, wie ausgeführt, in Konstellationen angewandt, in welchen aus verdeckten Maßnahmen bekannt ist, dass Beschuldigte mit bestimmten Gegenständen, welche als Beweismittel von Bedeutung sein können und welche etwa im Falle von Betäubungsmitteln im Übrigen als Gefahr im Sinne des Polizeirechts anzusehen wären, unterwegs sind. Es ergibt sich dann eine Situation, in welcher einerseits eine offene Maßnahme in Form einer Durchsuchung erforderlich ist, um an Beweismittel zu gelangen und eine Gefahr abzuwehren, andererseits aber eine Preisgabe des tatsächlichen Kontrollanlasses dazu führen würde, das Verfahren, in welchem die verdeckten Maßnahmen weiter erforderlich sind und welches sich meist auch gegen weitere Beschuldigte richtet, zu zerstören. Wird bei einer solchen legendierten Kontrolle dann etwas gefunden, zum Beispiel Betäubungsmittel oder Diebesgut, so geht das Verfahren im Regelfalle so weiter, dass gegen den Beschuldigten der Erlass eines Haftbefehls beantragt und dieser vor dem örtlich zuständigen Amtsgericht vorgeführt wird. Wird Haftbefehl erlassen, so nimmt das Verfahren dann – wegen Inhaftierung des Beschuldigten und wegen § 121 StPO – durch beschleunigte Anklageerhebung seinen weiteren Lauf.

Dies bedeutet zunächst: Das Ziel der aktiven Täuschung ist alleine die Geheimhaltung weiterlaufender verdeckter Maßnahmen. Ein darüber hinausgehendes Ziel, etwa eine Selbstbelastung des Beschuldigten, ist mit der aktiven Täuschung in Form legendierter Kontrollen nicht verbunden. Diese gehen damit nicht weiter, als wenn die verdeckten Maßnahmen durch Schweigen schlicht verheimlicht würden; dass man nicht bloß schweigt, sondern aktiv täuscht, findet seinen Grund alleine darin, dass in der konkreten Situation bloßes Schweigen nicht ausreicht, da dem Beschuldigten erklärt werden muss, wieso die offene Maßnahme in Form einer Durchsuchung nunmehr stattfindet.

Auch wenn, wie bereits ausgeführt, legendierte Kontrollen auf § 147 Abs. 2 StPO nicht direkt oder analog gestützt werden können, so ist doch die Interessenlage insofern vergleichbar, als § 147 Abs. 2 StPO ein „Verschweigen" von bestimmten Akteninhalten gestattet, welches allein mit dem Ziel erfolgt, den Verfahrenszweck durch die zu frühe Offenlegung bestimmter laufender oder geplanter Ermittlungsschritte nicht zu gefährden. Blickt man nun darauf, wie zunächst die Rechtsprechung und mittlerweile der Gesetzgeber den sich daraus ergebenden Interessenwiderstreit zwischen dem Recht des Beschuldigten auf eine effektive Verteidigung einerseits und der Effektivität der Strafverfolgung andererseits gelöst hat, so bietet sich damit auch ein Ansatzpunkt, wie im Falle legendierter Kontrollen dieser Gegensatz gelöst werden kann und wie sich zeigen lässt, dass auch legendierte Kontrollen den Grundsatz des fairen Verfahrens nicht verletzen.

Die Lösung im Falle des § 147 Abs. 2 StPO besteht in einem Satz darin, dem Beschuldigten zunächst nur, aber auch vollständig diejenigen Aktenbestandteile bekannt zu machen, auf welche der Erlass des Haftbefehls im Wesentlichen gestützt war und welche insoweit auch dem Gericht vorlagen.

Dass die Möglichkeit der Versagung der Akteneinsicht wegen Gefährdung des Untersuchungszwecks im Falle von Untersuchungshaft ihrerseits beschränkt ist, war dabei immer schon unstreitig und es waren insoweit besonders strenge Anforderungen an eine Versagung von Einsicht in dieser Konstellation zu stellen. Ein uneingeschränktes Akteneinsichtsrecht wurde aber zunächst von Rechtsprechung und herrschender Meinung abgelehnt.[188] Nachdem der Europäische Gerichtshof für Menschenrechte diese Praxis in drei am gleichen Tage, nämlich den 13. Februar 2001, ergangenen Entscheidungen indes gerügt und befunden hat, dass dem Verteidiger in wesentliche Aktenbestandteile Einsicht zu gewähren ist und eine lediglich mündliche oder durch Zusammenstellung

188 BVerfG BJW 1994, 573; BGH NJW 1996, 734.

von Informationen erfolgte Unterrichtung über die wesentlichen Verdachtsgründe nicht ausreicht[189], war damit auch in der Rechtsprechung anerkannt, dass dem Verteidiger grundsätzlich vollständige Akteneinsicht zu gewähren ist[190]. Vollständig in diesem Sinne bedeutet indes nur, dass er in die für die Entscheidung bedeutsamen Aktenbestandteile Einsicht erhält[191]; ein Einsichtsrecht in sämtliche Aktenbestandteile, also auch diejenigen, welche für den Erlass des Haftbefehles nicht von Bedeutung sind, wurde nach wie vor abgelehnt. Mit einer Neufassung des § 147 StPO und hier insbesondere der Einfügung von § 147 Abs. 2 Satz 2 StPO hat der Gesetzgeber exakt diese durch obergerichtliche Rechtsprechung geschaffene Rechtslage einfachgesetzlich normiert. In § 147 Abs. 2 Satz 2 StPO heißt es nun:

> „Liegen die Voraussetzungen von Satz 1 vor und befindet sich der Beschuldigte in Untersuchungshaft oder ist diese im Fall der vorläufigen Festnahme beantragt, sind dem Verteidiger die für die Beurteilung der Rechtmäßigkeit der Freiheitsentziehung wesentlichen Informationen in geeigneter Weise zugänglich zu machen; in der Regel ist insoweit Akteneinsicht zu gewähren."

Die vom Gesetzgeber gewählte Formulierung ist dabei, was man nicht unbedingt über jedes neue Gesetz sagen kann, insofern besonders geglückt, als der Gesetzgeber den Grund der Beschränkung von § 147 Abs. 2 Satz 1 StPO deutlich gemacht hat, ausgeführt hat, was der Sinn dieser Gegenausnahme zu der Ausnahme in § 147 Abs. 2 Satz 1 StPO ist und normiert hat, worauf daher die Akteneinsicht in derartigen Fällen beschränkt ist. Der Sinn ist nämlich, dem Verteidiger die Beurteilung der Rechtmäßigkeit der Freiheitsentziehung dadurch zu ermöglichen, dass ihm die hierfür wesentlichen Gründe bekannt gemacht werden; daraus folgt dann aber, dass eine weitergehende Bekanntmachung von Aktenbestandteilen gerade nicht geboten ist. Dem Verteidiger müssen mithin nur diejenigen Aktenbestandteile zugänglich gemacht werden, welche auch dem Gericht zusammen mit dem Antrag auf Erlass eines Haftbefehles vorgelegt worden sind. Da sich nämlich die gerichtliche Prüfung in derartigen Fällen allein auf diese Aktenbestandteile und die darin benannten Beweismittel beschränkt, weil das Gericht eine andere Entscheidungsgrundlage gar nicht hatte, ist für die Überprüfung der Rechtmäßigkeit der Freiheitsentziehung auch nur Einsicht in diese Aktenbestandteile erforderlich. Dass es möglicherweise andere Aktenbestandteile gibt, in welchen weitere Gründe zu finden wären, auf welche die Freiheitsentziehung

189 EGMR NJW 2002, 2013.
190 Meyer-Goßner, §147 Rn. 25 a.
191 Köln, NStZ 2002, 659.

auch hätte gestützt werden können, rechtfertigt eine Einsichtnahme des Verteidigers auch in diese Aktenbestandteile dann nicht, wenn die Staatsanwaltschaft etwa aus ermittlungstaktischen Gründen darauf verzichtet hatte, den Antrag auf Erlass eines Haftbefehles auch auf diese Beweismittel und Aktenbestandteile zu stützen und diese daher dem Gericht bei seiner Entscheidung gar nicht vorlagen.

Nimmt man etwa Konstellationen, in welchen den Ermittlungsbehörden durch einen Zeugen, dessen namentliche Benennung den weiteren Untersuchungszwecks nicht gefährdet, bekannt geworden ist, dass ein Beschuldigter sich mit verbotenen Betäubungsmittel an einem bestimmten Ort aufhält, so ist es den Ermittlungsbehörden unbenommen, einen Haftbefehl nach einer durchgeführten Durchsuchung allein auf diese Zeugenaussage und den Drogenfund zu stützen, auch wenn gegen den Beschuldigten aus verdeckten Maßnahmen nicht nur der gleiche, sondern etwa in Form einer Bandenmitgliedschaft sogar ein noch weitergehender, die Untersuchungshaft rechtfertigender Verdacht besteht, der aber noch nicht offen gelegt werden soll. Die Staatsanwaltschaft muss in einem solchen Falle allein hinnehmen, dass das Gericht seine Entscheidung nur auf die Zeugenaussage und den Drogenfund stützen kann und womöglich Entscheidungen trifft, welche der Staatsanwaltschaft zuwiderlaufen und welche das Gericht nicht getroffen hätte, wenn auch die weiteren Beweismittel vorgelegt worden wären. Dem Verteidiger ist dann aber auch nur das bekanntzumachen, was die Staatsanwaltschaft dem Gericht zuvor bekannt gemacht hat.

Nichts anderes geschieht aber im Falle der legendierten Kontrolle: Mögliche Folgemaßnahmen wie insbesondere Untersuchungshaft werden allein auf den Kontrollfund gestützt. Die Staatsanwaltschaft trägt insofern das Risiko, dass dieser dem Gericht alleine für den Erlass des beantragten Haftbefehles womöglich nicht ausreicht und dass das Gericht anders entschieden hätte, wenn auch die durch die legendierte Kontrolle geheim gehaltenen verdeckten Maßnahmen und die daraus gewonnenen Erkenntnisse bekannt gemacht worden wären. Dem Verteidiger wird dann aber mit der Bekanntgabe des Kontrollfundes alles offen gelegt, was er für die Überprüfung der Rechtmäßigkeit der Freiheitsentziehung braucht, da auch dem Gericht nicht mehr unterbreitet wurde.

Die Beschränkung der Verteidigungsrechte ist daher hier nicht weitergehend als in allen Konstellationen, welche § 147 Abs. 2 Satz 2 StPO regelt. Der Verteidiger erhält alles, was er für die Überprüfung der Rechtmäßigkeit der Freiheitsentziehung braucht, weil er alles erhält, worauf das Gericht seine Entscheidung gestützt hat; mehr muss er nicht erhalten, da die Staatsanwaltschaft entschieden hatte, ihren Antrag alleine auf diese Beweismitteln zu stützen und die freiheitsentziehende Maßnahme schon dann aufzuheben ist, wenn diese

Beweismittel nicht ausreichen. Hier zeigt sich besonders deutlich, dass die legendierte Kontrolle dem bloßen Verschweigen im Ergebnis sehr nahesteht: Die Interessenlage ist nämlich exakt die gleiche, wie sie wäre, wenn die verdeckten Maßnahmen lediglich verschwiegen worden wären; eine irgendwie geartete weitergehende Beschränkung von Beschuldigtenrechten erfolgt durch die aktive Täuschung nicht. Ein Verstoß gegen den Grundsatz des fairen Verfahrens ist damit genauso wenig zu sehen wie im Falle des bloßen Verheimlichens verdeckter Ermittlungsmaßnahmen: Sowohl nach nationalem als auch nach völkerrechtlichem Verständnis des Prinzips des fairen Verfahrens liegt schon keine problematische Beschränkung des Rechts auf eine effektive Verteidigung vor, geschweige denn eine solche, welche der Art nach so eklatant wäre, dass sie unter Rückgriff auf die Prozessmaxime des Grundsatzes des fairen Verfahrens abgewehrt werden müsste. Entgegen der Ansicht des Bundesgerichtshofs ergeben sich Bedenken gegen legendierte Kontrollen aus diesem Grundsatz daher gerade nicht.

5.2 Verhinderung einer strafbefreienden Wissensoffenbarung oder: Was muss einem gesagt werden, damit man selbst etwas sagen kann?

Die Verteidigung führte in dem Verfahren, welches Anlass zur ersten Entscheidung des Bundesgerichtshofs zu legendierten Kontrollen aus März 2010 war, gegen deren Rechtmäßigkeit ein weiteres Argument ins Feld, welches der Sache nach offenbar auch in den Kontext effektiver Verteidigung gestellt werden sollte. Vorgetragen wurde, dass durch die aktive Täuschung des Beschuldigten über den tatsächlichen Grund der Durchsuchung und damit den tatsächlichen Umfang des gegen ihn geführten Verfahrens diesem die Möglichkeit genommen worden sei, sein Wissen über seinen Tatbeitrag hinaus im Sinne des § 31 BtMG zu offenbaren und dadurch in den Genuss der dort normierten Strafmilderung zu kommen. Das Argument schien dem Bundesgerichtshof immerhin nicht offensichtlich unrichtig, da er dieses nicht verwarf, sondern sich damit aus der Affäre zog, dass vorliegend von einer etwaigen Verletzung eines solchen Rechts deshalb nicht ausgegangen werden könne, da der Beschuldigte auch nach Bekanntwerden des tatsächlichen Verfahrensumfanges und des wahren Durchsuchungsgrundes von der Möglichkeit des § 31 BtMG nicht Gebrauch gemacht habe.[192] Wie der Bundesgerichtshof entschieden hätte, wenn der Beschuldigte sich anders verhalten hätte, lässt dies offen.

192 BGH NStZ 2010, 294.

Zu klären ist daher, ob die legendierte Kontrolle und hier konkret die aktive Täuschung über den tatsächlichen Umfang der geführten Ermittlungen insofern gegen Beschuldigtenrechte verstößt, als dem Beschuldigten die Möglichkeit einer strafbefreienden Wissensoffenbarung im Sinne des § 31 BtMG oder des § 46 Abs. 1 StGB genommen wird.

5.2.1 Die Handhabung in der Praxis

Stellt man die soeben skizzierte Frage, so wirft man damit das Problem auf, ob dem Beschuldigten aus § 31 BtMG oder § 46 b StGB ein Auskunftsanspruch über den tatsächlichen Umfang des Verfahrens zusteht. Denn darauf läuft die Argumentation der Verteidigung in der Entscheidung des Bundesgerichtshofs im Ergebnis hinaus: Ein Verhindern einer strafbefreienden Wissensoffenbarung läge hier ja nicht deswegen vor, weil die Ermittlungsbehörden eine solche etwa durch die Verweigerung der Entgegennahme vereitelt hätten, sondern diese soll nach Ansicht der Verteidigung darin bestehen, dass dem Beschuldigten nicht bekannt gemacht worden sei, dass in Wirklichkeit gegen ihn wegen zahlreicher Vorwürfe sowie womöglich gegen diverse andere Personen ermittelt werde und er deshalb von § 31 BtMG keinen Gebrauch gemacht habe. Dieses „nicht Gebrauch machen können" kann daher schwerlich dem eigentlichen Wortsinn nach gemeint sein, denn natürlich hätte der Beschuldigte nach dem Drogenfund aussagen und alles über seine Tätigkeit als Dealer und seine Mittäter, Lieferanten und Abnehmer erzählen können. Gemeint ist insoweit mithin wohl, dass der Beschuldigte die Entscheidung, ob er eine solche Beichte ablegen will, nicht richtig habe treffen können, da ihm nicht bekannt gewesen sei, ob überhaupt eine Veranlassung zu einer solchen Beichte bestand, was wohl nur dann der Fall gewesen wäre, wenn ihm weitere Vorwürfe drohen würden.

Um aus dieser zunächst allein aus der Interessenlage des Beschuldigten erwachsenen Situation nun einen Rechtsfehler machen zu können, muss man daher, wie bereits ausgeführt, postulieren, § 31 BtMG sowie der in weiten Teilen identische § 46 b StGB gewähre dem Beschuldigten eine Art Auskunftsanspruch jedenfalls soweit, dass dieser sachgerecht entscheiden könne, ob er mit einer Offenbarung oder mit weiterem Schweigen weniger riskiert bzw. mehr gewinnt.

Fragt man nun zunächst, wie in der Praxis in derartigen Konstellationen verfahren wird, wobei es dabei nicht entscheidend darauf ankommt, ob der Beschuldigte getäuscht wurde, um den wahren Umfang der Ermittlungen zu verheimlichen, oder ob dieser nur verschwiegen wurde, da der Effekt bei dem Beschuldigten im Blick auf § 31 BtMG bzw. § 46 b StGB jeweils der gleiche ist, so ist zu konstatieren, dass bisher wohl niemand, auch nicht die obergerichtliche

Rechtsprechung, auf den Gedanken gekommen ist, die Ermittlungsbehörden müssten den Beschuldigten über den Umfang des Verfahrens informieren, damit dieser die für ihn günstigste Entscheidung treffen könne.

Dass es eine derartige Praxis nicht gab und dies auch obergerichtlich nie beanstandet wurde, ergibt sich daraus, dass in der obergerichtlichen Rechtsprechung sowie in der Literatur recht umfänglich ein Problem diskutiert wird, welches es so nicht gäbe, wenn der Beschuldigte einen Informationsanspruch hätte: Gemeint ist das Problem, dass der Beschuldigte Wissen offenbart, welches den Ermittlungsbehörden durch eigene Ermittlungstätigkeit bereits bekannt war.[193] Sowohl bei § 31 BtMG als auch § 46 b StGB stellt sich nämlich jeweils die Frage, ob auch die Offenbarung schon bekannten Wissens für die Annahme einer Strafmilderung ausreicht. Die Rechtsprechung bejaht dies für § 31 BtMG expressis verbis in diversen Entscheidungen jedenfalls dann, wenn der Beschuldigte durch seine Offenbarung die bereits gewonnenen Erkenntnisse bestätigt und damit diesen eine sicherere Grundlage verschafft.[194] Für § 46 b StGB soll insoweit nichts anderes gelten, da dieser in weiten Teilen an § 31 BtMG angelehnt ist.[195] In all diesen Verfahren muss die Konstellation so gewesen sein, dass den Beschuldigten der tatsächliche Umfang der staatsanwaltschaftlichen bzw. polizeilichen Ermittlungen nicht bekannt war: Nur dann nämlich ist erklärlich, wieso diese etwas offenbart haben, wovon sie glaubten, es sei für die Ermittlungsbehörden neu, obwohl dieses den Ermittlungsbehörden bereits bekannt war. Blickt man auf die den Entscheidungen zugrunde liegenden Konstellationen, so wird deutlich, dass es dabei gerade auch um den Umfang der tatsächlich geführten Ermittlungsmaßnahmen, welche dem Beschuldigten gegenüber nicht bekannt gemacht worden waren, ging. So hat der Bundesgerichtshof etwa für die Anwendung von § 31 BtMG als ausreichend erachtet, dass ein Beschuldigter durch die Angabe einer Handynummer zu einem Lieferanten Wissen eine sicherere Grundlage verschafft habe, welches durch die an den deutschen Ermittlungen beteiligten niederländischen Behörden deshalb bereits herausgefunden worden war, da dieser Mitbeschuldigte bereits als Lieferant geführt wurde.[196] Offensichtlich wussten nicht nur die niederländischen Strafverfolgungsbehörden, sondern auch die deutschen, dass es weitere Mitbeschuldigte gab; der sein Wissen offenbarende Beschuldigte ging aber anscheinend davon aus, dass den Ermittlungsbehörden dies nicht bekannt sei.

193 MüKo-Maier, §31 BtMG, Rn. 78 ff m.w.N.; Fischer, §46 b Rn. 14.

194 BGH NStZ 1996, 48; BGH StV 1998, 601; BGH StV 2001, 462.

195 Fischer, §46 b Rn. 14.

196 BGH StV 2001, 462.

Festzustellen ist also zunächst, dass an eine umfassende Information des Beschuldigten über den Ermittlungsstand oder auch nur eine Angabe über den tatsächlichen Umfang der Ermittlungen als vom Staat zu schaffender Voraussetzung für eine strafbefreiende Wissensoffenbarung bis dahin niemand gedacht hatte.

5.2.2 Zur Rechtfertigung dieser Praxis

Wirft man nun einen Blick auf den Normzweck sowohl des § 31 BtMG als auch des § 46 b StGB, so wird schnell deutlich, dass die in der Praxis selbstverständlich geübte Vorgehensweise auch die allein sinnvolle ist.

In der Gesetzesbegründung zu § 46 b StGB, welcher ausdrücklich als Fortentwicklung des aus § 31 BtMG bekannten Rechtsinstituts der Kronzeugenregelung verstanden wird, führt der Gesetzgeber aus, dass diese Normen den Zweck haben, einen Anreiz zur Aufklärung und Präventionshilfe zu bieten.[197] Die Norm dient mithin ausdrücklich der Verbrechensaufklärung bzw. Verbrechensverhinderung, da damit erreicht werden solle, „kriminelle Verflechtungen insgesamt besser aufzubrechen".[198] Dass dies der alleinige vom Gesetzgeber mit der Norm verfolgte Zweck ist, findet sich in der Gesetzesbegründung darin, dass ausdrücklich darauf hingewiesen wird, „die ‚Kronzeugenregelung' sei keine Spielart der Verständigung im Strafverfahren, sondern diene der Verhinderung oder Aufklärung schwerer Straftaten" (Anführungszeichen im Original).[199] Die Norm dient also der Strafverfolgung und der Gefahrenabwehr; dem Beschuldigten dient sie nach dem eindeutigen gesetzgeberischen Willen nicht.

Entgegen einer in der Literatur geäußerten Ansicht ist diese vom Gesetzgeber artikulierte Zielrichtung auch nicht zu kurz gegriffen. In der Literatur wird teilweise geäußert, die Norm weise zwangsläufig einen engen Zusammenhang mit den Regelungen über konsensuale Verfahrenserledigungen auf, da auch derartige Verständigungen niemals Selbstzweck seien, sondern stets weitergehenden Zwecken dienten und die Offenbarung von Wissen durch den Beschuldigten gerade deswegen erfolge, damit diesem Zusicherungen im Blick auf eine mildere Rechtsfolge gemacht werden.[200] Dieser Ansicht ist zuzugestehen, dass die Norm insoweit tatsächlich Auswirkungen auf das Abspracheverfahren in der StPO hat. Am Normzweck ändert dies jedoch nichts: Die Norm ist nicht um

---

197 BT-Drucksache 16/6268, 1; BT-Drucksache. 16/13094, 4f.

198 Fischer, §46 b, Rn. 3 m.w.N.

199 BT-Drucksache 16/13094, S. 5.

200 Fischer, §46 b Rn. 4b.

der einfacheren und schnelleren Erledigung willen eingeführt worden, was aus Sicht der Ermittlungsbehörden und der Gerichte der übliche Zweck von Absprachen ist, und erst recht nicht deshalb, um Beschuldigten eine mildere Bestrafung zu ermöglichen, sondern, wie vom Gesetzgeber insoweit widerspruchsfrei und deutlich artikuliert, zum Zwecke der Verbrechensbekämpfung und Verbrechensverhinderung. Dass sie in andere Bereiche ausstrahlt, berührt diesen Normzweck nicht.

Von diesem Gesetzeszweck her erscheint sodann aber der Gedanke, die Ermittlungsbehörden müssten den Beschuldigten zunächst über Art und Umfang der geführten Ermittlungen in Kenntnis setzen, damit dieser dann entscheiden könne, ob er den Ermittlungsbehörden helfen und in der beschriebenen Art den Gesetzeszweck der Verbrechensbekämpfung und Verbrechensverhinderung unterstützen wolle, gänzlich unvertretbar. Die Norm würde damit in ihr Gegenteil verkehrt: Der Staat würde nicht mehr Informationen vom Beschuldigten erhalten, sondern der Beschuldigte würde vielmehr ein Sonderauskunftsrecht bekommen, welches die Ermittlungen gefährden oder jedenfalls erheblich stören würde. Gerade das Beispiel legendierter Kontrollen zeigt dies deutlich: Hier geht es ja gerade darum, Ermittlungen nicht durch die Preisgabe von Wissen gefährden zu müssen; dass nun ausgerechnet eine Norm, die ebenfalls und ausschließlich der Effizienz von Ermittlungen dient, einen Anspruch des Beschuldigten darauf begründen soll, den Ermittlungen jede Effizienz zu nehmen, ist mit dem eindeutigen Gesetzeszweck unvereinbar.

Im Übrigen besteht auch unter dem Blickpunkt der Interessen des Beschuldigten hierzu keinerlei Veranlassung. Bereits zu § 31 BtMG war nämlich höchstrichterlich anerkannt, dass der Beschuldigte bereits dann in den Genuss einer entsprechenden Strafmilderung kommt, wenn er lediglich Angaben zur Tatbeteiligung Dritter macht, ohne selbst ein Geständnis abzulegen, also ohne seinen eigenen Tatbeitrag einzuräumen oder auch nur zu benennen.[201] Für § 46 b StGB ergibt sich diese Variante dann sogar expressis verbis aus dem Normtext. Ein Beschuldigter, in dessen Fahrzeug etwa nach einer legendierten Kontrolle erhebliche Mengen Betäubungsmittel gefunden werden und dem allein wegen dieser Menge eine mehrjährige Haftstrafe droht, hat also auch ohne irgendwelche weitergehenden Informationen in der Hand, ohne sich selbst weiterer Strafverfolgungsrisiken auszusetzen, von § 31 BtMG oder § 46 b StGB Gebrauch zu machen, wenn er, was in derartigen Konstellationen immer anzunehmen ist, Informationen über Mittäter, zum Beispiel Lieferanten oder Abnehmer, machen

201 BGH NStZ 1996, 181.

kann. Die risikolose Flucht nach vorn ist dem Beschuldigten also immer möglich. Irgendwelche Serviceleistungen der Ermittlungsbehörden müssen dem nicht vorausgehen.

Die in der Überschrift gestellte Frage, was dem Beschuldigten gesagt werden muss, damit dieser selbst etwas offenbaren kann, ist also schlicht so zu beantworten: Nichts. Irgendeine Art von Auskunftspflicht der Ermittlungsbehörden oder Informationsrechte des Beschuldigten sind aus § 31 BtMG oder aus § 46 b StGB keinesfalls abzuleiten.

5.3 Ergebnis

Legendierte Kontrollen, welche sich als grundsätzlich gestattete aktive Täuschung des Beschuldigten darstellen, erweisen sich mithin auch im Übrigen im Blick auf Beschuldigtenrechte als unproblematisch.

Ein Verstoß gegen den Grundsatz des fairen Verfahrens liegt in ihnen nicht, da sie die Verteidigungsmöglichkeiten nicht weiter einschränken als in Fällen bloß heimlichen Vorgehens.

Auch eine Vereitelung belastender strafbefreiender Aussagen im Sinne der §§ 31 BtMG, 46 b StGB liegt nicht vor, da der Beschuldigte sich auf diese Normen nach der legendierten Maßnahme ohne Weiteres und ohne eigenes Risiko berufen kann. Ein Recht darauf, zuvor über Art und Umfang des gegen ihn geführten Verfahrens Auskunft zu erhalten, begründen diese Normen keinesfalls.

6 Zur Rechtsgrundlage der legendierten Maßnahme

6.1 Das zweite obiter dictum des Bundesgerichtshofs: Legendierte Maßnahmen, Rechtsgrundlage und Richtervorbehalt

Stehen mithin weder grundsätzliche dogmatische Erwägungen noch Beschuldigtenrechte im Einzelnen der Durchführung legendierter Kontrollen entgegen und haben sich die Bedenken des 4. Senats in dessen Entscheidung aus März 2010 insoweit als nicht durchgreifend erwiesen, so bleibt für die Zulässigkeit legendierter Kontrollen freilich eine zweite Problematik, welche nicht das Thema Beschuldigtenrechte tangiert, sondern welche dem Bereich Vorbehalt des Gesetz bzw. Richtervorbehalt zuzuordnen ist. Der Bundesgerichtshof hat diesen Themenkreis in einer zweiten Entscheidung aus Juni 2011 angetippt, indem er die Frage aufwarf, auf welche Grundlage die legendierte Maßnahme selbst zu stützen sei, wie die Einbringung der so gewonnenen Erkenntnisse ins Strafverfahren erfolgen solle und ob, falls die Rechtsgrundlage nicht § 102 StPO darstellt, insoweit von einer Umgehung des Richtervorbehalt des § 105 StPO ausgegangen werden müsse.[202]

Will man sich der damit aufgeworfenen Problematik nähern, so ist zunächst als Vorüberlegung voranzustellen, dass sich das Problem der Rechtsgrundlage für legendierte Maßnahmen deswegen stellt, da die legendierte Maßnahme, bei welcher es sich neben der Überprüfung von Personalien bzw. sonstigen Papieren wie etwa Fahrzeugpapieren der Sache nach ja im Regelfall um eine Durchsuchung handelt, als solche in Grundrechte eingreift und die legendierte Maßnahme als solche daher nach allgemeiner Verfassungsrechtsdogmatik zum Vorbehalt des Gesetzes ihrerseits einer Rechtsgrundlage bedarf.

Der Kern des Problems ist damit freilich noch nicht getroffen. Bei der legendierten Maßnahme handelt es sich meist entweder um eine Straßenverkehrskontrolle oder um eine zollamtliche Überwachung, also eine Zollkontrolle. Eine Rechtsgrundlage für diese Maßnahmen steht selbstverständlich zur Verfügung: Für die Verkehrskontrolle handelt es sich um § 36 Abs. 5 StVO, für die zollamtliche Überwachung um § 10 Abs. 1 bzw. Abs. 2 ZollVG. Das Problem, um das es

202 BGH StraFo 2011, 358.

geht, ist also ersichtlich nicht, dass für die legendierte Maßnahme eine Rechtsgrundlage fehlen würde.[203]

Bedenken können sich also nicht aus dem Fehlen einer Rechtsgrundlage ergeben; ergeben könnten sie sich indes daraus, und darum ging es dem Bundesgerichtshof offenbar, dass die legendierte Maßnahme auf eine derartige Ermächtigungsgrundlage womöglich nicht gestützt werden könnte. Fragt man, was einer solchen Heranziehung der genannten – ja jeweils gefahrenabwehrrechtlichen – Ermächtigungsgrundlagen für legendierte Maßnahmen entgegenstehen könnte, so tun sich vier Problemfelder auf:

Einwände könnten sich zunächst daraus ergeben, dass womöglich die Voraussetzungen der jeweiligen Ermächtigungsgrundlage schlicht nicht vorliegen. Bedenken könnten sich weiter daraus ergeben, dass zwar die Voraussetzungen der Maßnahme vorliegen, die Ermittlungsbeamten jedoch über die Maßnahme hinausgehende Zwecke verfolgen und diese Zwecke weder aus der Ermächtigungsgrundlage selbst zu ersehen sind noch sonst dem Beschuldigten bekannt gemacht werden. Einzuwenden sein könnte ferner, es sei ein Richter zu beteiligen, sobald die Maßnahme auch auf eine Norm gestützt werden könne, die dieses vorsieht; ein Rückgriff auf eine Norm ohne Richtervorbehalt sei dann ausgeschlossen. Schließlich könnte man dem Rückgriff auf derartige gefahrenabwehrrechtlichen Rechtsgrundlagen generell entgegenhalten, dass es einen Vorrang strafprozessualer Ermächtigungsgrundlagen vor solchen der Gefahrenabwehr gebe mit der Folge, dass dann, wenn die Voraussetzungen strafprozessualer Zwangsmaßnahmen vorliegen, entsprechende Maßnahmen nur noch auf diese gestützt werden dürften.

Obgleich natürlich das Vorliegen aller Voraussetzungen der Rechtsgrundlage selbst eine conditio sine qua non für deren Anwendung ist, sodass sich die genannten weiteren Fragen nicht ergäben, wenn schon die Voraussetzungen der Rechtsgrundlage nicht vorlägen, sollen die aufgeworfenen Fragen hier in umgekehrter Reihenfolge erörtert werden, also zunächst die Frage nach einem Vorrang strafprozessualer Ermächtigungsgrundlagen, sodann das Problem weitergehender Zweckverfolgung und schließlich die Frage des Vorliegens aller Tatbestandsvoraussetzungen der Ermächtigungsgrundlage selbst. Die Umkehrung erfolgt dabei deshalb, da sich die letztgenannten Fragen nur dann sinnvoll beantworten lassen, wenn zuvor der Rahmen abgesteckt wird, in dem sich die Diskussion bewegen sollte.

---

203 Nowrousian, Kriminalistik 2012, 174, 175.

6.2 Zum Verhältnis von Gefahrenabwehrrecht und Strafverfolgung

Die Frage, ob einem Rückgriff auf Normen des Gefahrenabwehrrechts, und nur solche kommen als Rechtsgrundlage für legendierte Maßnahmen in Betracht, entgegensteht, dass ein Rückgriff auf diese Normen versperrt ist, sobald die Voraussetzungen für Maßnahmen nach der StPO vorliegen, stellt sich im Falle der legendierten Kontrollen stets deshalb, da in allen diesen Fällen jedenfalls ein strafprozessualer Anfangsverdacht besteht mit der Folge, dass Maßnahmen der Durchsuchung stets auf §§ 102 ff. StPO gestützt werden könnten. Die Frage lautet also, ob sie dann auch auf diese Normen gestützt werden müssen oder ob Normen aus dem Bereich des Gefahrenabwehrrechts, welche ebenfalls die Durchsuchung des Beschuldigten ermöglichen, als Rechtsgrundlage herangezogen werden können.

Dass es einen derartigen Vorrang von strafprozessualen Zwangsmaßnahmen vor Maßnahmen der Gefahrenabwehr gebe, wird in der Literatur teilweise behauptet.[204] Begründet wird dies im Regelfall damit, dass alles andere eine Aushöhlung von Beschuldigtenrechten und eine Umgehung der tatbestandlichen Voraussetzungen von strafprozessualen Zwangsmaßnahmen sei. Nur ein strikter Vorrang strafprozessualer Zwangsmaßnahmen vor solchen der Gefahrenabwehr, sobald die Schwelle zum Anfangsverdacht überschritten ist, wird insoweit als geeignet angesehen, um einer solchen Aushöhlung von Beschuldigtenrechten nicht Tür und Tor zu öffnen.[205]

Freilich ist diese Herangehensweise schon methodisch problematisch. Bevor man zu tatsächlichen oder vermeintlichen Beschuldigtenrechten springt und sich Gedanken über den Richtervorbehalt macht, welcher sich in den allermeisten strafprozessualen Ermächtigungsgrundlagen findet, ist auch hier zunächst danach zu fragen, ob ein Wille des Gesetzgebers zum Verhältnis von Gefahrenabwehrrecht und Strafverfolgung erkennbar ist. Erst in einem zweiten Schritt kann dann gefragt werden, ob einem derartigen Willen des Gesetzgebers womöglich grundrechtsrelevante Beschuldigtenrechte oder Rechte aus internationalen Übereinkommen entgegenstehen.

Fragt man also zunächst nach dem gesetzgeberischen Willen zum Verhältnis von Gefahrenabwehrrecht und Strafverfolgung, so ist – entgegen der Ansicht von Müller und Römer, die sich allein mit § 393 AO befassen[206], auf welchen

204 KK-Schoreit, §152 Rn. 18c m.w.N.
205 KK-Schoreit, §152 Rn. 18c.
206 Müller/Römer, NStZ 2012, 543, 546.

später noch eingegangen werden soll – dem Gesetz jedenfalls in einer Norm eindeutig zu entnehmen, dass der Gesetzgeber die Anwendung von Normen der Gefahrenabwehr auch bei Vorliegen eines strafprozessualen Anfangsverdachts weiter für möglich hält.

Diese Norm ist § 10 Abs. 3 ZollVG. Dieser regelt, wann die körperliche Durchsuchung des Betroffenen im Rahmen einer Zollkontrolle zulässig ist. Zur Systematik dieser Norm muss man nun zunächst die ersten beiden Absätze in den Blick nehmen: Nach § 10 Abs. 1 ZollVG ist die Durchführung einer zollamtlichen Überwachung, welche regelmäßig auch die Durchsuchung von Gepäck und Person des Betroffenen umfasst, innerhalb des grenznahen Raumes anlasslos möglich. Nach § 10 Abs. 2 ZollVG ist die zollamtliche Überwachung mit Durchsuchung des Gepäcks außerhalb des grenznahen Raumes möglich, wenn Grund zu der Annahme besteht, dass Waren, die der zollamtlichen Überwachung unterliegen, von Personen oder in Beförderungsmitteln mitgeführt werden. § 10 Abs. 2 ZollVG gestattet dabei einerseits nur die Durchsuchung von Fahrzeug und Gepäck, nicht jedoch der Person[207]; andererseits erlaubt er diese schon bei begründeter Annahme für jedwedes Mitführen zollamtlich zu überwachender Waren. § 10 Abs. 3 ZollVG besagt nun, dass außerhalb des grenznahen Raumes auch die Durchsuchung der Person des Betroffenen gestattet ist, wenn die Verdachtsschwelle für das Auffinden vorschriftswidriger Waren so hoch liegt, dass von zureichenden tatsächlichen Anhaltspunkten gesprochen werden kann. Liegen also Verdachtsmomente vor, welche sich auf vorschriftswidrige Waren beziehen und welche der Intensität des strafprozessualen Anfangsverdachts entsprechen, so ist auch die Durchsuchung der Person zulässig.[208]

Für das Verhältnis von Gefahrenabwehr und Strafverfolgung ist nun die vom Gesetzgeber gewählte Formulierung entscheidend: Die Verdachtsschwelle, welche die Durchsuchung der Person auch außerhalb des grenznahen Raumes ermöglicht, ist, wie bereits ausgeführt, das Vorliegen zureichender tatsächlicher Anhaltspunkte. Sie ist damit wortgleich zu der Verdachtschwelle, welche gemäß § 152 Abs. 2 StPO die Einleitung eines Ermittlungsverfahrens gebietet und damit eine Reihe strafprozessualer Zwangsmaßnahmen wie etwa diejenige der Durchsuchung oder bei Vorliegen der sonstigen Voraussetzungen der Überwachung der Telekommunikation gestattet.

Freilich ist dies alleine noch nicht entscheidend für das Verständnis des Gesetzgebers vom Verhältnis der Gefahrenabwehr zur Strafverfolgung, da hier

---

207 Schwarz/Wockenfoth, Band 1/4, C/ §10 Rn. 9.
208 Schwarz/Wockenfoth, Band 1/4, C/ §10 Rn. 9.

zunächst nur die gleiche Regelungstechnik verwendet wird. Entscheidend ist jedoch nun, dass gerade im Bereich der zollamtlichen Überwachung auch nach solchen Waren gesucht werden soll, deren Mitführen strafbewehrt ist. Der wichtigste Anwendungsfall hierzu sind unerlaubte Betäubungsmittel; strafbewehrtes Mitführen kann sich aber auch aus anderen Gesetzen wie etwa dem Arzneimittelgesetz oder bestimmten Regelungen zum Handeln mit geschützten Tier- oder Pflanzenarten ergeben. Das Vorliegen zureichender tatsächlicher Anhaltspunkte im Sinne des § 10 Abs. 3 ZollVG ist daher in vielen Fällen nicht allein das Vorliegen solcher Anhaltspunkte im Sinne des Gefahrenabwehrrechts, sondern bedeutet immer dann, wenn das Mitführen zugleich strafbewehrt ist, gerade auch das Vorliegen zureichender tatsächlicher Anhaltspunkte im Sinne des § 152 Abs. 2 StPO und damit die Bejahung eines strafprozessualen Anfangsverdachts. Dass der Gesetzgeber, welchem dieser Umstand angesichts der Bedeutung gerade auch von strafbewehrten Waren im Zollrecht sicherlich bekannt war, in § 10 Abs. 3 ZollVG die gleiche Formulierung wie in § 152 Abs. 2 StPO verwendet hat, lässt daher allein den Schluss zu, dass der Gesetzgeber von einem Vorrang strafprozessualer Maßnahmen gegenüber denjenigen des ZollVG gerade nicht ausgeht. Dies folgt schon aus dem ehernen Grundsatz der Methodenlehre, eine Norm niemals so auszulegen, dass sie keinen Anwendungsbereich mehr hat: Wollte man nämlich mit der zitierten Literaturansicht annehmen, dass immer dann, wenn ein strafprozessualer Anfangsverdacht zu bejahen ist, der Rückgriff auf Normen des Gefahrenabwehrrechts verwehrt wäre, so wäre jedenfalls dann, wenn der Zoll außerhalb des grenznahen Raumes zureichende tatsächliche Anhaltspunkte für strafbewehrtes Mitführen hat, eine zollamtliche Überwachung mit Durchsuchung der Person unzulässig, wenn die Tatbestandsvoraussetzungen dafür vorlägen – die Norm wäre mithin unanwendbar, sobald sie anwendbar wäre. Die vom Gesetzgeber hier gefundene Regelung ist daher allein so sinnvoll zu verstehen, dass dieser den Rückgriff auf eine Norm des Gefahrenabwehrrechts, nämlich § 10 Abs. 3 ZollVG, gerade auch dann für möglich hält, wenn die Voraussetzungen eines strafprozessualen Anfangsverdachts vorliegen.[209]

Dass Verwaltungsverfahren, welche denselben Gegenstand wie Strafverfahren betreffen und welche eigene Zwangsmittel vorsehen, auch dann weiterlaufen können, und zwar nach ihren eigenen rechtlichen Regeln und grundsätzlich auch mit Zwangsmaßnahmen, wenn zugleich die Schwelle zum Anfangsverdacht überschritten ist und ein Strafverfahren geführt wird, ist auch genau das Verhältnis, welches der Gesetzgeber für das Besteuerungsverfahren und das

209 Nowrousian, Kriminalistik 2013, 105.

Steuerstrafverfahren in § 393 Abs. 1 Satz 1 AO expressis verbis festgelegt hat: Dort findet sich die ausdrückliche Regelung, dass das Steuerverfahren nach den für dieses geltenden rechtlichen Regeln weitergeht, während parallel dazu ein Steuerstrafverfahren nach den dafür geltenden rechtlichen Vorgaben geführt wird. § 393 Abs. 1 Satz 2 AO verbietet lediglich Zwangsmittel im Besteuerungsverfahren, also dem Verwaltungsverfahren, dann, wenn der Beschuldigte im Steuerstrafverfahren dadurch zu einer Selbstbelastung gezwungen würde. Diese Norm statuiert nach allgemeiner Ansicht den Grundsatz der Unabhängigkeit und Gleichrangigkeit von Besteuerungs- und Steuerstrafverfahren[210], und das heißt allgemeiner: von Verwaltungs- und Strafverfahren.

Der Einwand von Müller und Römer, aus § 393 AO lasse sich für das Verhältnis von Verwaltungsverfahren und Strafverfahren nichts herleiten, da der Gesetzgeber hier nur deswegen eine, wie die beiden ausdrücklich zugestehen, klarstellende Regelung geschaffen habe, da das Steuerverfahren mit Besonderheiten im Blick auf Offenlegungspflichten ausgestattet sei, welche mit Rechten des Beschuldigten im Strafverfahren kollidieren könnten[211], greift dagegen nicht durch. Er verkennt nicht nur die benannte allgemein anerkannte Bedeutung des § 393 AO, sondern auch den Punkt, um den es geht. Zwar ist es gewiss richtig, dass die von Müller und Römer genannten Gründe die Motivation des Gesetzgebers zu einer derartigen klarstellenden Regelung waren. An dem entscheidenden Befund, dass nämlich das Verwaltungsverfahren mit eigenen Regeln parallel zum Strafverfahren laufen darf, auch wenn es sich auf denselben Sachverhalt bezieht, ändert dies jedoch nichts. Und es ist allein *dieser Befund*, aus welchem sich Erkenntnisse über die Vorstellung des Gesetzgebers von dem Verhältnis von Strafverfolgung und Verwaltungsverfahren, und damit auch Gefahrenabwehr, ergeben.

Festzustellen ist mithin zunächst, dass der Gesetzgeber offenbar ganz selbstverständlich davon ausgeht, dass Verwaltungsverfahren, welche auch Zwangsmittel bzw. Grundrechtseingriffe beinhalten, und Strafverfahren wegen desselben Sachverhaltes grundsätzlich parallel geführt werden können. Er hält darüber hinaus auch gerade dann, wenn die Voraussetzungen für eine strafprozessuale Zwangsmaßnahme vorliegen, den Rückgriff auf Ermächtigungsgrundlagen aus dem Bereich der Gefahrenabwehr für möglich. Der entsprechenden Literaturansicht, welche Gegenteiliges behauptet, ist daher zunächst entgegenzuhalten, dass diese ersichtlich gegen den Willen des Gesetzgebers argumentiert.

---

210 Schwarz-Dumke, AO, §393 Rn. 2 m.w.N.

211 Müller/Römer, NStZ 2012, 543, 546.

Dafür, dass ein Rückgriff auf Normen der Gefahrenabwehr weiter möglich bleibt, auch wenn zugleich die Voraussetzungen für ein Ermittlungsverfahren vorliegen bzw. ein solches schon geführt wird, spricht neben dem ermittelten gesetzgeberischen Willen dann auch ein inhaltliches Argument: Die Normen der Gefahrenabwehr sind für die Aufgaben der Gefahrenabwehr geschaffen und speziell für diese zugeschnitten. Die Normen der Strafprozessordnung haben keine Gefahrenabwehr im Sinn und sind nicht für diese ausgelegt. Da jedoch die Aufgabe der Gefahrenabwehr nicht dadurch endet, dass ein Störer im polizeirechtlichen Sinne zugleich Beschuldigter ist, sondern die Aufgabe der Gefahrenabwehr auch in solchen Fällen fortbesteht, gegebenenfalls sogar gesteigert, wäre es sachwidrig, einen Rückgriff auf Normen des Gefahrenabwehrrechts generell für versperrt zu erachten, sobald der Störer zugleich Beschuldigter ist. Jedenfalls eine starre Regelung, welche ausnahmslos einen solchen Rückgriff verbietet, könnte zu unvertretbaren Lücken im Bereich der Gefahrenabwehr führen, welche den Zweck der gefahrenabwehrrechtlichen Normen ebenso wie den der staatlichen Aufgabe der Gefahrenabwehr gefährden würden.[212]

Dass die Gefahrenabwehr nicht einfach enden kann, sobald die Schwelle zum Beschuldigtenstatus durch den Störer überschritten wird und dass die Gefahrenabwehr gegenüber der Strafverfolgung nicht nachrangig ist, ergibt sich weiter auch aus dem Zweck, zu welchem der Staat Strafverfolgung betreibt. Neben dem Schuldausgleich, welcher einen genuinen Zweck repressiven staatlichen Handelns darstellt, dient die Strafverfolgung über die spezialpräventive und generalpräventive Wirkung von Strafe im Ergebnis nämlich gerade auch der Gefahrenabwehr, also der Verhinderung neuer Straftaten. Damit aber erweist sich die Strafverfolgung jedenfalls auch als Unterfall der Gefahrenabwehr, da sie zwar anders als diese nicht mehr die Verhinderung der konkret vorgeworfenen Tat zum Ziel hat, aber jedenfalls verhindern will, dass neue Taten begangen werden. Dass ein Instrument, welches in diesem Sinne ebenfalls der Gefahrenabwehr dient, jede präventive Gefahrenabwehr verunmöglichen soll, sobald die Voraussetzungen für seine Anwendbarkeit vorliegen, stünde insoweit dem Zweck allem repressivem und präventivem staatlichen Handelns insgesamt entgegen.

Vor dem Hintergrund des bisher Gesagten lässt sich dann auch das Argument derjenigen parieren, welche einen generellen Vorrang repressiven staatlichen Handelns vor präventiven Maßnahmen mit der sonst bestehenden Gefahr der Aushöhlung von Beschuldigtenrechten zu begründen suchen. Von einer solchen Aushöhlung kann nämlich nicht die Rede sein.

212 Nowrousian, Kriminalistik 2012, 174, 176; Tönsgerlemann, AW-Praxis 2012, 168, 170.

Zunächst ist festzustellen, dass auch Maßnahmen der Gefahrenabwehr nur möglich sind, wenn sie grundrechtskonform durchgeführt werden, wenn also eine gesetzliche Ermächtigungsgrundlage vorliegt, deren Voraussetzungen vollständig erfüllt sind. In unzulässiger Weise in Grundrechte eingegriffen wird bei einem Rückgriff auf gefahrenabwehrrechtliche Normen mithin nicht.

Es liegt jedoch auch sonst keine Aushöhlung von Beschuldigtenrechten vor. Der Rückgriff auf Normen der Gefahrenabwehr ist nämlich nur dann möglich, wenn der Beschuldigte nicht nur einer (vergangenen) Straftat verdächtig ist, sondern darüber hinaus die Gefahr besteht, dass von diesem auch zukünftig neue Taten bzw. Störungen zu erwarten sind. Anders formuliert: Auf Normen des Gefahrenabwehrrechts kann nur zurückgegriffen werden bei demjenigen Beschuldigten, welcher zugleich im polizeirechtlichen Sinne Störer bzw. sonstiger Polizeipflichtiger ist. Ist der Beschuldigte letztgenanntes nicht, so kommt ein Rückgriff auf gefahrenabwehrrechtliche Normen schon mangels Vorliegen von deren Tatbestandsvoraussetzungen nicht in Betracht. Wollte man nun bei demjenigen Beschuldigten, welcher zugleich Störer ist, einen Rückgriff auf gefahrenabwehrrechtliche Normen generell verbieten, so würde man denjenigen Beschuldigten, welcher darüber hinaus noch eine Gefahr im Sinne des Polizeirechts darstellt, deswegen privilegieren: Wäre er nämlich nur Störer, könnte der Staat zur Gefahrenabwehr tätig werden; da er nun darüber hinaus einer Straftat jedenfalls anfangsverdächtig ist, soll der Rückgriff auf Normen der Gefahrenabwehr und damit die Durchführung der Aufgabe der Gefahrenabwehr plötzlich verboten sein. Für eine solche Privilegierung des gefährlicheren Beschuldigten besteht kein Anlass.

Mit dem offenbaren und allein sachgerechten Willen des Gesetzgebers ist daher davon auszugehen, dass ein Rückgriff auf Normen der Gefahrenabwehr jedenfalls grundsätzlich auch dann möglich ist, wenn der hiervon Betroffene zugleich Beschuldigter in einem Strafverfahren ist bzw. sein kann, also die Schwelle zum Anfangsverdacht überschritten ist.

Anders als von Müller und Römer behauptet, steht diesem eindeutigen gesetzgeberischen Willen auch nicht eine – insoweit ohnehin nur contra legem mögliche – obergerichtliche Rechtsprechung entgegen. Die von Müller und Römer zitierten Entscheidungen des Bundesgerichtshofs und des Bundesverwaltungsgerichts, in welchen bei Vorliegen eines Anfangsverdachts ein Rückgriff auf Normen der Gefahrenabwehr für unzulässig erachtet wurde,[213] betrafen insoweit nämlich allein Fallkonstellationen, in welchen *dieselbe* Behörde in *demselben*

213 Müller/Römer, NStZ 2012, 543, 546 m.w.N.

Verfahren vom Verfahrenszweck Gefahrenabwehr zum alleinigen Verfahrenszweck Strafverfolgung übergegangen war, ohne von einer gefahrenabwehrrechtlichen auf eine strafprozessuale Ermächtigungsgrundlage umgestellt zu haben. Dass in derartigen Konstellationen das weitere Vorgehen unzulässig war, liegt auf der Hand. Mit der Fallkonstellation legendierter Kontrollen ist dies indes gerade nicht vergleichbar. Hier wird durch das Handeln der Ermittlungsbehörden, welche allein ein Strafverfahren führen, eine andere Behörde dazu gebracht, ein Verwaltungsverfahren zu initiieren, wobei diese andere Behörde allein zum Zwecke der Gefahrenabwehr tätig wird. So bleibt etwa die legendierte Zollkontrolle eine solche und wird nicht dadurch zu einer Maßnahme der Strafverfolgung, dass der Zoll mit einem Fund relativ sicher rechnet. Zu dieser Konstellation gibt die von Müller und Römer bemühte Rechtsprechung nichts her.[214]

6.3 Zum Problem der Umgehung des Richtervorbehalts

Vor dem Hintergrund des Gesagten lässt sich nun auch das Problem lösen, dass ein Rückgriff auf Normen der Gefahrenabwehr womöglich den Richtervorbehalt umgehen könnte. Das Problem könnte sich überhaupt nur deshalb stellen, da bestimmte Maßnahmen in polizeirechtlichen Normen auch die Durchsuchung des Betroffenen bzw. seiner Sachen ermöglichen, anders als die strafprozessuale Durchsuchung nach § 102 StPO aber dabei keinen Richtervorbehalt aufweisen, sondern ohne richterliche Anordnung möglich sind.

Von einer Umgehung kann jedoch bei einem Rückgriff auf diese Normen nicht gesprochen werden.

Ist nämlich ein Rückgriff auf Normen der Gefahrenabwehr grundsätzlich zulässig und liegen die übrigen Voraussetzungen der gefahrenabwehrrechtlichen Normen vor, so ist es keine Umgehung der Norm der StPO, wenn die Maßnahme, welche auch auf Normen der StPO gestützt werden könnte, stattdessen auf andere Normen gestützt wird, deren Voraussetzungen in gleicher Weise vorliegen und die in gleicher Weise anwendbar sind. Einen Rechtssatz, welcher besagt, dass eine Maßnahme, welche nach verschiedenen Normen möglich ist, grundsätzlich auf diejenige gestützt werden müsse, welche weitergehende materielle oder formelle Voraussetzungen hat bzw. auf diejenige gestützt werden müsse, welche die Beteiligung eines Gerichtes vorsieht, gibt es nämlich nicht.[215] Das Problem erweist sich insoweit als Scheinproblem. Liegen hingegen die Voraussetzungen der gefahrenabwehrrechtlichen Normen nicht vor, wobei zu deren

---

214 Nowrousian, Kriminalistik 2013, 105, 106.
215 Nowrousian, Kriminalistik 2012, 174, 176.

Voraussetzungen – worauf sogleich weiter einzugehen ist – auch der fehlerfreie Ermessensgebrauch gehört, so ist der Rückgriff auf die Normen des Gefahrenabwehrrechts schon nach deren eigenen Regeln unzulässig, sodass sich die Maßnahme deswegen, nicht jedoch wegen einer wie auch immer gearteten Umgehung, als rechtswidrig erweist.

Mit der gezielten Suche nach dem Zufallsfund hat das Ganze im Übrigen – anders als von Müller und Römer behauptet[216] – gar nichts zu tun. Von diesen nicht aufgegriffen, hat der Verfasser dazu bereits an anderer Stelle ausgeführt:

> „Derartige Kontrollen liegen insoweit auch anders als die nach allgemeiner Ansicht unzulässige systematische Suche nach Zufallsfunden im Rahmen einer strafprozessualen Durchsuchung. Bei dieser wird die Maßnahme nämlich allein auf §102 StPO gestützt, ohne dass dessen – formelle – Voraussetzungen im Blick auf gesuchte ‚Zufallsfunde' vorlägen. Gerade darum geht es vorliegend aber nicht, da vorliegend das Problem der Konkurrenz von jeweils rechtmäßig möglichen Maßnahmen zur Diskussion steht."[217]

6.4 Der mit der Maßnahme verfolgte Zweck

In dem bisher in dieser Arbeit entwickelten Gefüge lässt sich sodann auch der Einwand parieren, einem Rückgriff auf Normen der Gefahrenabwehr stünde entgegen, dass tatsächlich mit dieser Maßnahme jedenfalls auch ein über die Gefahrenabwehr hinausgehender Zweck verfolgt werde, welcher weder aus der gefahrenabwehrrechtlichen Norm selber zu entnehmen sei noch dem Betroffenen bekannt gemacht werde.

Dieses Problem lässt sich lösen, wenn man sich klarmacht, dass mit dem Erlaubtsein sowohl heimlicher Maßnahmen als auch aktiver Täuschung stets verbunden ist, dass der Staat einen Informationsvorsprung besitzt, welchen er dem Beschuldigten gegenüber ausnutzt.[218] Dies ist grundsätzlich bei jeder heimlichen Maßnahme wie etwa einer Telefonüberwachung und bei jeder aktiven Täuschung wie etwa einem Scheinkäufer der Fall und, da diese Maßnahmen ohne Weiteres zulässig sind, auch ohne Weiteres gestattet. Dies folgt einerseits daraus, dass diese Maßnahmen gerade auf einem Informationsvorsprung basieren und gar nicht denkbar wären, wenn die Ausnutzung eines Informationsvorsprung unzulässig wäre; es folgt weiter daraus, dass es im Regelfall gerade um diesen Informationsvorsprung geht und gerade dieser für die Ermittlungen nutzbar gemacht werden soll.

---

216 Müller/Römer, NStZ 2012, 543.

217 Nowrousian, Kriminalistik 2012, 174, 176.

218 Brüning, HRRS 6/2007, 250, 252.

Die wenn man so will subjektive Seite dieses Informationsvorsprungs, also das, was dieser im Kopf der ermittelnden Beamten bewirkt, ist dann aber, dass diese in bestimmten Situationen Hintergedanken haben, welche sie dem Beschuldigten gegenüber nicht offenlegen und welche über die Rechtsgrundlage der offen durchgeführten Maßnahme hinaus gehen. Derartige Hintergedanken sind im Blick auf die bereits festgestellte grundsätzliche Zulässigkeit der aktiven Täuschung sowie die sich ohne Weiteres aus dem Gesetz ergebende grundsätzliche Zulässigkeit heimlicher Maßnahmen dann aber in gleicher Weise zulässig wie die Ausnutzung eines Informationsvorsprung selbst, da sie, wie dargetan, nur dessen Kehrseite sind.[219]

Daraus folgt dann aber auch, dass der Staat verdeckte und offene Maßnahmen kombinieren darf und dabei, wie bereits ausgeführt, offene Maßnahmen auch vorrangig mit dem Ziel durchführen darf, über das Offengelegte hinaus bestimmte Zwecke zu erreichen, und zwar auch Zwecke, welche sich unmittelbar auf die verdeckte Maßnahme beziehen. Es ist bereits dargelegt worden, dass dies etwa in der Konstellation gestattet ist, einen Beschuldigten etwa durch eine Durchsuchung aufzuscheuchen, um zu erreichen, dass dieser über abgehörte Leitungen mit Mitbeschuldigten über die vorgeworfene Tat spricht.

Um nichts anderes handelt es sich dann aber bei der legendierten Kontrolle. Auch hier wird eine offene Maßnahme durchgeführt, deren Voraussetzungen, worauf sogleich einzugehen sein wird, natürlich vorliegen müssen, damit die Maßnahme überhaupt stattfinden darf. Auch hier wird dies aber mit einem Informationsvorsprung und mit den daraus resultierenden Hintergedanken kombiniert, welche dem Beschuldigten gegenüber nicht offengelegt werden und welche weitergehende Zwecke zum Inhalt haben, die gerade auf verdeckte Maßnahmen bezogen sind. Und auch hier ist diese Kombination aus offenen und verdeckten Maßnahmen mit entsprechenden Hintergedanken bei der offenen Maßnahme als Bindeglied aus den gleichen Gründen gestattet.

Aus dem Gesamtgefüge offener und verdeckter strafprozessualer Maßnahmen, der zulässigen aktiven Täuschung des Beschuldigten sowie dem Gesamtgefüge des Verhältnisses strafprozessualer Maßnahmen zu solchen der Gefahrenabwehr folgt mithin, dass diese auch in der beschriebenen Art kombiniert werden dürfen; Bedenken begegnet ein solches Vorgehen weder unter dem Gesichtspunkt von Beschuldigtenrechten noch unter gesetzes- bzw. normsystematischen Erwägungen.

---

219 Nowrousian, Kriminalistik 2012, 174, 175.

6.5 Die Voraussetzungen der legendierten Maßnahme

Notwendig ist aber natürlich jeweils, dass die Tatbestandsvoraussetzungen derjenigen Ermächtigungsgrundlage, auf welche die offene legendierte Maßnahme gestützt wird, vollständig vorliegen müssen. Ist dies nicht der Fall, so ist die Norm unanwendbar mit der Folge, dass die legendierte Maßnahme darauf nicht gestützt werden kann und alle vorangegangenen Erwägungen ins Leere laufen. Mit Letzteren lassen sich nämlich zwar Einwände gegen legendierte Maßnahmen, welche aus Normsystematik oder sonstigen Erwägungen folgen, zerstreuen. Am Gesetzesvorbehalt und der zwingenden Notwendigkeit einer in allen Tatbestandsvoraussetzungen erfüllten Ermächtigungsgrundlage vermögen sie jedoch selbstverständlich nichts zu ändern.

Die Frage, ob die Tatbestandsvoraussetzungen für die legendierte Maßnahme vorliegen, lässt sich dabei anders als die zuvor gestellten natürlich nicht abstrakt-generell, sondern nur anhand der konkreten Maßnahme und der konkreten Ermächtigungsgrundlage klären.

Grundsätzlich kann die legendierte Maßnahme auf jede Norm der Gefahrenabwehr gestützt werden, soweit diese (auch) eine Durchsuchung zumindest des Fahrzeugs bzw. der Sachen des Beschuldigten gestattet und soweit diese, was aus ermittlungstaktischen Gründen im Regelfall erforderlich sein wird, anlasslose Kontrollen erlaubt. Die in der Praxis am häufigsten verwendeten Eingriffsgrundlagen, welche auch diejenigen waren, welche in den beiden bisherigen Entscheidungen des Bundesgerichtshofs zu legendierten Kontrollen zugrunde lagen, sind diejenigen der Verkehrskontrolle sowie der zollamtlichen Überwachung. Wegen der großen Praxisrelevanz sollen diese beiden Maßnahmen, welche, wie dargetan, auf § 36 Abs. 5 StVO bzw. § 10 ZollVG zu stützen sind, näher beleuchtet werden.

6.5.1 Die legendierte zollamtliche Überwachung

Die zollamtliche Überwachung ist, wie bereits dargestellt, im Grenzbereich gemäß § 10 Abs. 1 ZollVG anlasslos, darüber hinaus – also im gesamten übrigen Bundesgebiet – nach § 10 Abs. 2 ZollVG bei begründeter Annahme für jedwedes Mitführen zollamtlich zu überwachender Waren möglich. Diese kann, wie zu § 10 Abs. 3 ZollVG bereits ausgeführt, auch im vorliegenden zureichender tatsächlicher Anhaltspunkte dafür bestehen, dass verbotene Waren, deren Einfuhr ins Bundesgebiet darüber hinaus auch strafbewehrt ist, von Betroffenen mitgeführt werden. Zwar ist ein solcher Verdacht für die zollamtliche Überwachung im Grenzbereich nicht erforderlich, da diese auch ohne Verdacht gestattet ist;

natürlich ist die zollamtliche Überwachung im Grenzbereich aber auch und erst recht möglich, wenn ein entsprechender Verdacht besteht.[220]

Vor diesem Hintergrund erweist sich die zollamtliche Überwachung nach einem entsprechenden Hinweis an den Zoll durch die Kriminalpolizei als gänzlich unproblematisch: Eine zollamtliche Überwachung ist nämlich selbstverständlich auch dann möglich, wenn der Zoll von anderen Behörden, nämlich etwa der Polizei, auf Zollverstöße hingewiesen worden ist. Dass der Zollbeamte in einer solchen Situation, anders als bei der anlasslosen Maßnahme, relativ sicher mit einem Fund rechnet, steht der Rechtmäßigkeit der Maßnahme selbstverständlich nicht entgegen, denn „dass der Zollbeamte vom Ergebnis der Überwachung überrascht werden muss, ist (…) nicht Voraussetzung der zollamtlichen Überwachung".[221]

Keinerlei Bedenken begegnet der Rückgriff auf § 10 ZollVG auch im Hinblick auf das ausgeübte Ermessen. Ob der Zoll eine zollamtliche Überwachung vornimmt, steht grundsätzlich im Ermessen des Beamten. Das Ermessen muss, wie Ermessen stets, ermessensfehlerfrei ausgeübt werden; es dürfen also kein Fehlgebrauch und kein Ermessensausfall vorliegen. Ein Ermessensfehlgebrauch wäre dann anzunehmen, wenn die Maßnahme tatsächlich völlig anderen Zwecken diente als denjenigen, für welche die Norm geschaffen wurde. Im Falle der legendierte Zollkontrolle bereitet dies keinerlei Probleme: Es ist gerade der Sinn der zollamtlichen Überwachung, das Verbringen von unzulässigen Waren ins Bundesgebiet zu unterbinden. Dazu zählen selbstverständlich auch und erst recht strafbewehrte Einfuhren.

Es ist in diesem Zusammenhang streng genommen daher nicht einmal richtig, von einer legendierten Kontrolle zu sprechen: Es geht vielmehr um den gerade auch vom Gesetzgeber gewollten Fall, dass der Zoll eine zollamtliche Überwachung durchführt, weil er den begründeten Verdacht hat, dass unzulässige Waren ins Bundesgebiet eingeführt werden sollen. Mit anderen Worten: „Es handelt sich schlicht um eine Zollkontrolle".[222]

Gerade das Beispiel der zollamtlichen Überwachung zeigt im Übrigen, zu welchen kaum vertretbaren Ergebnissen die Literaturansichten kommen, welche von einem generellen Vorrang strafprozessualer Maßnahmen vor solchen der Gefahrenabwehr ausgehen: Nach dieser Ansicht wäre nämlich derjenige, bei welchem gerade die Erwartung besteht, dass er strafbewehrte Einfuhren ins

220 Schwarz/Wockenfoth, Band 1/ 4, C/ §10 Rn. 2 und 8.
221 Nowrousian, Kriminalistik 2012, 174, 176.
222 Nowrousian, Kriminalistik 2012, 174, 176.

Bundesgebiet unternehmen will, von der zollamtlichen Überwachung ausgenommen und damit gegenüber all denjenigen, bei denen ein solcher Verdacht nicht besteht, privilegiert. Gerade der erhöhte Verdachtsgrad, welcher erst recht die zollamtliche Überwachung gestattet, wäre mithin der Grund dafür, dass diese überhaupt nicht mehr stattfinden dürfte. Dem erkennbaren Willen des Gesetzgebers läuft dies offensichtlich zuwider.

6.5.2 Die legendierte Verkehrskontrolle

Größeren Bedenken begegnet es, legendierte Kontrollen auf § 36 Abs. 5 StVO zu stützen. Zwar erlaubt auch diese Norm anlasslose Kontrollen, sodass auf Tatbestandsseite wenige Probleme entstehen können. Eine Straßenverkehrskontrolle ist jedoch nach insoweit allgemeiner Ansicht dann unzulässig, wenn sie in Wirklichkeit nicht der Verkehrsüberwachung, sondern Zwecken der Strafverfolgung dient.[223] Daran könnte im Falle der legendierte Kontrolle, bei welcher es jedenfalls auch und womöglich vorrangig darum geht, Beweismittel für ein Strafverfahren zu erhalten, zu denken sein.

Eine Verkehrsüberwachung ist jedoch nur dann wegen Ermessenfehlgebrauch rechtswidrig, wenn sie *alleine* anderen Zwecken, etwa solchen der Strafverfolgung, dienen soll. Dient sie *auch* der Verkehrsüberwachung, bleibt die allgemeine Verkehrskontrolle auch dann erlaubt, wenn daneben noch andere Ziele verfolgt werden.[224] Soweit das OLG Celle dies in einer jüngeren Entscheidung unter Bezugnahme auf angebliche BGH-Rechtsprechung bestritten und behauptet hat, § 36 Abs. 5 StVO sei immer unanwendbar, sobald auch ein strafprozessualer Anfangsverdacht bestünde,[225] ist dem von Lampe zurecht entgegengehalten worden, dass der BGH dies, wie dargetan, *nur* bei *allein* repressiven Zwecken vertreten hat, *nicht jedoch* – und so lag es in dem vom OLG Celle zu entscheidenden Fall – bei *auch* repressiven Zielen.[226]

Entscheidend ist also für legendierte Verkehrskontrollen, ob die Maßnahme allein den lediglich als Hintergedanken verfolgten Zielen der Strafverfolgung dient oder ob sie daneben, was ausreichen würde, auch dem Zwecke der Ermächtigungsgrundlage, also der Verkehrsüberwachung, dienen soll.

Nach einer zumindest in der Rechtsprechung anzutreffenden Ansicht dient eine Verkehrskontrolle jedenfalls auch der Verkehrsüberwachung, wenn dabei die

---

223 BGHSt 32, 248.

224 Burmann,/Heß/Jahnke/Janker, §36 Rn. 12.

225 Celle, StraFo 2012, 419.

226 Lampe, jurisPR-StrafR 20/2012 Anm. 2 m.w.N.

üblichen Kontrollen etwa des Führerscheins sowie der Fahrzeugpapiere durchgeführt werden.[227] Legt man diese Ansicht zugrunde, begegnen auch legendierte Verkehrskontrollen keinen Bedenken: Auch im Falle legendierter Verkehrskontrollen beginnen diese üblicherweise mit der Kontrolle des Führerscheins sowie der Fahrzeugpapiere und werden entsprechende Straf- oder Bußgeldverfahren – wie bei Verkehrskontrollen sonst auch – eingeleitet, wenn dabei festgestellt würde, dass verkehrsrechtliche Verstöße vorliegen. Auch eine etwaige Nachschau im Fahrzeug würde zunächst der Kontrolle etwa der Verkehrstüchtigkeit oder des Vorhandensein von Rettungseinrichtungen dienen und würde wiederum wie bei jeder anderen Verkehrskontrolle auch zu entsprechenden Bußgeldverfahren führen, wenn hier Mängel auffielen. Lediglich als Hintergedanke erfolgt die Feststellung der Personalien sowie die Nachschau im Fahrzeug auch zu dem Zwecke, bestimmte strafbewehrte Gegenstände, wegen derer bereits ein Strafverfahren existiert, zu finden oder Personaldaten im Blick auf Strafverfahren, zum Beispiel Schleuserverfahren, zu erlangen.

Zumindest unter Zugrundelegung dieser Rechtsprechung lassen sich legendierte Kontrollen mithin auch auf § 36 Abs. 5 StVO stützen.

Zu bedenken ist allerdings, dass die Reichweite der Ermächtigungsgrundlage geringer ist als diejenige des § 10 ZollVG: Gestattet Letzterer nämlich eine Durchsuchung sämtlicher Sachen sowie der Person, gestattet § 36 Abs. 5 StVO dies nur in den engen Grenzen, in welchen es für die Verkehrsüberwachung erforderlich ist, so etwa zur Klärung, ob vorgeschriebene Rettungsmittel im Fahrzeug vorhanden sind.[228] Die Suche etwa nach Betäubungsmitteln hinter Fahrzeugverkleidungen wäre nach § 10 ZollVG gestattet, nach § 36 Abs. 5 StVO nicht. In der Praxis ist § 36 Abs. 5 StVO daher auch die weniger relevante Ermächtigungsgrundlage für die legendierte Maßnahme selbst. Werden die Grenzen von § 36 Abs. 5 StVO eingehalten, kann die legendierte Kontrolle jedoch auch auf diese Norm gestützt werden.

6.5.3 Weitere mögliche Ermächtigungsgrundlagen

Neben den beiden genannten Normen können legendierte Kontrollen grundsätzlich auch auf Normen aus Bundes- oder Landespolizeirechts gestützt werden, soweit diese dafür geeignet sind, was im Regelfall dann anzunehmen wäre, wenn entsprechende Normen anlasslose Kontrollen gestatten. Vorraussetzung wäre auch hier wieder ein fehlerfreier Ermessensgebrauch; auch hier stünden

227 Düsseldorf, NZV 1996, 458, 459.

228 Burmann/Heß/Jahnke/Janker, §36 StVO, Rn. 12.

Hintergedanken im Blick auf geheim gehaltene Strafverfolgungsmaßnahmen einem fehlerfreien Ermessensgebrauch nicht entgegen.

Gerade bei dem Rückgriff auf Normen aus den allgemeinen Polizeigesetzen zeigt sich insbesondere, wie nahe Strafverfolgung der Gefahrenabwehr steht und in welch hohem Maße auch mit Strafverfahren beide Ziele, solche der Gefahrenabwehr und solche der Strafverfolgung, verfolgt werden. Wird etwa ein umfangreiches Verfahren gegen eine Vielzahl von Beschuldigten wegen Verstößen gegen das Betäubungsmittelgesetz geführt und wird entschieden, einen bestimmten Beschuldigten, bei welchem aufgrund geheim gehaltener Maßnahmen der Verdacht besteht, dass dieser Betäubungsmittel bei sich führt, in einer offenen Maßnahme zu überprüfen, so dient dies nicht allein dem Zweck, weitere Beweismittel gegen diesen zu gewinnen. Es dient vielmehr auch dem Anliegen, das Inverkehrbringen von Betäubungsmitteln und damit eine Gefahr für die Volksgesundheit abzuwehren. Je nach Stand des Verfahrens kann dieser Zweck sogar überwiegen, was insbesondere dann der Fall wäre, wenn die Beweislage auch sonst schon hinreichend ist. Ein Vorrang repressiven staatlichen Handelns vor präventivem Handeln ist daher auch in der Praxis der Strafverfolgung keineswegs immer zu ersehen.

6.6 Statt legendierter Kontrolle: Strafprozessuale Durchsuchung ohne Mitteilung?

Erweist sich der Rückgriff auf Normen der Gefahrenabwehr für die Durchführung legendierter Kontrollen daher grundsätzlich möglich, so begegnet die in der Ermittlungspraxis zum Teil ebenfalls anzutreffende Vorgehensweise, sich einen gerichtlichen Durchsuchungsbeschluss nach § 102 StPO zu verschaffen und Modifikationen zur sonst üblichen Praxis allein bei der Bekanntgabe vorzunehmen, nicht unerheblichen Bedenken. Konkret wird bei diesem Weg zwar ein Beschluss nach § 102 StPO erwirkt. Dieser sowie die Tatsache, dass eine strafprozessuale Durchsuchung stattfindet, werden dem Beschuldigten während der Maßnahme selbst jedoch nicht offengelegt. Vielmehr wird die Bekanntgabe zurückgestellt, bis der Verfahrenszweck nicht mehr gefährdet ist.

Dieses Vorgehen erscheint indes sowohl aus ermittlungstaktischen, als auch aus rechtlichen Gründen zweifelhaft.

Ermittlungstaktisch ergeben sich diese Bedenken daraus, dass es schwer sein dürfte, dem Beschuldigten diese Vorgehensweise plausibel zu machen, ohne bei ihm ein Maß an Misstrauen zu erregen, welches einer Offenlegung des tatsächlichen Durchsuchungsgrundes nahekommt. Insbesondere bei polizeierfahreneren Beschuldigten dürfte dies kaum gelingen, da diesen im Regelfall bekannt sein dürfte, dass bei einer polizeilichen Durchsuchung stets irgendein Durchsuchungsgrund angegeben werden muss.

Aus Rechtsgründen begegnet diese Vorgehensweise insofern Bedenken, als sie sich in die – anders als bei legendierten Kontrollen über obiter dicta hinaus bereits vorhandene – Rechtsprechung des Bundesgerichtshofs zur Verheimlichung im Zusammenhang mit strafprozessualen Durchsuchungen schwer einfügen lässt. In Abänderung einer vorangegangenen Entscheidung des Ermittlungsrichters am Bundesgerichtshof, der Weitergehendes erlauben wollte[229], hat der Bundesgerichtshof nämlich ausdrücklich entschieden, dass das deutsche Strafprozessrecht verdeckte Durchsuchungen nicht kennt und solche insbesondere nicht damit gerechtfertigt werden können, dass die Normen, welche die Offenlegung regeln, nämlich §§ 106, 107 StPO, als bloße Ordnungsvorschrift anzusehen seien[230]. Lediglich dann, wenn die Offenlegung den Durchsuchungszweck gefährdet, lässt der Bundesgerichtshof zu, dass ein Durchsuchungsbeschluss ohne Gründe ausgehändigt wird[231]; die schlichte Nichtmitteilung, dass es sich bei der durchgeführten Maßnahme um eine strafprozessuale Durchsuchung handelt, hat der BGH selbst in solchen Fällen bisher nicht gestattet. Für die Beschlagnahme hat er schließlich in einem obiter dictum expressis verbis ausgesprochen, dass die Zurückstellung der Mitteilung, dass eine Beschlagnahme stattgefunden habe, unzulässig sei[232].

Auch wenn Letzteres in der Literatur streitig ist[233], so bedarf nach Ansicht des Verfassers diese Rechtsprechung schon aus zweierlei Gründen keiner eingehenden Kritik: Zum einen ist die Art der Vorgehensweise, wie dargetan, ohnehin die Vorgehensweise zweiter Wahl, da sie ermittlungstaktisch ineffektiver ist. Zum anderen ist, wie ebenfalls ausgeführt, die Vorgehensweise erster Wahl, nämlich der Rückgriff auf Normen der Gefahrenabwehr, zulässig. Auf das Instrument der Zurückstellung der Mitteilung einer strafprozessualen Durchsuchungsanordnung muss daher nicht zurückgegriffen werden.

6.7 Ergebnis zur Rechtsgrundlage der legendierten Maßnahme

Legendierte Kontrollen können mithin auf Normen der Gefahrenabwehr grundsätzlich problemlos gestützt werden. Ein genereller Vorrang repressiver vor

---

229 BGH JR 2007, 60.

230 BGHSt 51, 211.

231 BGH NStZ 2003, 273.

232 BGH NJW 10, 1297, 1298.

233 Meyer-Goßner, §98 Rn. 10 m.w.N.

präventiven Maßnahmen steht dem nicht entgegen, da es einen solchen nach dem eindeutigen Willen des Gesetzgebers nicht gibt. Voraussetzung für die Heranziehung von Ermächtigungsgrundlagen aus dem Recht der Gefahrenabwehr ist allein, dass deren Tatbestandsmerkmale vollständig erfüllt sind und kein Ermessensfehler vorliegt. Das Verfolgen weiterer, über den Normzweck hinausgehender Ziele ist dabei nicht als Ermessensfehler anzusehen. In diesem Sinne kann grundsätzlich jede Norm aus dem Polizeirecht herangezogen werden, welche anlasslose Kontrollen gestattet. Namentlich in Betracht kommen vor allem § 10 ZollVG sowie – wegen der weniger weitreichenden Kompetenzen nachrangig – § 36 Abs. 5 StVO.

6.8 Ergebnis zur Zulässigkeit legendierter Kontrollen

Als Ergebnis ist daher festzuhalten, dass gegen die Durchführung legendierter Kontrollen keine Bedenken bestehen und diese insbesondere im Blick auf etwaige Beschuldigtenrechte sowie im Blick auf den Richtervorbehalt nicht zu beanstanden sind. Einzige Voraussetzung ist, dass eine entsprechende gefahrenabwehrrechtliche Ermächtigungsgrundlage vorliegt, deren Tatbestandsvoraussetzungen erfüllt sind, sie ermessensfehlerfrei angewendet wird und ihre Rechtsfolge gerade die Art der durchgeführten Maßnahme gestattet. Mit § 10 ZollVG sowie mit § 36 Abs. 5 StVO stehen hierfür zwei Ermächtigungsgrundlagen zur Verfügung. Wenn die benannten Grenzen eingehalten werden, können legendierte Kontrollen jedenfalls auf diese Ermächtigungsgrundlagen ohne Bedenken gestützt werden. Gleiches gilt für sonstige Normen des Polizeirechts, soweit deren Voraussetzungen vorliegen.

6.9 Erstes Zwischenergebnis der Erörterung insgesamt

Als erstes Zwischenergebnis der gesamten bisherigen Erörterung ist daher festzuhalten:

Legendierte Kontrollen erweisen sich bereits auf der Basis des geschriebenen einfachen Rechts als zulässig.

Sie stehen dabei im Kontext von Ermittlungsmaßnahmen, welche nicht nur heimliches Vorgehen, sondern auch die aktive Täuschung des Beschuldigten beinhalten.

Derartige Vorgehensweisen erweisen sich nach deutschem Strafprozessrecht ebenfalls bereits auf der Ebene des geschriebenen einfachen Rechts als grundsätzlich erlaubt.

7 Zur Rechtfertigung über allgemeine Verfahrensgrundsätze: Aktive Täuschung und das Gebot der effektiven Strafverfolgung

7.1 Zur praktischen Bedeutung des in Rede stehenden Vorgehens

Allerdings ist damit die Frage nach der Zulässigkeit legendierter Kontrollen ebenso wenig abschließend beantwortet wie die grundsätzliche Frage nach der Zulässigkeit aktiver Täuschung oder noch allgemeiner danach, woran sich die Zulässigkeit von Ermittlungsmaßnahmen im deutschen Strafprozessrecht generell zu messen hat. Gerade am Beispiel legendierter Kontrollen nämlich lässt sich zeigen, dass bei der Frage der Zulässigkeit von Ermittlungsmaßnahmen über die Regeln des einfachen Rechts hinaus Grundsätzlicheres bedacht werden muss, was in der deutschen Strafprozessrechtsdogmatik nicht selten zu kurz kommt.

Gemeint ist die Frage danach, inwieweit legendierte Kontrollen oder auch sonstige zur Diskussion stehende Maßnahmen unter dem Gesichtspunkt einer effektiven Strafverfolgung erforderlich sind und welche rechtliche Qualität einem solchen Erfordernis zukommt.

Um dieses Problem am Beispiel der legendierten Kontrollen zu erörtern, soll zunächst deren praktische Bedeutung noch einmal ausführlicher dargelegt werden: Legendierte Kontrollen sind im Bereich der Betäubungsmittelkriminalität und der organisierten Kriminalität nach den auf eigenem Erleben sowie auf Berichten von Polizeibeamten und anderen Staatsanwälten beruhenden Erkenntnissen des Verfassers ein Standardinstrument, welches ebenso selbstverständlich zum Repertoire der Ermittlungsbehörden zählt wie Durchsuchungen nach der Strafprozessordnung oder Maßnahmen der Telekommunikationsüberwachung. Erfolgt die Entscheidung, eine legendierte Maßnahme durchzuführen, nicht durch die Polizei selbst – wobei es für hiesige Untersuchung dahinstehen kann, inwieweit die Polizei aus eigener Kompetenz eine solche Entscheidung treffen darf -, so ist es in der Praxis üblich, dass die Ermittlungsbeamten dann, wenn sie die Notwendigkeit zur Durchführung einer legendierten Kontrolle sehen, den das Verfahren führenden Dezernenten bei der Staatsanwaltschaft über diese Notwendigkeit unterrichten und dieser dann formlos die Durchführung einer legendierten Kontrolle anordnet. Legendierte Kontrollen sind in der Praxis also jedenfalls in den benannten Deliktsfeldern ein alltägliches Phänomen.

7.2 Zur Unvermeidlichkeit des in Rede stehenden Vorgehens

Dass in der Praxis auf legendierte Kontrollen derart häufig zurückgegriffen wird, hat dabei jedoch einen tieferen Grund: Legendierte Kontrollen haben, wie dargetan, den Zweck, einerseits die unter Gesichtspunkten des Tatnachweises sowie gegebenenfalls der Gefahrenabwehr ermittlungstaktisch zwingend gebotene Sicherstellung bestimmter verbotener Gegenstände zu ermöglichen und andererseits dabei zu verhindern, dass damit das gesamte Verfahren zunichte gemacht wird, bevor insbesondere der Tatnachweis gegen weitere, meist wichtigere Beschuldigte geführt werden könnte.

Eine andere Lösung für dieses Problem ist schwerlich zu ersehen. Denn jeder andere Weg – von der bereits diskutierten strafprozessualen Durchsuchung ohne Mitteilung einmal abgesehen – würde im Ergebnis zwangsläufig dazu führen, dass eine der beiden Notwendigkeiten auf der Strecke bliebe: Man könnte entweder auf die einzelnen Durchsuchungen verzichten, was indes den Tatnachweis gegen einzelne Beschuldigte meist unmöglich machen und die von den mitgeführten Gegenständen ausgehende Gefahr nicht eliminieren könnte. Oder man legt den Durchsuchungszweck offen, was im Ergebnis zu nichts anderem führen würde als dazu, dass derartige Verfahren in den benannten Deliktsfeldern faktisch überhaupt nicht mehr mit Erfolg geführt werden könnten. Anders formuliert: Legendierte Kontrollen sind ermittlungstaktisch schlicht notwendig. Eine sinnvolle Alternative, mit der gerade Verfahren im Bereich der Betäubungsmittel- und organisierten Kriminalität mit Erfolg geführt werden könnten, besteht nicht.

Die entscheidende Frage ist nun: Welche rechtliche Relevanz hat diese ermittlungstaktische Notwendigkeit?

7.3 Die „Funktionstüchtigkeit der Strafrechtspflege“: Der Weg dieser Rechtsfigur in Rechtsprechung und Literatur

7.3.1 Geschichte und Verortung in der Rechtsprechung

Dass aus dem Umstand, dass eine bestimmte Maßnahme für den Ermittlungserfolg gerade im Bereich schwerer Kriminalität notwendig ist, auch juristisch etwas folgen kann, dass also, anders formuliert, die ermittlungstaktische Notwendigkeit eine juristische Qualität besitzen kann, ist etwas, was in der Rechtsprechung der Obergerichte schon sehr früh Anerkennung gefunden hat. Bereits in einer

Entscheidung vom 15. Dezember 1965[234] hat das Bundesverfassungsgericht von „den unabweisbaren Bedürfnissen (nach) einer wirksamen Strafverfolgung"[235] gesprochen und diese dem „Recht des Einzelnen auf persönliche Freiheit" [236] entgegengestellt. Gegenstand dieser als Wencker-Beschluss bekannt gewordenen Entscheidung war die Frage, ob auch bei einem allein auf § 112 Abs. 4 StPO gestützten Haftbefehl eine Haftverschonung gemäß § 116 StPO in Betracht kommen kann. Das Bundesverfassungsgericht hat dies bejaht und dabei insbesondere festgestellt, dass in der Bundesrepublik Deutschland der Grundsatz der Verhältnismäßigkeit, welchen es für seine Entscheidung maßgeblich heranzog, Verfassungsrang besitzt. Umso bemerkenswerter ist, dass das Bundesverfassungsgericht gerade in dieser Entscheidung von der Notwendigkeit einer wirksamen Strafverfolgung sprach und dabei sogar über die bereits zitierte Passage hinaus festgestellt hat, dass sowohl die Notwendigkeit einer wirksamen Strafverfolgung als auch das Recht des Einzelnen auf persönliche Freiheit „für den Rechtsstaat gleich wichtige (...) Prinzipien"[237] seien, die hier in einem Spannungsverhältnis stünden und deren Konflikt über den Grundsatz der Verhältnismäßigkeit zu lösen sei.

Dass „die wirksame Aufklärung gerade schwerer Straftaten (...) ein wesentlicher Auftrag eines rechtsstaatlichen Gemeinwesens (ist), der im Konfliktfall auch bei der Interpretation eines Grundrechts herangezogen werden kann", findet sich einige Jahre später in einer weiteren Entscheidung des Bundesverfassungsgerichts vom 13. Oktober 1970[238], in welcher es um die Frage der Zulässigkeit einer Rücklieferung eines in diesem Falle von den österreichischen Behörden an die Bundesrepublik Deutschland nur mit der Maßgabe einer anschließenden Rücklieferung ausgelieferten Bundesbürgers ging.

Mit einer Entscheidung vom 19. Juli 1972[239], welche die Frage nach einem Zeugnisverweigerungsrecht für Sozialarbeiter zum Gegenstand hat, vergibt das Bundesverfassungsgericht dann für den, wie dargetan, bereits zuvor entwickelten Gedanken und die sich daraus ergebende Rechtsfigur einen Namen und spricht fortan von der Notwendigkeit der Funktionstüchtigkeit der Strafrechtspflege.

---

234 BVerfGE 19, 342.
235 BVerfGE 19, 342, 347.
236 BVerfGE 19, 342, 347.
237 BVerfGE 19, 342, 347.
238 BVerfGE 29, 183, 194.
239 BVerfGE 33, 367, 383.

Diese Rechtsfigur kommt in den Siebzigern dann sehr häufig in vielen verschiedenen Kontexten zur Anwendung.[240] Bei den zugrunde liegenden Sachverhalten handelt es sich teilweise um recht spezielle Rechtsprobleme, welche über die Fachkreise hinaus wenig Interesse gefunden haben, so etwa die Frage nach einem Zeugnisverweigerungsrecht für Tierärzte[241] oder nach den Möglichkeiten des Ausschlusses eines Zeugenbeistandes[242]. Nicht selten jedoch kam die Rechtsfigur der Funktionstüchtigkeit der Strafrechtspflege bei juristisch bedeutsamen oder gar bei Entscheidungen zu politisch sehr kontrovers diskutierten Themen zur Anwendung. Zur ersteren Gruppe wäre etwa die Frage nach der Beschlagnahme von Akten der Caritas zu rechnen[243]; zur letzteren Gruppe zählen die häufigen Entscheidungen, in welcher die Funktionstüchtigkeit der Strafrechtspflege herangezogen wird, welche Rechtsfragen im Zusammenhang mit Verfahren um den sogenannten Baader-Meinhof-Komplex zum Gegenstand hatten. Zu den zuletzt genannten Entscheidungen zählt etwa eine Entscheidung vom 11. März 1975, in welcher es um die Beschränkung der Zahl der Wahlverteidiger ging[244], eine Entscheidung vom 31. Januar 1976, welche das Weiterverhandeln in Abwesenheit des Angeklagten zum Gegenstand hat[245], sowie eine Entscheidung vom 14. Oktober 1977, in welcher es um Rechtsfragen im Zusammenhang mit der Freipressung von Gefangenen geht[246]. Dass diese neue Rechtsfigur gerade auch in stark politisch wahrgenommenen Entscheidungen verwendet wurde, ist ein Aspekt, der sich – worauf noch einzugehen ist – auch in der Rezeptionsgeschichte niederschlug.

Auch nach ihrer festen Etablierung in den Siebzigern griff und greift die obergerichtliche Rechtsprechung auf die Idee der Funktionstüchtigkeit der Strafrechtspflege gerade auch bei besonders gewichtigen oder brisanten Entscheidungen zurück, etwa einer Entscheidung vom 1. Oktober 1987[247] zur Beschlagnahme von Unterlagen in Räumlichkeiten des Zweiten Deutschen Fernsehens oder in einer

---

240 BVerfGE 38, 105; 38, 312; 39, 156; 41, 246; 44, 353; 46, 214; 77, 65; 80, 367; 129, 208; NJW 1975, 1767; NJW 2010, 592; NJW 2011, 2417; NJW 2012, 1419; BGHSt 50, 40; 50, 299; 54, 69; 56, 127; 56, 138.

241 BVerfGE 38, 312.

242 BVerfGE 38, 105.

243 BVerfGE 44, 353.

244 BVerfGE 39, 156.

245 BVerfGE 41, 246.

246 BVerfGE 46, 214.

247 BVerfGE 77, 65.

Entscheidung vom 14. September 1989[248] zur Verwertung von Tagebucheintragungen im Strafverfahren.

Die Terminologie wandelte sich zwar insoweit, als in späteren Entscheidungen häufig – allerdings nicht immer[249] – von der Notwendigkeit einer effektiven Strafverfolgung die Rede ist; eine sachliche Änderung war damit indes nicht verbunden[250]. Auch die Verwendung des Begriffs der „Erfordernisse rechtsstaatlicher Gewährung der Strafrechtspflege", welcher sich teilweise in der obergerichtlichen Judikatur findet[251], hat – entgegen einer in der Literatur geäußerten Ansicht[252] – an der Art der Verwendung des entsprechenden Prinzips so wenig geändert wie an seiner rechtsdogmatischen Fundierung.

Entscheidungen der letzten Jahre, in welchen der Gedanke der effektiven Strafverfolgung in die Entscheidungsgründe miteinbezogen wird, sind etwa die Entscheidungen des Bundesgerichtshofs zur weiteren Verwertbarkeit der auf der Basis der einstweiligen Anordnungen des Bundesverfassungsgerichts erhobenen Daten zur Vorratsdatenspeicherung[253], die Entscheidung des Bundesverfassungsgerichts vom 9. November 2010[254] zur Rechtmäßigkeit des Ankaufs von sogenannten Steuer-CDs mit den Daten von Kunden schweizerischer oder liechtensteinischer Banken, welche in Deutschland Taten der Steuerhinterziehung begangen haben sollen, sowie eine Entscheidung vom 14. August 2009 des Bundesgerichtshofes, welche sich mit der Frage eines Verwertungsverbotes bei rechtswidriger Beweiserlangung befasst[255]. Auffällig ist, dass auch in den jüngeren Entscheidungen die Idee der effektiven Strafverfolgung gerade auch bei entweder juristisch hoch relevanten Fragen wie etwa der eines Verwertungsverbotes sowie insbesondere auch nach wie vor bei politisch stark diskutierten Themen wie den benannten Themen Vorratsdatenspeicherung oder Ankauf von Steuer-CDs von der obergerichtlichen Rechtsprechung herangezogen wird.

In diesem Überblick zu erwähnen, da gerade für hiesige Zwecke von besonderer Relevanz, ist schließlich noch eine Entscheidung des Bundesverfassungsgerichts

248 BVerfGE 80, 367.

249 BVerfG NJW 2012, 1863, 1864; Beschluss des Schleswig-Holsteinischen Oberlandesgericht vom 14.8.2012 – 11 U 128/10 – zitiert nach juris.

250 BGHSt 56, 138–146.

251 Lorenz, GA 92, 274, 277 m.w.N.

252 Lorenz, GA 92, 274, 277 ff.

253 BGHSt 56, 127; 56, 138.

254 BVerfG NJW 2011, 2417.

255 BGHSt 54, 69.

vom 27. November 1984[256], welche gerade den Zusammenhang zwischen der Funktionstüchtigkeit der Strafrechtspflege und der Notwendigkeit verdeckter Ermittlungen zum Gegenstand hat und auf welche im weiteren Verlauf der Erörterung noch zurückgekommen werden soll.

Als erstes Ergebnis ist insoweit festzuhalten, dass die Rechtsfigur der Notwendigkeit einer effektiven Strafverfolgung, um bei der neueren Bezeichnung zu bleiben, zum festen Bestandteil obergerichtlicher Rechtsprechung zählt und insofern in der Art, wie eine gefestigte obergerichtliche Rechtsprechung dies tun kann, als geltendes Recht in der Bundesrepublik Deutschland anzusehen ist.

Versucht man nun, diese Rechtsfigur der Notwendigkeit einer effektiven Strafverfolgung dogmatisch näher zu beleuchten, so sind drei Fragen von Relevanz: Welche Funktion hat diese Rechtsfigur und wie wird sie verwendet, welchen Rang hat die Notwendigkeit einer effektiven Strafverfolgung und wie wird diese Rechtsfigur begründet bzw. verortet?

Zur ersten Frage, nämlich der Frage der Verwendung, findet sich bereits in der genannten Entscheidung vom 13. Juli 1970, in welcher sich der Begriff der Funktionstüchtigkeit der Strafrechtspflege, wie dargetan, noch gar nicht auffinden lässt und welche, wie ebenfalls bereits benannt, die Frage der Rücklieferung eines deutschen Staatsbürgers an die Republik Österreich zum Gegenstand hatte, eine Skizzierung der dogmatischen Funktion, welche auch in allen späteren Entscheidungen meist implizit zugrunde gelegt wird. In der genannten Entscheidung vom 13. Oktober 1970 heißt es in voller Länge:

> „Gerade in Fällen von schwerer Kriminalität bestünde bei einem Verzicht auf die zeitweilige Überstellung Gefahr, daß sie später nicht mehr aufzuklären wären. Dieser Gesichtspunkt könnte zwar nicht dazu führen, ein dem Umfang nach feststehendes Auslieferungsverbot einzuschränken. Er kann aber herangezogen werden, um einen allein aus sich heraus nicht scharf abzugrenzenden verfassungsrechtlichen Begriff wie die Auslieferung unter Berücksichtigung des Systems und des übrigen Inhalts der Verfassung zu interpretieren. Denn die wirksame Aufklärung gerade schwerer Straftaten ist ein wesentlicher Auftrag eines rechtsstaatlichen Gemeinwesens, der im Konfliktsfall auch bei der Interpretation eines Grundrechts herangezogen werden kann."[257]

Die Notwendigkeit effektiver Strafverfolgung ist danach also nicht geeignet, klar definierte Rechte bzw. Rechtspositionen auszuhebeln oder zu begrenzen. Dies hat der Bundesgerichtshof an anderer Stelle auch noch einmal klargestellt, indem er Versuchen, die Aushöhlung des Richtervorbehalts strafprozessualer

256 BVerfG NJW 1985, 1767.

257 BVerfGE 29, 183, 193 f.

Zwangsmaßnahmen durch exzessive Annahme von Gefahr im Verzuge mit der Effektivität der Strafverfolgung zu rechtfertigen, eine Absage erteilt hat.[258] Sie hat ihre Funktion jedoch dann, wenn es darum geht, Rechtsbegriffe zu interpretieren und bzw. oder wenn es darum geht, Grundrechte im Konfliktfall zwischen widerstreitenden grundrechtlich relevanten Belangen auszulegen. Die Funktion der Rechtsfigur der Notwendigkeit effektiver Strafverfolgung ist also eine doppelte: Sie kann herangezogen werden, um unbestimmte bzw. noch nicht bestimmte Rechtsbegriffe zu definieren; ferner spielt sie, da sie selbst ein abwägungsrelevanter Faktor ist, in Fällen von verfassungsrechtlich relevanten Interessenkollisionen als in die Abwägung einzustellendes Element eine Rolle.

Die Art der Verwendung lässt sich am besten charakterisieren, wenn man die Begrifflichkeit etwa Alexys zur Unterscheidung verschiedener Arten von Rechtssätzen zugrunde legt. Dieser differenziert zwischen Regeln und Prinzipien, wobei Regeln normierte Rechtssätze sind, welche aus Tatbestand und Rechtsfolge bestehen und entweder anwendbar sind oder nicht, während Prinzipien die den Regeln zugrunde liegenden ungeschriebenen Grundlagen des Rechts sind, welche je nach konkretem Fall mal mehr oder mal weniger zur Geltung kommen, da sie jeweils mit anderen gegenläufigen Prinzipien im Wettstreit stehen.[259] Die Notwendigkeit einer effektiven Strafverfolgung ist danach als ein Prinzip anzusehen. Sie vermag mithin die Geltung der geschriebenen Regeln nicht aufzuheben und sie ist auch selbst keine Regel mit der Folge, dass sie nicht entweder gilt oder nicht gilt. Sie ist vielmehr bei der Auslegung des Rechts soweit als möglich zu verwirklichen, wobei sie im Widerstreit mit entgegenstehenden Prinzipien, allzu meist solchen, welchen Beschuldigtenrechten zugrunde liegen, steht und im Wettstreit mit diesen mal weniger und mal stärker verwirklicht wird. Wie Prinzipien sonst auch kann sie sich dabei auch mal ganz durchsetzen oder ganz unterliegen.

Diese Art der Verwendung hat die Rechtsprechung bis heute beibehalten. So heißt es etwa in der Entscheidung des Bundesverfassungsgerichts vom 24. Januar 2012 betreffend die Verfassungsgemäßheit von § 113 Abs. 1 Satz 2 TKG, welche vom Bundesverfassungsgericht verneint wurde:

> „Erforderlich für eine effektive Strafverfolgung und Gefahrenabwehr ist lediglich, die Auskunftserteilung über solche Zugangssicherungen an diejenigen Voraussetzungen

258 BGH StV 2007, 337, 340.

259 Alexy, S. 87 ff.

> zu binden, die bezogen auf den in der Abfragesituation damit konkret erstrebten Nutzungszweck zu erfüllen sind."[260]

Die Passage, welche sich im Übrigen dadurch auszeichnet, dass der Belang der effektiven Strafverfolgung als Abwägungsaspekt nicht einmal mehr begründet wird, da er so selbstverständlich erscheint, zeigt neben dieser Berücksichtigung der effektiven Strafverfolgung als abwägungsrelevantem Belang insbesondere, dass die Entscheidung womöglich anders ausgefallen wäre, wenn § 113 Abs. 1 Satz 2 TKG nach Ansicht des Bundesverfassungsgerichts in der zur Entscheidung vorgelegten Fassung für eine effektive Strafverfolgung erforderlich gewesen wäre.

Und in einer Entscheidung des Bundesverfassungsgerichts vom 6. Oktober 2009 heißt es hierzu bereits im Leitsatz:

> „Im Rahmen dieser Gesamtschau sind auch die Erfordernisse einer funktionstüchtigen Strafrechtspflege in den Blick zu nehmen (vgl. BVerfGE 47, 239 <250>; 80, 367 <375>)."[261]

Hier ist – übrigens unter Nutzung der alten Terminologie – die Art und Weise, wie die Rechtsprechung noch vor Erfindung des Begriffes die Rechtsfigur der Notwendigkeit der effektiven Strafverfolgung verwendet hat, ein weiteres Mal knapp auf den Punkt gebracht.

Das Rechtsinstitut der Notwendigkeit einer effektiven Strafverfolgung kann in den beschriebenen Funktionen sodann im gesamten Strafverfahren zum Einsatz kommen: Die Rechtsprechung hat es etwa verwendet im Zusammenhang mit der Frage der Pflichten eines Staatsanwalts bei der Bejahung eines Anfangsverdachts[262] oder der Zulässigkeit von Absprachen im Strafprozess, welche angesichts der erheblichen Arbeitsbelastung der Justiz zur Aufrechterhaltung einer funktionsfähigen Rechtspflege als notwendig erachtet wurden[263]; die Rechtsfigur findet sich auch im Zusammenhang mit einem obiter dictum zur Frage der Spruchpraxis im Bereich der allgemeinen Kriminalität einerseits und den Wirtschafts- und Korruptionsstraftaten andererseits und einem hier möglicherweise entstehenden Ungleichgewicht.[264]

260 BverfG NJW 2012, 1419, 1430.

261 BVerfG NJW 2010, 592, 593.

262 Beschluss des Schleswig-Holsteinischen Oberlandesgericht vom 14.8.2012 – 11 U 128/10 – zitiert nach juris.

263 BGHSt 50, 40, 47.

264 BGHSt 50, 299, 309.

Versucht man, den Einsatz des Prinzips der funktionstüchtigen Strafrechtspflege über die soeben skizzierte generelle Art der Verwendung hinaus zu systematisieren, so lässt sich mit Kühne[265] feststellen, dass es eine Verwendung zur Bestimmung der verfassungsrechtlichen Grenzen einer Ausdehnung existierender einfachgesetzlicher Beschränkungen von Ermittlungsmöglichkeiten gibt, wobei die Grundsatzentscheidung zum Zeugnisverweigerungsrecht von Sozialarbeitern in diese Gruppe einzuordnen wäre. Herangezogen hat das Bundesverfassungsgericht die Rechtsfigur jedoch auch zur Überprüfung der Verfassungsmäßigkeit neu eingeführter gesetzlicher Regelungen wie etwa der § 137 Abs. 2 StPO, § 146 StPO und § 231 StPO sowie dem Haftgrund der Wiederholungsgefahr. Und schließlich hat die Rechtsprechung den Grundsatz in der beschriebenen Art bei der Auslegung von Rechtsbegriffen und damit der Zulässigkeit bestimmter strafprozessualer Handlungsmöglichkeiten wie etwa der zwangsweisen Veränderung der Haar- und Barttracht im Rahmen des § 81 a StPO oder, wie bereits dargestellt, schlicht bei der Abwägung mit anderen Prinzipien verwendet.

Fragt man nun nach dem Rang dieses Prinzips in der Normenhierarchie, so findet sich in der obergerichtlichen Rechtsprechung darauf eine eindeutige Antwort: Die Notwendigkeit einer effektiven Strafverfolgung ist ein Belang von Verfassungsrang.[266]

Für ihre zuvor skizzierte Verwendung bedeutet dies, dass sie eben auch mit Belangen von Verfassungsrang konkurrieren und dass sie im Einzelfall auch diese, wozu die allermeisten Beschuldigtenrechte bzw. die zugrunde liegenden Prinzipien zu zählen sind, verdrängen kann. Dies gilt in gewissen Grenzen selbst für das Recht des Angeklagten auf Leben und körperliche Unversehrtheit, da

> „eine funktionstüchtige Strafrechtspflege (…) der Durchsetzung materieller Gerechtigkeit (dient) und (…) deshalb im Interesse der Allgemeinheit (liegt)“ [267]

und

> „dem Staat (…) somit auch aus verfassungsrechtlicher Sicht die Pflicht (obliegt), die Einleitung und Durchführung des Strafverfahrens sicherzustellen“[268],

---

265 LR-Kühne, Einl H Rn. 11 m.w.N.

266 BGHSt 54, 69, 89.

267 Beschluss des Verfassungsgericht des Landes Brandenburg vom 27.5.2011 – 59/10 – zitiert nach juris.

268 Beschluss des Verfassungsgericht des Landes Brandenburg vom 27.5.2011 – 59/10 – zitiert nach juris.

sodass selbst „die Möglichkeit, dass der Beschuldigte den Belastungen einer Hauptverhandlung nicht gewachsen ist“[269] bis zu einem gewissen Grade „im Interesse einer wirksamen Strafrechtspflege“ hinzunehmen ist.[270]

Die Zusprechung von Verfassungsrang und die dogmatischen Folgen finden sich auch in jüngeren Entscheidungen. In seiner Entscheidung vom 12. Oktober 2011 zur Verfassungsmäßigkeit der Neuregelung strafprozessualer verdeckter Ermittlungsmaßnahmen durch das „Gesetz zur Neuregelung der Telekommunikationsüberwachung und anderer verdeckter Ermittlungsmaßnahmen sowie zur Umsetzung der Richtlinie 2006/24/EG“ fasst das Bundesverfassungsgericht seine Rechtsprechung hierzu selbst noch mal zusammen: Nachdem es zunächst mit den Worten

> „das Bundesverfassungsgericht hat wiederholt das verfassungsrechtliche Gebot einer effektiven Strafverfolgung hervorgehoben, das Interesse an einer möglichst vollständigen Wahrheitsermittlung im Strafverfahren betont und die wirksame Aufklärung gerade schwerer Straftaten als einen wesentlichen Auftrag eines rechtsstaatlichen Gemeinwesens bezeichnet (vgl. BVerfGE 29, 183 <194>; 77, 65 <76>; 80, 367 <375>; 100, 313 <388 f.>; 107, 299 <316>; 122, 248 <272, 273>)“[271]

einmal mehr die ständige Rechtsprechung zur effektiven Strafverfolgung als Ausfluss des Rechtsstaatsprinzips zitiert hat, heißt es sodann:

> „Die durch Strafverfolgungsmaßnahmen bezweckte Aufklärung von Straftaten und ihr Beitrag zur Durchsetzung der Strafgesetze können durch Zeugnisverweigerungsrechte oder vergleichbare verfahrensrechtliche Beschränkungen der Strafverfolgung empfindlich berührt werden (vgl. BVerfGE 77, 65 <76>; 107, 299 <332>). Solche Beeinträchtigungen bedürfen – auch vor dem Hintergrund des im Rechtsstaatsprinzip begründeten Anspruchs des Beschuldigten auf ein faires Strafverfahren – der verfassungsrechtlichen Legitimation (vgl. BVerfGE 77, 65 <76>). Diese kann sich im Einzelfall aus Grundrechten ergeben, in die strafprozessuale Ermittlungsmaßnahmen regelmäßig eingreifen. Grundrechtseingriffe bedürfen der Rechtfertigung und sind regelmäßig im Rahmen einer Interessenabwägung dem öffentlichen Strafverfolgungsinteresse gegenüberzustellen.“[272]

Das Bundesverfassungsgericht führt hier aus, dass nicht nur das Gebot der effektiven Strafverfolgung seinerseits mit grundrechtlich relevanten Belangen konkurrieren kann, sondern dass es selbst nur durch andere grundrechtsrelevante

---

269 Beschluss des Verfassungsgericht des Landes Brandenburg vom 27.5.2011 – 59/10 – zitiert nach juris.

270 Beschluss des Verfassungsgericht des Landes Brandenburg vom 27.5.2011 – 59/10 – zitiert nach juris.

271 BVerfG NJW 2012, 833, 841.

272 BVerfG NJW 2012, 833, 841.

Belange oder Belange von Verfassungsrang eingeschränkt werden kann. Das Gebot der effektiven Strafverfolgung ist also – wenn man es etwas burschikos formulieren will – in den höchsten Adel aufgenommen worden, welchen eine Rechtsfigur erlangen kann: Es bewegt sich auf der Ebene des Verfassungsrechts und damit in der Normenhierarchie ganz oben.

Fragt man sodann, wie die Rechtsprechung das Prinzip der Notwendigkeit einer effektiven Strafverfolgung begründet und wo genau sie es dogmatisch verortet, so findet sich anders als bei den zuvor gestellten Fragen ein uneinheitlicheres Bild.

Zunächst fällt auf, dass die Rechtsprechung sich um eine fundierte dogmatische Begründung und Verortung nur sehr eingeschränkt bemüht und dass sich in denjenigen Entscheidungen, in welchen auf das Gebot der effektiven Strafverfolgung zurückgegriffen wird, zur dogmatischen Begründung dieser Rechtsfigur oft nur wenige Sätze oder Halbsätze finden lassen. Auch variieren die Begründungsdetails, auch wenn sich, was sogleich zu zeigen sein wird, bestimmte Grundlinien feststellen lassen. Insbesondere spätere Entscheidungen verzichten auf eine Begründung oft ganz, sondern verweisen lediglich auf die, wie gezeigt, tatsächlich bestehende gefestigte obergerichtliche Rechtsprechung.

Trotz dieser dogmatischen Schwächen hat sich die Rechtsprechung gleichwohl um eine dogmatische Verortung bemüht und dabei Grundlinien entwickelt, welche sich systematisieren lassen und welche eine gewisse Eindeutigkeit und Kontinuität nicht nur der Rechtsfigur selbst, sondern auch ihrer dogmatischen Verortung zeigen.

Die häufigste Begründung des Prinzips der effektiven Strafverfolgung besteht in der Darlegung, dass zum Rechtsstaatsprinzip fundamental auch die Idee der materiellen Gerechtigkeit gehöre und dass diese sich nur verwirklichen lasse, wenn Straftaten allgemein, insbesondere aber schwere Straftaten aufgeklärt werden können und die Täter eine Bestrafung erhalten. Dies wiederum sei nur mit einer funktionstüchtigen Strafrechtspflege möglich. In der bereits erwähnten Entscheidung des Bundesverfassungsgerichts vom 9. Mai 1977, welche die Frage der Zulässigkeit der Beschlagnahme von Akten der Caritas zum Gegenstand hatte, heißt es hierzu etwa:

> „Das Interesse an einer leistungsfähigen Strafjustiz gehört in den Gewährleistungsbereich des Rechtsstaatsprinzips (Art. 20 Abs. 3 GG). Soweit der Grundsatz der Rechtsstaatlichkeit die Idee der Gerechtigkeit als wesentlichen Bestandteil enthält, verlangt er auch die Aufrechterhaltung einer funktionstüchtigen Rechtspflege, ohne die Gerechtigkeit nicht verwirklicht werden kann. Wiederholt hat das Bundesverfassungsgericht deshalb die Bedürfnisse einer wirksamen Strafverfolgung anerkannt, das öffentliche Interesse an einer möglichst vollständigen Wahrheitsermittlung im Strafprozeß betont

und die Aufklärung schwerer Straftaten als wesentlichen Auftrag eines rechtsstaatlichen Gemeinwesens bezeichnet (BVerfGE 33, 367 (383); 38, 105 (115 f.); 38, 312 (321); 39, 156 (163); 41, 246 (250)).“[273]

Der gleiche Gedanke findet sich zuvor auch in Entscheidungen, welche gerade besondere politische Brisanz hatten. So heißt es etwa in der Entscheidung vom 21. Januar 1976, in welcher es um das Weiterverhandeln bei Abwesenheit des Angeklagten geht und welche, wie dargetan, im Zusammenhang mit den Baader-Meinhof-Verfahren erging:

„Damit entspricht sie einem Gebot des Rechtsstaatsprinzips, das die Aufrechterhaltung einer funktionstüchtigen Strafrechtspflege verlangt (BVerfGE 39, 156 (163) mit weiteren Nachweisen). Um diesem Gebot zu genügen, muß sichergestellt sein, daß ein Strafverfahren auch gegen denjenigen innerhalb angemessener Zeit zum Abschluß gebracht werden kann, der das Erfordernis seiner Verhandlungsfähigkeit dazu mißbraucht, die Verhandlung in seiner Gegenwart zu vereiteln und damit dem Gang der Rechtspflege entgegenzutreten.“[274]

Auf diese Begründung greift das Bundesverfassungsgericht auch schon in der benannten ersten Entscheidung zurück, in welcher sich der Terminus der Funktionstüchtigkeit der Strafrechtspflege findet, nämlich der Entscheidung vom 19. Juli 1972, in welcher es dazu heißt:

„Soweit der Grundsatz der Rechtsstaatlichkeit die Idee der Gerechtigkeit als wesentlichen Bestandteil enthält (BVerfGE 7, 89 (92); 7, 194 (196); 20, 323 (331); 21, 378 (388)), verlangt er auch die Aufrechterhaltung einer funktionstüchtigen Rechtspflege, ohne die der Gerechtigkeit nicht zum Durchbruch verholfen werden kann.“[275]

Wie dieser Entscheidung zu entnehmen ist, entwickelte das Bundesverfassungsgericht dabei einen bereits in den fünfziger Jahren dargelegten Gedanken weiter, wonach nämlich zum Rechtsstaat zentral auch die Idee der materiellen Gerechtigkeit und, so muss man gedanklich ergänzen, nicht nur die Idee eines Rechtsschutzes durch formale Regeln und Rechtsstellungen etwa des Beschuldigten, gehöre. Dieser Gedanke, welchen das Bundesverfassungsgericht in einer Entscheidung vom 24. Juli 1957 erstmals ausgeführt hat und zu welchem es formuliert hat, dass „zur Rechtsstaatlichkeit (…) nicht nur die Voraussehbarkeit, sondern auch die Rechtssicherheit und die materielle Richtigkeit oder Gerechtigkeit“[276] gehöre, wird also nun für das Strafrecht fruchtbar gemacht.

273 BVerfGE 44, 353, 374.
274 BVerfGE 41, 246, 250.
275 BVerfGE 33, 367, 383.
276 BVerfGE 7, 89, 92.

Er wird dafür dahin weiter entwickelt, dass gerade das Rechtsstaatsprinzip, weil es auch die materielle Gerechtigkeit verlangt, erfordert, dass Straftaten auch aufgeklärt und geahndet werden können, da andernfalls die Ungerechtigkeit siegen würde und das Rechtsstaatsprinzip nicht verwirklicht werden könnte. An dieser Begründung bemerkenswert ist insbesondere das, was das Verfassungsgericht nicht explizit sagt, sondern was implizit vorausgesetzt ist: Dass nämlich, wenn man aus dem Rechtsstaat lediglich ein System von Beschuldigtenrechten konstruiert, welche alle auf irgendeine Art die Tätigkeit der Strafverfolgungsbehörden begrenzen, das Ergebnis eines solchen Systems dann, wenn es die Strafverfolgung faktisch zum Erliegen bringt, nicht der Sieg des Rechtsstaats, sondern vielmehr dessen fehlende Verwirklichung ist, da eben zum Rechtsstaat auch Gerechtigkeit gehört und diese sich in einem System von Beschuldigtenrechten nicht erschöpft.

Den Gedanken, dass die Ausweitung von Rechten von Verfahrensbeteiligten, welche den Belangen der Strafverfolgung zuwiderlaufen, nicht zu mehr, sondern durchaus zu weniger Gerechtigkeit und damit Rechtsstaat führen kann, weil damit stets die vom Rechtsstaat verlangte Möglichkeit der Aufklärung schwerer Straftaten beschnitten wird, hat das Bundesverfassungsgericht im Zusammenhang mit der Frage nach der Ausweitung von Zeugnisverweigerungsrechten auf Tierärzte auch explizit benannt:

> „Das Interesse der Allgemeinheit an der Gewährleistung einer funktionstüchtigen Strafrechtspflege überwiegt etwaige Geheimhaltungsbelange der Auftraggeber des Tierarztes. Wiederholt hat das Bundesverfassungsgericht die unabweisbaren Bedürfnisse einer wirksamen Strafverfolgung anerkannt und das öffentliche Interesse an vollständiger Wahrheitsermittlung im Strafverfahren betont (BVerfGE 33,367 (383); 34,238 (248); 36,174 (186); 38, 105 (115 f.)). Jede Ausdehnung des strafprozessualen Zeugnisverweigerungsrechts auf neue Personengruppen beschneidet jedoch die Möglichkeiten justizförmiger Sachaufklärung (BVerfGE 33,367 (383)) und mindert damit den Rechtsgüterschutz, den das materielle Strafrecht bezweckt."[277]

Gehört die skizzierte Verortung des Gebots der effektiven Strafverfolgung im Rechtsstaatsprinzip und hier die Idee der materiellen Gerechtigkeit zum gefestigten Repertoire obergerichtlicher Rechtsprechung, so zeigt die zuletzt genannte Passage aus der Entscheidung des Bundesverfassungsgericht von Januar 1975, dass die Rechtsprechung nicht selten den Gedanken der Notwendigkeit materieller Gerechtigkeit mit anderen Aspekten kombiniert, welche sich unter der Überschrift der Notwendigkeit effektiven Rechtsgüterschutzes zusammenfassen lassen. Die zuvor zitierte Entscheidung macht dies besonders deutlich, weil dort

277 BVerfGE 38, 312, 321.

expressis verbis ausgeführt ist, dass das materielle Strafrecht dem Rechtsgüterschutz dient und dass dieser leer liefe, wenn man die Möglichkeiten justizförmiger Sachaufklärung soweit beschränken würde, dass die Verfolgung der im materiellen Strafrecht mit Sanktionen bedrohten Verhaltensweisen nicht mehr möglich wäre und damit zwangsläufig die durch das materielle Strafrecht zu schützenden Rechtsgüter ungeschützt blieben.

Der gleiche Gedanke, nur etwas anders gewendet, findet sich auch in der Entscheidung vom 8. Oktober 1974 zum Ausschluss eines Zeugenbeistandes, in welcher es heißt:

> „Soweit der Grundsatz der Rechtsstaatlichkeit die Idee der Gerechtigkeit als wesentlichen Bestandteil enthält, verlangt er auch die Aufrechterhaltung einer funktionstüchtigen Rechtspflege, ohne die der Gerechtigkeit nicht zum Durchbruch verholfen werden kann (BVerfGE 33, 367 (383) m. w. N.). Das Bundesverfassungsgericht hat wiederholt die unabweisbaren Bedürfnisse einer wirksamen Strafverfolgung und Verbrechensbekämpfung anerkannt, das öffentliche Interesse an einer möglichst vollständigen Wahrheitsermittlung im Strafprozeß betont und die Aufklärung schwerer Straftaten als einen wesentlichen Auftrag eines rechtsstaatlichen Gemeinwesens bezeichnet (BVerfGE 34, 238 (248) m. w. N.).“[278]

Hier wird, wenn auch nur mit wenigen Worten, neben der bereits bekannten Begründung über das Rechtsstaatsprinzip und die Idee der materiellen Gerechtigkeit die Notwendigkeit einer wirksamen Verbrechensbekämpfung anerkannt – ein Gedanke, der im Ergebnis auch wie die zuvor genannte Entscheidung in Richtung des materiellen Strafrechts und des dort bezweckten Rechtsgüterschutzes zielt, da die wirksame Verbrechensbekämpfung ja um dieses Rechtsgüterschutzes willen erfolgt.

Auch in den politisch besonders brisanten Baader-Meinhof-Entscheidungen wird neben der Idee der Gerechtigkeit auch der Gedanke des Rechtsgüterschutzes betont, wenn auch wiederum mit etwas anderer Formulierung. So heißt es in der Entscheidung des Bundesverfassungsgerichts 20. Oktober 1977, welche Fragen im Zusammenhang mit der Freipressung von Gefangenen zum Gegenstand hatte:

> „Das Bundesverfassungsgericht hat wiederholt das Interesse der Allgemeinheit an der Gewährleistung einer funktionstüchtigen Strafrechtspflege hervorgehoben, ohne die Gerechtigkeit nicht durchgesetzt werden kann (BVerfGE 33, 367 (383); 38, 105 (115 f.); 38, 312 (321); 39, 156 (163); 41, 246 (250); EuGRZ 1977, S. 334 (338)). Der Rechtsstaat kann sich nur verwirklichen, wenn sichergestellt ist, daß Straftäter im Rahmen der geltenden Gesetze verfolgt, abgeurteilt und einer gerechten Bestrafung zugeführt werden.

278 BVerfGE 38, 105, 115 f.

Die verfassungsrechtliche Pflicht des Staates, eine funktionstüchtige Strafrechtspflege zu gewährleisten, umfaßt danach seine Pflicht, die Durchführung eingeleiteter Strafverfahren und die Vollstreckung rechtskräftig erkannter (Freiheits-)Strafen sicherzustellen. Der Staat kann und darf hierauf – abgesehen vom Fall der Amnestie – nicht nach seinem Belieben generell oder im Einzelfall verzichten; das Prinzip der Rechtsstaatlichkeit, die Pflicht des Staates, die Sicherheit seiner Bürger und deren Vertrauen in die Funktionsfähigkeit der staatlichen Institutionen zu schützen, und der Anspruch aller in Strafverfahren Beschuldigter auf Gleichbehandlung erfordern vielmehr grundsätzlich, daß der Strafanspruch durchgesetzt, also auch eingeleitete Verfahren fortgesetzt und rechtskräftig verhängte Strafen vollstreckt werden.“ [279]

Auch hier ist der Gedanke eines effektiven Rechtsgüterschutzes, welcher hier als die Pflicht des Staates formuliert wird, die Sicherheit seiner Bürger zu schützen, neben den Gedanken der Durchsetzung der materiellen Gerechtigkeit als Gebot des Rechtsstaatsprinzips gestellt. Auch hier ist dieser Gedanke dann indes nicht weiter ausgeführt.

Im Ergebnis lässt sich also sagen, dass die Rechtsprechung regelmäßig auf die Verortung des Gebotes einer effektiven Strafverfolgung im Rechtsstaatsprinzip und hier der Idee der Verwirklichung der materiellen Gerechtigkeit Bezug nimmt und es sich dabei um die übliche Begründung dieser Rechtsfigur handelt. Gelegentlich, jedoch meist nicht ausgeführt und bloß ergänzend, wird indes auch die Idee eines effektiven Rechtsgüterschutzes und der Gewährleistung der Sicherheit der Bürger als Begründung für die Notwendigkeit einer effektiven Strafverfolgung herangezogen, da nur mit effektiver Strafverfolgung auch Letzteres zu erreichen sei. Auf diesen Strang der Argumentation, welcher, wie dargetan, in der Rechtsprechung nur eine Nebenlinie darstellt, soll im weiteren Verlauf der Erörterung noch einmal eingegangen werden.

Den zuletzt genannten Entscheidungen und den zuletzt zitierten Passagen ist ferner zu entnehmen, dass die Rechtsprechung aus der Gesamtschau der Erwägungen, welche sie zu der Annahme eines Gebotes der effektiven Strafverfolgung veranlasst, expressis verbis auch den Schluss zieht, dass es sich dabei um ein *Gebot* handelt, dass also Rechtssetzung, aber auch Rechtsprechung *gehalten* sind, eine effektive Strafverfolgung zu *ermöglichen*. Es handelt sich nach der Formulierung des Bundesverfassungsgerichts um eine verfassungsrechtliche Pflicht. Die Notwendigkeit einer effektiven Strafverfolgung bzw. einer funktionstüchtigen Strafrechtspflege wird damit in der Verfassungsdogmatik sehr stark positioniert: Sie hat nicht nur Verfassungsrang, sondern sie hat den Rang einer Pflicht, welche unmittelbar aus der Verfassung folgt. Eine Missachtung des Gebotes der

---

279 BVerfGE 46, 214, 222 f.

effektiven Strafverfolgung wäre damit eine Verletzung eines von der Verfassung her gegebenen Auftrages.

Damit korrespondiert schließlich, dass das Bundesverfassungsgericht in einer Entscheidung zur etwaigen Ausweitung von Zeugnisverweigerungsrechten entschieden hat, dass die damit verbundene Beschränkung von Ermittlungsmöglichkeiten und damit die Verminderung der Effektivität der Strafverfolgung ihrerseits einer verfassungsrechtlichen Rechtfertigung bedürfe. Das Gericht hat hierzu ausgeführt:

> „Soweit der Grundsatz der Rechtsstaatlichkeit die Idee der Gerechtigkeit als wesentlichen Bestandteil enthält (BVerfGE 7, 89 (92); 7, 194 (196); 20, 323 (331); 21, 378 (388)), verlangt er auch die Aufrechterhaltung einer funktionstüchtigen Rechtspflege, ohne die der Gerechtigkeit nicht zum Durchbruch verholfen werden kann. Wiederholt hat das Bundesverfassungsgericht die unabweisbaren Bedürfnisse einer wirksamen Strafverfolgung anerkannt (BVerfGE 19, 342 (347); 20, 45 (49); 20, 144 (147)), das öffentliche Interesse an einer möglichst vollständigen Wahrheitsermittlung im Strafprozeß betont (BVerfGE 32, 373 (381)) und die Aufklärung schwerer Straftaten als wesentlichen Auftrag eines rechtsstaatlichen Gemeinwesens bezeichnet (BVerfGE 29, 183 (194)).
>
> Jede Ausdehnung des strafprozessualen Zeugnisverweigerungsrechts auf neue Personengruppen schränkt aber die Beweismöglichkeiten der Strafverfolgungsbehörden zur Erhärtung oder Widerlegung des Verdachts strafbarer Handlungen ein und beeinträchtigt deshalb möglicherweise die Findung einer materiell richtigen und gerechten Entscheidung. Angesichts des rechtsstaatlichen Postulats der Aufrechterhaltung einer funktionsfähigen Strafrechtspflege bedarf die Einräumung von Aussageverweigerungsbefugnissen aus beruflichen Gründen stets einer besonderen Legitimation, um vor der Verfassung Bestand zu haben.“[280]

Nach der Rechtsprechung des Bundesverfassungsgerichts ist der Staat also nicht nur verpflichtet, eine effektive Strafverfolgung zu gewährleisten, sondern bedarf es der – verfassungsrechtlichen – Begründung, wenn rechtliche Regeln so geschaffen oder ausgelegt werden, dass die Effektivität der Strafverfolgung darunter leidet.

Zusammenfassend zur Rechtsprechung lässt sich mithin Folgendes feststellen: Die Funktionstüchtigkeit der Strafrechtspflege bzw. die Effektivität der Strafverfolgung ist ein Prinzip von Verfassungsrang, welches den Staat verpflichtet und welches in der Rechtsanwendung so zur Geltung kommt, dass es sowohl bei der Auslegung von Rechtsbegriffen als auch bei der Abwägung widerstreitender Interessen zu berücksichtigen und soweit als möglich zu verwirklichen ist. Seine Fundierung hat es im Rechtsstaatsprinzip selbst, soweit dieses das Gebot der

280 BVerfGE 33, 367, 383.

materiellen Gerechtigkeit enthält; darüber hinaus hat es seine Fundierung aber auch im effektiven Rechtsgüterschutz und in der Gewährleistung der Sicherheit der Bürger.

Um diese Ziele zu erreichen sind, womit die Darstellung der Rechtsprechung abgeschlossen werden soll und was zugleich für hiesige Zwecke von besonderer Bedeutung ist, gerade auch verdeckte Ermittlungen erforderlich. Unter Bezugnahme auf beide genannten Rechtfertigungsstränge heißt es in der Entscheidung des Bundesverfassungsgerichts von 27. November 1984, welche das Auftreten eines Polizeibeamten als angeblichem Freier und die damit verbundene Täuschung zum Gegenstand hatte:

> „Bei der Bewertung verdeckter polizeilicher Tätigkeit sind zum einen die Bedürfnisse einer wirksamen Strafrechtspflege in den Blick zu nehmen, die zur Durchsetzung materialer Gerechtigkeit und um des Rechtsgüterschutzes willen von Rechtsstaats wegen geboten ist (vgl. BVerfGE 44, 353 (374) m.w.N.); (...).“[281]

Bedenkt man nun, dass Gegenstand dieses Verfahrens war, dass sich ein Polizeibeamter als angeblicher Freier einer Prostituierten näherte und diese fragte, ob sie den Geschlechtsverkehr mit ihm ausüben wolle, wobei es dem Polizeibeamten in Wirklichkeit um die Überführung eines Beschuldigten ging, so lässt sich dieser Entscheidung entnehmen, dass die Rechtsprechung aus dem Gebot der effektiven Strafverfolgung nicht nur die Zulässigkeit verdeckter Ermittlungen, sondern auch die damit verbundene aktive Täuschung des Beschuldigten sowie dessen dadurch bewirkte Selbstüberführung grundsätzlich herleitet.

7.3.2 Die Reaktionen der Literatur I: Zwischen Bedenken, Kritik und Entsetzen

Die Reaktionen in der Literatur auf das von der Rechtsprechung entwickelte zunächst so bezeichnete Prinzip der Funktionstüchtigkeit der Strafrechtspflege waren in der Anfangszeit nahezu durchweg negativ.

So wandte sich etwa Grünwald in einem Aufsatz aus dem Jahre 1976[282] gegen die von der Rechtsprechung entwickelte und als ständige Rechtsprechung vertretene Linie und wies sowohl die Notwendigkeit eines Prinzips der Funktionstüchtigkeit der Strafrechtspflege sowie die dogmatische Verortung der Rechtsprechung zurück. Grünwald vertrat dabei die Ansicht, dass es eines solchen Prinzips schon überhaupt nicht bedürfe, da die Strafverfolgungsbehörden dann,

281 BVerfG NJW 1985, 1767.

282 Grünwald, JZ 76, 766.

wenn ihnen Normen des Strafprozessrechts ein bestimmtes Verhalten erlauben, Ermittlungsmaßnahmen auch ohne den Rückgriff auf Prinzipien der effektiven Strafverfolgung durchführen könnten. Grünwald gestand dabei grundsätzlich zu, dass das Strafverfolgungsinteresse Grundrechtsbeschränkungen durchaus begründen könne. Insbesondere wehrte er sich aber gegen die Verortung dieses Gedankens im Rechtsstaatsprinzip. Diesem Punkt galt sein Hauptinteresse. Er sieht darin zunächst deshalb eine besorgniserregende Entwicklung, weil das Bundesverfassungsgericht damit seine ureigene Aufgabe der Abwehr staatlicher Eingriffe in Grundrechte aufgebe und vielmehr eine Verschärfung von Eingriffsmöglichkeiten bewirke. Dass dies nicht die Aufgabe des Bundesverfassungsgerichts sein könne und dass die Verortung des Prinzips der Funktionstüchtigkeit der Strafrechtspflege im mit Verfassungsrang ausgestatteten Rechtsstaatsprinzip ein Irrweg sei, versucht er sodann mit einem argumentum ad absurdum zu beweisen, indem er behauptet, aus den Entscheidungen des Bundesverfassungsgerichtes zum Prinzip der effektiven Strafverfolgung müsse geschlussfolgert werden, dass die geltende Rechtslage ohne die vorgenommene Verschärfung verfassungswidrig war. Eine Überschreitung seiner Aufgabe sei dies im Übrigen auch deshalb, da das Bundesverfassungsgericht sich damit eine zu große Entscheidungsmacht gegenüber dem Gesetzgeber einräume. Neben derartigen kompetenzrechtlichen Erwägungen hält Grünwald den Rückgriff auf das Rechtsstaatsprinzip als Verortung für das Gebot der effektiven Strafverfolgung indes auch in der Sache für verfehlt. Das Rechtsstaatsprinzip diene nämlich als Grenze der Strafverfolgung, nicht jedoch zu deren Ermöglichung. Schließlich führt Grünwald noch an, dass das Gebot der effektiven Strafverfolgung auch als Abwägungsprinzip nicht tauge, da es keine bestimmbaren Grenzen habe.[283]

Noch deutlicher wird Riehle in einem Aufsatz von 1980[284], dessen durchweg ablehnende Haltung gegen die Idee einer effektiven Strafverfolgung als Verfahrensprinzip schon in dem Titel „Funktionstüchtige Strafrechtspflege contra strafprozessuale Garantien" zum Ausdruck kommt. Bereits in der Einleitung macht Riehle dann deutlich, was seine These ist und was er im Weiteren zu begründen sucht. Riehle führt aus:

> „Der Rechtsbegriff der funktionstüchtigen Strafrechtspflege hat – so die im folgenden entwickelte These – in der Rechtsprechung die Aufgabe übernommen, das Strafverfahren

283 Grünwald, JZ 76, 767, 772 ff.
284 Riehle, KJ 80, 316.

zu Lasten seiner rechtsstaatlichen Form verstärkt an sicherheitspolitischen Kalkülen, am Zielwert der Staatsraison auszurichten."[285]

Zur Begründung führt er aus, die Idee der Funktionstüchtigkeit der Strafrechtspflege gehe davon aus, dass eine solche nur bei ungestörter Strafverfolgung, nicht jedoch auch bei Schutz der Verfahrensbeteiligten möglich sei. Dem liege ein inquisitorischer Begriff des Strafverfahrens zugrunde. Justizförmigkeit werde hier nämlich stets als Störung der Funktionstüchtigkeit der Strafrechtspflege gesehen. Bedenke man indes, wie wichtig etwa die Gewährung des rechtlichen Gehörs, bei welcher es sich um eine zentrale Verteidigungsmöglichkeit des Beschuldigten und damit einen zentralen Punkt für die Justizförmigkeit des Verfahrens handele, auch für die Effektivität der Strafverfolgung sein könne, sei der von der Rechtsprechung zugrunde gelegte Begriff einer Funktionstüchtigkeit der Strafrechtspflege naiv und autoritär und folge einem obrigkeitsstaatlichen Wahrheitsbegriff. Verfehlt sei insbesondere auch, die Zweckmäßigkeit von Ermittlungsmaßnahmen überhaupt als Rechtsprinzip ansehen zu wollen. Die Zweckmäßigkeit einer Ermittlungsmaßnahme sei rechtlich nämlich nicht relevant. Falsch sei weiter, die Idee der Funktionstüchtigkeit der Strafrechtspflege in der Idee der Gerechtigkeit verankern zu wollen. Die Idee der Gerechtigkeit werde damit zu einem Gedanken, welcher ausschließlich der Durchsetzung staatlicher Strafgewalt diene. Gänzlich aus dem Blick geraten sei dabei, dass nicht allein das Ergebnis wichtig sei, worauf das Prinzip der Funktionstüchtigkeit der Strafrechtspflege aber hinauslaufe, sondern auch der Weg dahin. Das Prinzip der Funktionstüchtigkeit der Strafrechtspflege diene daher nicht der Gerechtigkeit, sondern alleine der Sicherheitspolitik. In der Folge davon werde jede Wahrnehmung von Rechten durch den Beschuldigten, soweit sie sich nur gegen den Staat richten, als Missbrauch angesehen; der Beschuldigte könne nach dieser Logik nur noch schweigen oder gestehen. Auch jüngere Änderungen der Strafprozessordnung folgten diesem Paradigma. In Wahrheit gehe es bei der Idee der Funktionstüchtigkeit der Strafrechtspflege daher nur um eine Effektivierung der Exekutive zwecks Herrschaftssicherung.[286]

In einem Aufsatz aus dem Jahre 1982 bezeichnete Hassemer[287] den Begriff der Funktionstüchtigkeit der Strafrechtspflege dann als einen Begriff, der „eindeutig als gegenreformatorischer Argumentationstopos"[288] auftrete, welcher „auf

285 Riehle, KJ 80, 316.
286 Riehle, KJ 80, 316 ff.
287 Hassemer, StV 82, 275.
288 Hassemer, StV 82, 275.

der Seite der Beharrung, der Reduktion von Beschuldigteninteressen, der Zielsetzung effektiver Strafverfolgung"[289] kämpfe. Dies geschehe dadurch, dass der Begriff der Funktionstüchtigkeit der Strafrechtspflege durch seine Verortung im Rechtsstaatsprinzip und hier der Idee der Gerechtigkeit derart aufgeladen sei mit verfassungsrechtlichen Werten, dass Beschuldigtenrechte hiergegen in der Abwägung chancenlos wären. Zwar sei Strafverfolgung ein grundsätzlich legitimes Anliegen, das sogar unverzichtbar sei. Entgegen der Ansicht der Rechtsprechung sei die Idee der Funktionstüchtigkeit der Strafrechtspflege als Rechtsbegriff jedoch weder aus der Idee der Gerechtigkeit, noch aus dem Rechtsstaatsprinzip, noch aus dem Zweck des Verfahrens herzuleiten. Aus der Idee der Gerechtigkeit folge die Funktionstüchtigkeit der Strafrechtspflege deswegen nicht, da gerecht nur Freiheitsrechte seien, welche durch den Begriff jedoch gerade eingeschränkt würden. Die Idee einer Funktionstüchtigkeit der Strafrechtspflege folge auch nicht aus dem Rechtsstaat, sondern lediglich aus einer Systemlogik, womit gemeint ist, dass die Idee der Funktionstüchtigkeit der Strafrechtspflege sich nur deshalb ergebe, weil es wenig Sinn machen würde, Institutionen der Strafrechtspflege zu schaffen und diese dann so aufzustellen, dass sie nicht funktionstüchtig seien. Die Idee folge schließlich auch nicht aus dem Zweck des Verfahrens, denn der wahre Zweck des Strafverfahrens sei eine möglichst grundrechtsschonende Bearbeitung von Konflikten aus abweichendem Verhalten; das zu lösende Problem im Strafverfahren sei daher überhaupt nicht die Frage der Effizienz, sondern allein die Kontrolle von Effizienz. Auch nur bei einer solchen Effizienzkontrolle stelle sich wahre Effizienz überhaupt ein. Der Begriff der Funktionstüchtigkeit der Strafrechtspflege sei daher gegen die Freiheitsrechte gerichtet und damit antiliberal. Irgendeine Veranlassung für die Einführung dieses Begriffs gebe es schließlich nicht, da überhaupt kein echtes Problem bestanden habe, welches durch den Begriff hätte gelöst werden müssen. Der Begriff diene in Wahrheit allein der Arbeitserleichterung der Justiz.[290]

Im Jahre 1990 bringt Wolter die von anderen Autoren ausführlicher begründete Kritik mit den Worten „Menschenwürde und Freiheit im Strafprozess sind auf dem Rückzug. (…) Sie weichen vielfach der Funktionstüchtigkeit der Strafrechtspflege"[291] auf den Punkt.

Von exakt dieser Gegenüberstellung von Freiheit und Funktionstüchtigkeit der Strafrechtspflege lebt auch die Argumentation von Ignor aus dem Jahre

289 Hassemer, StV 82, 275.

290 Hassemer, StV 82, 275, 277 ff.

291 Zitiert nach Roxin/Schünemann, Einl Rn 7 Fn. 2.

1994[292]. Unter Bezugnahme auf den deutschen Juristen Mittermaier aus dem 19. Jahrhundert, der einer der Hauptprotagonisten im Kampf um einen modernen Strafprozess war und auf welchen später noch zurückzukommen sein wird, stellt Ignor zunächst dessen Leitgedanken des reformierten Strafprozesses vor, von welchem es sich nach Ignor um die Leitidee des rechtsstaatlichen Strafverfahrens schlechthin handelt. Dieser bestünde darin – wie Ignor Mittermaier zitiert -, „die öffentliche Sicherheit mit der Privatsicherheit oder Freiheit eines jeden Einzelnen ins Gleichgewicht zu stellen“[293]. Mittermaier unterscheide nämlich zwischen zwei Grundanliegen des Strafverfahrens, nämlich zum einen dem „Interesse des Staats…, daß kein Verbrechen unentdeckt bleibe“[294] sowie dem entgegengestellten Interesse der Bürger. Diese beiden Interessen führten zu „entgegengesetzten Systemen“[295], nämlich einerseits dem „System des Terrorismus“[296], wenn allein das Interesse des Staates an Aufklärung der Verbrechen verwirklicht werde, sowie andererseits zu dem „System des Liberalismus und Skeptizismus“[297], wenn die Interessen der Bürger Berücksichtigung fänden. Unter Bezugnahme auf diese Idee, von welcher Ignor meint, dass Erinnerung an diese geboten sei, behauptet er sodann, dass derzeit eine deutliche Tendenz bestehe, dieses Gleichgewicht zwischen öffentlicher Sicherheit und privater Freiheit zugunsten der öffentlichen Sicherheit zu verschieben und damit zu zerstören. Dem folgen Beispiele für diese behauptete Fehlentwicklung aus Gesetzgebung und Rechtsprechung, darunter auch das „Gesetz zur Bekämpfung des illegalen Rauschgifthandels und anderer Erscheinungsformen der organisierten Kriminalität“. Ignor kritisiert dabei insbesondere die Einführung des Verdeckten Ermittlers, da damit mit einem angeblichen Grundsatz gebrochen werde, dass ein rechtsstaatliches Strafverfahren offen und täuschungsfrei sein solle.[298] Als weitere Bedrohung des zuvor beschriebenen Gleichgewichts bewertet er dann auch die Rechtsfigur der Funktionstüchtigkeit der Strafrechtspflege als eines aus dem Rechtsstaatsprinzip folgenden Verfassungsgebots. Neben der schon von Hassemer geäußerten Kritik, dass die Idee der Funktionstüchtigkeit der Strafrechtspflege mit einer derart „geballten Ladung an strafprozessualen Grundwerten“[299] aufgeladen sei, dass

292 Ignor, JURA 94, 238.
293 Ignor, JURA 94, 238, 239 m.w.N.
294 Ignor, JURA 94, 238, 239 m.w.N.
295 Ignor, JURA 94, 238, 239 m.w.N.
296 Ignor, JURA 94, 238, 239 m.w.N.
297 Ignor, JURA 94, 238, 239 m.w.N.
298 Ignor, JURA 1994, 238, 240.
299 Hassemer, StV 1982, 275, 279.

Beschuldigtenrechte in einer Abwägung hiergegen weithin chancenlos seien, hält er den Gedanken der Funktionstüchtigkeit der Strafrechtspflege insbesondere deswegen für gefährlich, da dieser sich einfüge in die von Rechtsprechung und herrschender Lehre zu Unrecht vertretenen Idee, das Verfahrensziel sei allein die Ermittlung der Wahrheit und nicht die Justizförmigkeit und Rechtsstaatlichkeit, welche lediglich Mittel und Garantien des Strafverfahrens seien. Er fordert daher, dass die Freiheitsrechte des Einzelnen mit Strafverfolgungsinteressen keinesfalls im Einzelfall abgewogen werden könnten, sondern letzteren von Anfang an klar definierte und unüberschreitbare Grenzen setzen müssten.[300]

Gerade bei Ignor, aber auch bei den übrigen benannten kritischen Literaturstimmen wird als Grundstruktur bei der Ablehnung eines Gebots der effektiven Strafverfolgung deutlich, dass dort von einem unaufhebbaren Gegensatz von Freiheit und Sicherheit ausgegangen wird. Freiheit wird hier als das Gegenteil von Sicherheit gesehen. Dabei werden Freiheit und Sicherheit jeweils verschiedenen Akteuren zugeordnet: Freiheit gehört zur Seite des Beschuldigten, Sicherheit zu der des Staates. Freilich wird die Zuordnung der Freiheit zum Beschuldigten so meist nicht bezeichnet. Gesprochen wird immer von der Freiheit des Bürgers. Der Gedanke ist also: Je weniger Kompetenzen der ermittelnde und strafende Staat hat und je mehr Rechte der – beschuldigte – Bürger, desto größer ist die verwirklichte Freiheit; je weniger Rechte der – beschuldigte – Bürger und je mehr Kompetenzen der ermittelnde Staat hat, desto geringer ist die verwirklichte Freiheit. Dieses Verständnis wird für liberal erachtet; jede Forderung nach mehr Kompetenzen für die Sicherheitsbehörden erscheint insoweit autoritär und freiheitsgefährdend.

Einen unmittelbaren Widerhall fand der Ansatz der konsequenten Entgegenstellung von Freiheit und Sicherheit dann im Zusammenhang mit im Schrifttum geäußerter Kritik an der Ausweitung der Ermittlungsbefugnisse der Strafverfolgungsbehörden sowie der Behörden zur Gefahrenabwehr im Zusammenhang mit der Antiterrorismusgesetzgebung nach dem 11. September 2001. Die Ausweitung entsprechender Befugnisse wurde von Stimmen in der Literatur[301] daher zum Teil auch allein unter dem Gesichtspunkt einer Freiheitsbedrohung bzw. Freiheitsbeschränkung durch die staatlichen Kompetenzen, nicht jedoch durch den Terrorismus selbst diskutiert.

Ebenfalls von dem Gedanken eines Gegensatzes von Freiheit und Sicherheit, also von Grundrechten und Sicherheit, geprägt war schließlich die einerseits im

300 Ignor, JURA 1994, 238, 240 ff.

301 Saurer, NVwZ 2005, 275; Gusy, GA 2005, 215; Hetzer, MschrKrim 2005, 111.

Zusammenhang mit der Terrorismusbekämpfung, andererseits jedoch vor allem im Zusammenhang mit dem Fall des entführten Jakob von Metzler geführte Diskussion über die Zulässigkeit von Folter und die Möglichkeit eines sogenannten Feindstrafrechts. In Reaktion auf das Feindstrafrechtskonzept von Jakobs[302], auf welches im weiteren Gang hiesiger Erörterung noch einmal ausführlicher eingegangen werden soll, sowie in Reaktion auf Stimmen in der Literatur, die in besonderen Konstellationen Folter zwar nicht als strafprozessuale oder gefahrenabwehrrechtlich erlaubte Maßnahme, jedoch als im Einzelfall über § 32 StGB gerechtfertigt ansehen wollten[303], wurden derartige Tendenzen von Teilen der Literatur als Beleg dafür genommen, wohin es führe, wenn man einseitig die Sicherheit betone und dabei die – auch hier als Gegensatz gedachte – Freiheit vernachlässige oder ganz vergesse. Es wurde dagegen die Notwendigkeit von festen und unverfügbaren Freiheitspositionen betont.[304]

Weniger von einem gedachten Gegensatz von Freiheit und Sicherheit her, sondern aus methodischen Gründen fand der Begriff der Funktionstüchtigkeit der Strafrechtspflege zum Teil auch in der staatsrechtlichen Literatur Kritiker.

So bemängelt Limbach in einem 1996 auf dem 20. Strafverteidigertag in Essen gehaltenen Vortrag[305], die Angaben der Rechtsprechung zum Geltungsgrund des Prinzips der Funktionstüchtigkeit der Strafrechtspflege seien außerordentlich vage und legten den Verdacht auf einen Zirkelschluss nahe. Die Unbestimmtheit dieses Prinzips habe die Rechtsprechung dabei selbst erkannt, jedoch versucht, diese dadurch zu lösen, dass die These aufgestellt worden sei, die miteinander in Widerspruch tretenden Interessen der Freiheitsrechte des Beschuldigten und des öffentlichen Interesses einer funktionstüchtigen Strafrechtspflege seien als gegenläufige Interessen im Rechtsstaatsprinzip selbst angelegt. Dem sei entgegenzuhalten, dass das Rechtsstaatsprinzip kein tauglicher Generator von Unterprinzipien sei, da es derart vage und weit sei, dass es keine Subsumtion gestatte. Derartige Unterprinzipien würden daher die Schwäche des Hauptprinzips nur potenzieren und seien im Ergebnis nicht mehr als rhetorische Formeln, die bestenfalls ein Problem benennen, jedoch zu seiner Lösung nichts beitragen könnten. Geboten sei daher – und hier blitzt auch in Limbachs Argumentation die Gegenüberstellung von Freiheitsrechten und effektiver

302 Jakobs, ZStW 97 (1985), 751.

303 Erb, JURA 2005, 24.

304 LR-Kühne, Einl H Rn. 12.

305 Limbach, S. 321, 325 ff.

Strafverfolgung auf – eine „*Askese* gegenüber hehren Prinzipien, die allzu leicht der *Staatsraison Unterschlupf* bieten" (Hervorhebungen im Original)[306].

Und ebenfalls aus staatsrechtlicher Perspektive kritisierte Fischer bereits im Jahre 1981[307], die Idee einer Funktionstüchtigkeit der Strafrechtspflege berge wie die Annahme einer Rechtsfigur der Funktionstüchtigkeit öffentlicher Einrichtungen insgesamt die Gefahr erheblicher Unschärfe, sodass sie als eigenständiger Rechtsbegriff, welcher Grundrechtsverletzungen erlaube oder anhand dessen diese geprüft werden könnten, nicht tauge.

7.3.3 Die Reaktionen der Literatur II: Vorsichtige Aussöhnung

7.3.3.1 Grundsätzliche Anerkennung eines Gebots effektiver Strafverfolgung aus dem Rechtsstaatsprinzip

Freilich blieb es nicht bei diesen anfänglich weithin negativen – und im Blick auf den zeithistorischen Kontext der frühen Verwendung dieser Rechtsfigur durch die Rechtsprechung in Teilen wohl auch dem Geist der damaligen Zeit geschuldeten – Reaktionen.

Nachdem zunächst Ebert sich 1978 ausdrücklich gegen die kritischen Stimmen im Schrifttum, allerdings ohne Begründung zu einem im Rechtsstaatsprinzip verankerten Gebot einer funktionstüchtigen Strafrechtspflege bekannt hatte[308], vertreten Niemöller und Schuppert in einem Aufsatz aus dem Jahre 1982[309] zwar eine in Teilen noch kritische, dem Grunde nach aber positive und ausführlich begründete Rezeption des Begriffs der Funktionstüchtigkeit der Strafrechtspflege. Sie arbeiten zunächst heraus, dass das Bundesverfassungsgericht die funktionstüchtige Strafrechtspflege im Bereich der Staatsaufgabe der Sicherung des Rechtsfriedens sowie dem Rechtsstaat verortet und vertreten dann – anders als die zuvor genannten Autoren – die Ansicht, dass diese Verortung grundsätzlich richtig sei. Was die Sicherung des Rechtsfriedens angehe, so handele es sich um eine der „elementarsten Aufgaben jedes Staatswesens"[310], welche gerade von liberalen Philosophen wie etwa Wilhelm von Humboldt als die einzige legitime Aufgabe des Staates erachtet worden sei. Richtig sei indes auch die Verortung im Rechtsstaat. Ebenfalls unter Bezugnahme auf den Strafprozessrechtsreformer Mittermaier stellen Niemöller und Schuppert dann weiter dar,

306 Limbach, S. 330.
307 Fischer, DVBl. 1981, 517.
308 Ebert, JR 1978, 136, 139.
309 Niemöller/Schuppert, AöR 107 (1982), 389.
310 Niemöller/Schuppert, AöR 107 (1982), 389, 395.

dass es einem als rechtsstaatlich verfassten Gemeinwesen wichtig sein müsse, ob gegen die von ihm geschaffenen Rechtssätze durch Straftaten verstoßen wird. Dies habe schon Mittermaier so gesehen, indem er die Ansicht vertreten habe, dass Straftaten nicht nur ein Angriff auf Rechte Einzelner, sondern ein Angriff auf die bürgerliche Gesellschaft selbst darstellen würden und es daher in deren eigenem Interesse läge, diese Taten zu verfolgen und zu bestrafen. In gleicher Weise habe Zachariä, ein weiterer bedeutender Theoretiker des reformierten Strafprozesses, erkannt, dass gerade dann, wenn der Rechtsstaat nicht mehr den individuellen Willen als normgebend betrachte, sondern nur die von ihm geschaffenen Gesetze, eine Verletzung dieser Gesetze eine dem Rechtsstaat selbst zugefügte Verletzung sei, die dieser um seiner selbst willen verfolgen müsse. Im Blick auf diesen eindeutigen staatstheoretischen Befund sei die Schlüssigkeit der Argumentation des Bundesverfassungsgerichts als solche nicht zu verneinen.[311]

Freilich führe sie nur zur Begründung der Notwendigkeit einer funktionstüchtigen Strafrechtspflege, nicht jedoch zu Kriterien für deren inhaltliche Gestaltung. Ferner sehe das Bundesverfassungsgericht in ebenso ständiger Rechtsprechung den Grundsatz des Beschuldigten auf ein faires Verfahren als ein weiteres, ebenfalls zentrales Postulat des Rechtsstaatsprinzips an. Die Frage sei daher, wie diese beiden Prinzipien sich zueinander verhielten.[312]

Zu diesem Verhältnis läge zunächst auf der Hand, dass die beiden Prinzipien in eine Kollision geraten könnten, was auch von der Rechtsprechung so gesehen werde und welche im Wege einer Abwägung aufzulösen sei. Der Konflikt ergäbe sich dabei ohne Weiteres aus den gegenläufigen Zielrichtungen beider Postulate, da auf der einen Seite das Prinzip des fairen Verfahrens als Schutzrecht des Beschuldigten stünde, auf der anderen Seite das Prinzip der funktionstüchtigen Strafrechtspflege dem „öffentlichen Interesse an der Effizienz des Strafprozesses“[313] diene. Auch insoweit folgen Niemöller und Schuppert noch der Rechtsprechung des Bundesverfassungsgerichts.

Ihre Kritik setzt nun freilich da an, dass mit der Argumentationsfigur der funktionstüchtigen Strafrechtspflege die Gefahr bestehe, dass diese ein Übergewicht erlange und andere Prinzipien, insbesondere das Recht auf ein faires Verfahren, zu überlagern drohe. Diese Gefahr sehen Niemöller und Schuppert nicht primär in den von der Rechtsprechung gefundenen konkreteren Ergebnissen, sondern in der Art und Weise, wie die Rechtsprechung die Rechtsfigur der

---

311 Niemöller/Schuppert, AöR 107 (1982), 389, 394 f m.w.N.

312 Niemöller/Schuppert, AöR 107 (1982), 389, 397.

313 Niemöller/Schuppert, AöR 107 (1982), 389, 398.

funktionstüchtigen Strafrechtspflege dogmatisch verortet. Sie sehen nämlich das Problem, dass man dann, wenn man Strafrechtspflege mit Staatsraison gleichsetze, was bei der Rechtsprechung der Fall sei, dazu komme, dass die Beschuldigtenrechte sich hiergegen erst zu rechtfertigen hätten und stets in die Rolle gerieten, „das Funktionieren eines rechtsstaatlich gebotenen Prozesses zu stören, also gleichsam Sand im Getriebe zu sein“[314]. Die Gefahr eines Übergewichts der Idee der funktionstüchtigen Strafrechtspflege bestünde hier also deswegen, da diese argumentativ immer in der besseren Position sei und ihre Berechtigung zu keiner Zeit begründen müsse, sondern vielmehr die Beschuldigtenrechte rechtfertigen müssten, warum sie die Funktionstüchtigkeit der Strafrechtspflege begrenzen können.

Dies berge drei Risiken: Zum einen bestehe die Gefahr, dass sich der Rechtsbegriff der Funktionstüchtigkeit der Strafrechtspflege wie andere Rechtsbegriffe auch von seinem ursprünglichen Entstehungsanlass lösen und eine gefährliche Eigendynamik entwickeln könne. Zum zweiten bestehe die Gefahr, dass dieser Begriff, welcher zunächst den Zweck gehabt habe, um der Gemeinschaft willen bestimmte Grundrechtsausübungen in Grenzen zu halten und damit eine Grenzziehungsfunktion gehabt habe, nun umschlage in einen Auftrag an den Gesetzgeber. Und zum dritten stehe er in einem Kontext des Denkens in funktionalistischen Kategorien, welches generell Gefahr laufe, Grundrechtspositionen zu vernachlässigen bzw. Bürger, welche von Grundrechten Gebrauch machten, als Störer von der Verfassung geforderter Funktionsbereiche anzusehen.[315]

Die Lösung dieses Konflikts sehen die Autoren darin, dass das Strafverfahrensrecht an einen materiellen Rechtsstaatsbegriff gekoppelt wird, welcher es verbiete, eine inhaltsneutrale Strafrechtspflege gegen Grundrechte des Beschuldigten zu setzen. Unter erneuter Bezugnahme auf Zachariä führen sie aus, dass eine rechtsstaatliche Strafrechtspflege stets den materiellen Gehalt des Rechtsstaats mitbedenken und daher die Grundrechte als integralen Bestandteil dieser Strafrechtspflege und nicht als Störung, welche sich erst legitimieren müsse, zu betrachten habe. Die Grundrechte würden nicht von außen als Begrenzung an das Strafverfahren heran getragen und es stehe auch kein formeller Aspekt der Funktionstüchtigkeit der Strafrechtspflege einem materiellen Aspekt eines fairen Verfahrens gegenüber, sondern die Grundrechte formten das Strafverfahren von innen her aus. Diese Akzentuierung sehen die Autoren in jüngerer Verfassungsgerichtsrechtsprechung, in welcher von dem materiell verstandenen

314 Niemöller/Schuppert, AöR 107 (1982), 389, 399.
315 Niemöller/Schuppert, AöR 107 (1982), 389, 400 f.

Rechtsstaatsprinzip als Wurzel des Prozessgrundrechts und von der Aufgabe des Strafprozesses, den Strafanspruch des Staates in einem justizförmig geordneten Verfahren durchzusetzen, die Rede sei, eher verwirklicht. Nur so könne die Gefahr eines Übergewichts der Rechtsfigur der funktionstüchtigen Strafrechtspflege abgewehrt werden.[316]

In genau die gleiche Richtung argumentierte Wolter in seiner Kommentierung im Systematischen Kommentar zur Strafprozessordnung von 1994[317], in welcher er den verfassungsrechtlichen Rang einer wirksamen Strafrechtspflege als „freiheitsbeschränkendes Gegeninteresse"[318] grundsätzlich anerkannte, dann jedoch ausführlich darlegte, dass „ein grundrechtsfreundlicher Ausgleich" und eine „grundrechtsschonende Abwägung der Interessen"[319] zu verlangen sei und dabei insbesondere auch betonte, dass ein wie auch immer geartetes Grundrecht auf Sicherheit den Rechten von von staatlichen Zwangsmaßnahmen Betroffenen überhaupt nur im Recht der Gefahrenabwehr gleichrangig gegenüber stehen könne.

Die derart vorgegebene Linie einer dem Grunde nach positiveren, aber stets auf Gefahren hinweisenden Rezeption des Begriffs der Funktionstüchtigkeit der Strafrechtspflege hat sich im weiteren Verlauf der Diskussion als herrschende Ansicht in der Lehre durchgesetzt.[320]

In einem Beitrag aus dem Jahre 1995[321] stellt etwa Hilger „das verfassungsrechtliche Gebot der Gewährleistung einer rechtsstaatlichen, der Gerechtigkeit verpflichteten Strafrechtspflege, abzuleiten aus dem Rechtsstaatsprinzip"[322] zunächst ohne weitere Diskussion als einen verfassungsrechtlichen Aspekt strafprozessualer Ermittlungsmaßnahmen dar und führt weiter aus, dass daraus die Aufgabe erwachse, den rechtlichen Rahmen so zu regeln, dass dies den Erfordernissen der Strafverfolgungspraxis genüge. Anders als Niemöller und Schuppert hält er es dann auch für verfehlt, eine Antinomie zwischen diesem Gebot und den weiteren, im Wesentlichen dem Beschuldigtenschutz dienenden verfassungsrechtlichen Anforderungen an das Strafverfahrensrecht zu sehen. Es handele sich vielmehr um das Vorliegen einer „schwierigen Spannungslage"[323],

---

316 Niemöller/Schuppert, AöR 107 (1982), 389, 401 ff.

317 SK(1994)-Wolter, vor §151 Rn. 27 ff.

318 SK(1994)-Wolter, vor §151 Rn. 28.

319 SK(1994)-Wolter, vor §151 Rn. 34.

320 LR-Kühne, Einl H Rn. 12 m.w.N.

321 Hilger, S. 319.

322 Hilger, S. 323.

323 Hilger, S. 324.

welche daraus resultiere, dass im Bereich der inneren Sicherheit im Ergebnis stets der Schutz von grundrechtlich geschützten Rechtspositionen durch Grundrechtseingriffe realisiert werden müsse. Im Ergebnis ähnlich wie Niemöller und Schuppert kommt dann indes auch Hilger zu dem Resultat, dass die Auflösung dieses Verhältnisses darin zu sehen sei, dass es sich bei dem Gebot einer effektiven Strafverfolgung nicht um reine, antiliberal zu verstehende Effektivitätserwägungen handele, sondern um solche, die den inhaltlichen Gehalt des Rechtsstaats mitdenken. Freilich führe dies im Ergebnis gleichwohl dazu, dass auch Grundrechtsschutz nicht übertrieben werden dürfe und dass dieser schon dann problematisch sein könne, wenn mit ihm die Gefahr bestehe, dass Ermittlungsmaßnahmen deutlich an Effektivität verlieren könnten. „Freiheit und Sicherheit" seien „eben zwei Seiten einer Medaille, so wie Freiheitsschutz und Freiheitseingriff miteinander korrespondieren"[324].

Terminologisch die sogleich zu erörternde Verortung des Prinzips in grundrechtlichen Schutzpflichten aufgreifend, erkennt auch Kühne in der 26. Auflage des Löwe/Rosenberg[325] die Notwendigkeit eines von der Verfassung her gebotenen Prinzips der Funktionstüchtigkeit der Strafrechtspflege an und betont dabei, dass unbeschadet aller terminologischen Unsicherheiten und aller Kritik im Einzelnen „auch eine freiheitsbeschränkende verfassungsrechtliche Pflicht anzuerkennen (sei), eine funktionsfähige Strafrechtspflege einzurichten und auch bei der Abwägung mit Individualinteressen und Grundrechtsverbürgungen als Gegeninteresse zu gewährleisten". Ebenso wie Niemöller in seiner Kommentierung des Bundesverfassungsgerichtsgesetz aus dem Jahre 2005[326] sieht Kühne den Grund hierfür in der staatlichen Pflicht zur Justizgewährung, die – und hier taucht der noch zu erörternde Strang der grundrechtlichen Schutzpflichten einmal auf – aus der Schutzpflicht des Rechtsstaats abgeleitet werden könne. Im Weiteren stellt Kühne dann indes die Schutzpflicht als eine staatliche Schutzpflicht für das Gemeinwesen und damit als staatliches Interesse dar, welches in einem fortwährenden Prozess des Ausgleichs zu individualrechtlichen Interessen – womit Kühne allein Beschuldigteninteressen meint – gebracht werden müsse. Dass der Art nach anzuerkennende Verfassungsgebot einer effektiven Strafverfolgung sei dann aber umfassend und verpflichte Justizverwaltungen und Haushaltsgesetzgeber zur Bereitstellung der erforderlichen Mittel sowie den

324 Hilger, S. 325.
325 LR-Kühne, Einl Abschn H Rn. 10 ff.
326 Umbach/Clemens/Döllinger-Niemöller, S. 107 f.

Gesetzgeber zur Schaffung eines entsprechenden Prozessrechts und sei bei der Auslegung als Prüfungsmaßstab jeweils mitzuberücksichtigen.[327]

Einzug gehalten hat das Gebot der effektiven Strafverfolgung als Verfahrensprinzip mittlerweile auch in die Lehrbuchliteratur, und zwar entweder ohne kritische Würdigung[328] oder mit grundsätzlicher Anerkennung, aber unter Hinweis auf die Gefahren einer Überbetonung[329].

Und bereits in einem Aufsatz aus dem Jahre 1990 nahm Tiedemann[330] das Prinzip der Funktionstüchtigkeit der Strafrechtspflege gegen die in der Literatur geäußerte Kritik und hier namentlich die Kritik von Hassemer in Schutz, indem er anmerkte, dass die Kritik schon im Ansatz verfehlt sei, da es sich bei dem Prinzip der Funktionstüchtigkeit der Strafrechtspflege schon deswegen nicht um ein rhetorisches Mittel handele, um die Rechtsstaatlichkeit als Ziel des Strafverfahrens zu verdrängen, da Justizförmigkeit und Rechtsstaatlichkeit niemals Ziele, sondern allein Mittel des Strafverfahrens seien. Auch sei die Befürchtung übertrieben, dass die Rechtsprechung von dem Topos gegenreformatorischen Gebrauch mache, da eine genauere Analyse der einschlägigen Entscheidungen ergebe, dass in keinem Falle gesetzlich vorgesehene Rechte durch den Topos der Funktionstüchtigkeit der Strafrechtspflege beschränkt worden seien. Der eigentliche Sinn dieses Topos sei vielmehr, eine Begründung dafür zu liefern, warum bereits der Verdacht einer Straftat ausreichen solle, um überhaupt Verfahrensrechte zu beschränken und in Grundrechte des Beschuldigten einzugreifen. Es fehle nämlich zunächst an einem ohne Weiteres ersichtlichen Verfassungsguts, welches hier herangezogen werden könne. Hier nun biete die verfassungsrechtlich fundierte Idee einer Funktionstüchtigkeit der Strafrechtspflege die Auflösung, da nun klar werde, welche Verfassungsgüter im Strafverfahren auf der Seite des Beschuldigten einerseits und derjenigen der Strafjustiz andererseits einander gegenüberstehen. Dies sei der eigentliche Zweck der von der Rechtsprechung eingeführten Rechtsfigur.[331]

Einen im strafrechtlichen Schrifttum selten anzutreffenden Ansatz bieten jüngst schließlich Pötters und Werkmeister, indem sie zum „Grundkonflikt zwischen Freiheit und Sicherheit" feststellen, dass „ein Leben in Sicherheit (…) Grundvoraussetzung (sei) für ein selbstbestimmtes Leben in Freiheit" und dafür

327 LR-Kühne, Einl Abschn H Rn. 10 ff.
328 Beulke, Rn. 3.
329 Roxin/Schünemann, Einl Rn. 7.
330 Tiedemann, S. 24 ff.
331 Tiedemann, S. 24 ff., 28.

auf von Humboldt rekurrieren.[332] Weiter ausgeführt wird dieser Ansatz von den beiden dann freilich nicht.

7.3.3.2 Herleitung des Gebots der effektiven Strafverfolgung aus grundrechtlichen Schutzpflichten

Erfolgte die Diskussion des Gebots der effektiven Strafverfolgung in der strafrechtlichen Literatur im Wesentlichen anhand der von der Rechtsprechung vorgegebenen Begründung eines solchen Verfahrensprinzips in der Idee der materiellen Gerechtigkeit als Ausfluss des Rechtsstaatsprinzips, so setzte – in etwa zeitgleich zur beginnenden positiven Rezeption der obergerichtlichen Rechtsprechung in der strafrechtlichen Literatur – eine zweite Strömung zustimmender Stimmen zum Prinzip der effektiven Strafverfolgung ein, die dieses indes anders verorteten und daher auch zu anderen Schwerpunktsetzungen gelangten.

Dieser Ansatz, welchen Isensee in einem Werk mit dem Titel „Das Grundrecht auf Sicherheit“ im Jahre 1982 ausgearbeitet hat, besteht darin, an die Rechtsprechung des Bundesverfassungsgerichts zu Grundrechten als Schutzpflichten anzuknüpfen.

Erstmals in der ersten Abtreibungsentscheidung aus dem Jahre 1975[333] hat das Bundesverfassungsgericht ausgeführt, dass die Grundrechte nicht allein Abwehrrechte gegen den Staat seien, sondern sich aus diesen auch die Pflicht des Staates ergeben könne, Grundrechtsträger aktiv gegen Eingriffe Dritter, also anderer Bürger, zu schützen. Eine solche grundrechtliche Schutzpflicht hat das Bundesverfassungsgericht für das ungeborene Leben, welches es als Grundrechtsträger ansieht, grundsätzlich auch gegen die werdende Mutter bejaht. Die Idee grundrechtlicher Schutzpflichten ist von der Rechtsprechung dann in vielfältigen Zusammenhängen wie etwa der Frage, ob der Staat verurteilte Terroristen freilassen müsse, um so das Leben einer Geisel zu schützen, deren Geiselnehmer die Freilassung verlangt hatten[334], aber auch im Zusammenhang mit den staatlichen Pflichten bei der Genehmigung besonders gefährlicher Anlagen wie Kernkraftwerken[335], verwendet worden und gehört mittlerweile zum festen Bestand der Grundrechtsdogmatik[336].

---

332 Pötters/Werkmeister, JURA 2013, 5.
333 BVerfGE 39, 1.
334 BVerfGE 46, 160.
335 BVerfGE 49, 89.
336 Jarass/Pieroth, Vorb. vor Art.1, Rn. 6 ff.,, 55.

Isensee verteidigt diese neuere Rechtsprechung gegen den Vorwurf, hier würde der Sinn von Grundrechten, welche Abwehrrechte gegen den Staat seien, ins Gegenteil verkehrt, da die Grundrechte nun als Eingriffsbefugnis herhalten müssten[337]. Eine solche Sicht, welcher Isensee „Obrigkeitsallergie"[338] bescheinigt und welche er als „Staatsabwehrdoktrin"[339] bezeichnet und die er so skizziert, dass danach als „liberal" gelte, was staatliche Eingriffe abwehre und als „konservativ", was zu Sicherheit führe[340], lehnt Isensee unter Darlegung eines größeren ideengeschichtlichen Kontexts ab. Er führt dabei – worauf später noch einmal einzugehen sein wird – die Rechtsprechung des Bundesverfassungsgerichts in die Tradition des liberalen Staats- und Rechtsdenkens zurück und führt aus, dass Freiheit und Sicherheit kein Gegenteil seien, sondern sich gerade im liberalen Rechtsdenken wie etwa dem von John Locke, Wilhelm von Humboldt oder Immanuel Kant der Staatszweck des Rechtsgüterschutzes immer auf einer ersten Stufe als Schutz vor den Übergriffen Dritter sowie auf einer zweiten Stufe als Schutz vor den Übergriffen des Staates dargestellt habe und diese zweite Stufe die erste nicht aufhebe, sondern auf ihr aufbaue[341]. Aufgehoben würden diese beiden Stufen dann auch nicht durch eine Dritte, welche erst im 19. Jahrhundert hinzutrete, nämlich dem Staatszweck der sozialen Sicherheit, da auch diese die ersten beiden nicht – wie etwa von Marx und Engels postuliert – entbehrlich mache, sondern lediglich um einen weiteren Aspekt ergänze.[342] Freiheit und Sicherheit seien daher entgegen der Staatsabwehrdoktrin keine Gegensätze, sondern hingen untrennbar zusammen; sie seien „zwei Seiten einer Medaille, verschiedene staatsrechtliche Aspekte derselben Sache". „Sicherheit und Freiheit bezeichnen" nach Isensee „die Unversehrtheit der Rechtsgüter, erstere im Verhältnis zu Privaten, letztere im Verhältnis zur öffentlichen Gewalt"[343].

Schwerpunktmäßig schlussfolgert Isensee dann indes aus diesem Grundrecht auf Sicherheit Pflichten des Staates zur Gefahrenabwehr, mit welchen sich die Ausführungen im Weiteren im Wesentlichen befassen. Es bestünde insoweit dem Bundesverfassungsgericht folgend ein Vorrang der Prävention vor der Repression[344]. Eine Vorkehrung zum Grundrechtsschutz könne jedoch auch die

337 Isensee, S. 31 f.
338 Isensee, S. 1.
339 Isensee, S. 1, 31.
340 Isensee, S. 1.
341 Isensee, S. 3 ff., 17 ff.
342 Isensee, S. 20 f., 32 f.
343 Isensee, S. 21.
344 Isensee, S. 39.

Strafdrohung sein, welche aber nur dann unerlässlich sei, wenn andere Maßnahmen sich nicht als gleich wirksam erwiesen[345].

Robbers führt diese Argumentation in der Arbeit „Sicherheit als Menschenrecht" aus dem Jahre 1987 dann fort, wobei er die ideengeschichtliche Einordnung unter grundsätzlichem Gleichlauf hinsichtlich der Bewertung der Anfänge der liberalen Rechtsstaatstradition um die These erweitert, diese Tradition sei im deutschen Rechtsdenken im Laufe des 19. Jahrhunderts abhanden gekommen.[346] Auch er befasst sich sodann schwerpunktmäßig mit den Folgen dieses Gedankens für den Bereich des gefahrenabwehrenden öffentlichen Rechts.[347]

Von dieser ideengeschichtlichen Fundierung abgeschnitten und alleine auf die Rechtsprechung des Bundesverfassungsgerichts zu Schutzpflichten gestützt, hat diese Begründung sich in der staatsrechtlichen Literatur als herrschende Ansicht durchgesetzt.[348]

Explizit für das Strafrecht und das Strafverfahrensrecht nutzbar macht diesen Ansatz dann Schmidt-Jortzig in einem Beitrag zur Festschrift zum fünfzigjährigen Bestehen des Bundesverfassungsgerichts[349], in welchem er die Gewährleistung der inneren Sicherheit und damit Verbrechensbekämpfung und wirksamen Rechtsgüterschutz als selbstverständlichen zentralen Zweck eines jeden Staates bezeichnet. Von daher verteidigt er dann die obergerichtliche Rechtsprechung, eine funktionstüchtige Strafrechtspflege sei ein Rechtsprinzip von Verfassungsrang, welches anderen Rechtsprinzipien, welche dem Beschuldigtenschutz dienen, entgegengehalten werden könne. Auch greife unter dem Gesichtspunkt staatlicher Schutzpflichten die Formel des Bundesverfassungsgerichts, das Strafrecht sei ultima ratio, insoweit zu kurz, als das Strafrecht im Gegensatz zu anderen möglichen staatlichen oder gesellschaftlichen Sanktionen auf Rechtsverletzungen ein aliud sei, da es mit einem ganz anderen Anspruch an den Verletzer herantrete. Im Weiteren befasst er sich dann im Wesentlichen indes mit Grenzen einer funktionstüchtigen Strafrechtspflege durch Grundrechte Beschuldigter.[350]

In gleicher Weise hatte bereits Hill im Handbuch des Staatsrechts von 1989 die Idee einer Verfassungsvorgabe der Funktionstüchtigkeit der Strafrechtspflege

345 Isensee, S. 27.
346 Robbers, S. 97 ff.
347 Robbers, S. 121 ff.
348 Möstl, Rn. 1 m.w.N.
349 Schmidt-Jortzig, S. 505 ff.
350 Schmidt-Jortzig, S. 505 ff.

unter Hinweis auf staatliche Schutzpflichten verteidigt.[351] Das Postulat der Funktionstüchtigkeit der Strafrechtspflege – welches er auch um der Gleichheit vor dem Gesetz willen für erforderlich hält – verteidigt er insbesondere gegen den Vorwurf, hier drohe ein Übergewicht eines Effektivitätsdenkens, welches Beschuldigtenrechte und damit Grundrechtspositionen aufweichen könne. Sein zentrales Argument bei dieser Verteidigung ist die These, dass es eben nicht um Effektivität als Wert an sich gehe, sondern dass Effektivität der Strafrechtspflege zugleich auch Effektivität des Rechtsschutzes bedeute. Dabei sieht er gerade den Gedanken, dass die Funktionstüchtigkeit der Strafrechtspflege den Schutz der durch die Straftat verletzten Grundrechte darstelle, als „Bindeglied", sodass eben nicht „ein abstraktes Prinzip der Funktionsfähigkeit den Rechten des Beschuldigten" gegenüberstehe, „sondern die durch die Straftat verletzten Grundrechte und sonstigen Verfassungwerte" seien dabei „mit den Rechten des Beschuldigten in Beziehung zu setzen"[352]. Anders formuliert: Gerade in der Erkenntnis, dass es bei der Effektivität der Strafverfolgung um die Effektivität von Grundrechtsschutz gehe, sieht Hill das Gegenargument gegen diejenigen kritischen Stimmen, die einen Verlust von Beschuldigtenrechten und Grundrechtspositionen durch Betonung eines Effektivitätsdenkens befürchten.

In gleicher Weise tut dies Möstl in der Auflage 2010 desselben Handbuchs, welcher „Freiheitsschutz *durch* die Strafgewalt und Freiheitsschutz *gegenüber* der Strafgewalt" (Hervorhebungen im Original)[353] als das grundrechtliche Spannungsverhältnis des Strafverfahrens kennzeichnet. Es sei daher auch richtig, mit dem Bundesverfassungsgericht dem Gebot einer funktionstüchtigen Strafrechtspflege Verfassungsrang zuzuweisen; die hiergegen geäußerte Kritik, dadurch gerate die Justizförmigkeit des Strafverfahrens in Gefahr, sei jedenfalls bei richtiger Verwendung des Funktionstüchtigkeitsgedanken deshalb verfehlt, da damit keine einseitige Effizienzoptimierung gemeint sei, sondern sich die Idee einer Funktionstüchtigkeit von vornherein nur auf eine rechtsstaatliche und justizförmige Strafrechtspflege beziehe. Dies sei in der neueren Verfassungsgerichtsrechtsprechung auch stärker akzentuiert. Richtig an dieser Kritik sei indes, dass auch dann, wenn die Funktionstüchtigkeit der Strafrechtspflege Verfassungsrang habe, nicht Abstriche bei strafprozessualer Effizienz, sondern nur solche bei grundrechtlicher Freiheit einer verfassungsrechtlichen Rechtfertigung bedürften. Das Gebot der Funktionstüchtigkeit der Strafrechtspflege stünde insoweit

351 Hill, Rn. 1, 39 ff.
352 Hill, Rn. 43.
353 Möstl, Rn. 1.

nicht unter dem Vorzeichen eines Optimierungsgedankens, sondern allein des verfassungsrechtlichen Untermaßverbotes.[354]

Dass die Verortung des Gebots der effektiven Strafverfolgung in grundrechtlichen Schutzpflichten zu einer Betonung der Bedeutung von Gefahrenabwehr vor Strafverfolgung bzw. zu einer Begründung weitergehender Rechte im präventiven als im repressiven Bereich führen kann, zeigt neben den Ausführungen von Isensee und Robbers sowie der im vorangegangenen Abschnitt zitierten Kommentierung von Wolter die Arbeit von Lorenz aus dem Jahre 1992[355]. Dieser stellt die sogenannte „operative Informationserhebung" im Strafverfahren, welche etwa durch den Verdeckten Ermittler erlaubt sei, einer „beweisförmigen Informationserhebung" entgegen und erachtet für Erstere, deren grundsätzliche Zulässigkeit er unter dem Rückgriff auf grundrechtliche Schutzpflichten begründet, weitergehende Kompetenzen für verfassungskonform, da der Grundrechtsschutz von etwaigen Straftaten Betroffener hier noch möglich sei.[356]

Beide gängigen Begründungen – die Verortung im Rechtsstaatsprinzip sowie die Idee grundrechtlicher Schutzpflichten – greift schließlich Schwarz in einem Aufsatz aus dem Jahre 2007[357] auf, um dann indes nicht diese, sondern die das grundsätzlich legitime Interesse an einer effektiven Strafverfolgung begrenzenden Verfahrensgarantien des Beschuldigten in den Vordergrund seiner Auseinandersetzung zu stellen.

7.3.3.3 Der Ansatz Landaus

Einer Fundamentalkritik, deren eigentliches Ziel erst am Ende seiner Darstellung deutlich wird, unterzieht Landau in einem Aufsatz von 2007[358] sowohl die obergerichtliche Rechtsprechung als auch die zustimmende Literatur.

Im Blick auf Gefährdungen der inneren Sicherheit durch neue Formen der Kriminalität wie etwa Terrorismus und organisierter Kriminalität sowie angesichts des Umstandes, dass die Pflicht des Staates zum Erhalt einer funktionstüchtigen Strafrechtspflege bereits wieder in Vergessenheit zu geraten drohe, fordert Landau zunächst eine Wiedergeburt.

Er bemängelt jedoch, dass die Begründungsansätze für das Gebot der effektiven Strafverfolgung in der Rechtsprechung des Bundesverfassungsgerichts

354 Möstl, Rn. 1 ff.
355 Lorenz, JZ 92, 1000.
356 Lorenz, JZ 92, 1000 ff.
357 Schwarz, JURA 2007, 334.
358 Landau, NStZ 2007, 121.

wenig stringent und durchgearbeitet seien. Unter Darstellung der hier bereits skizzierten obergerichtlichen Begründungsansätze führt dann auch Landau aus, dass das Bundesverfassungsgericht das Gebot der effektiven Strafverfolgung im Wesentlichen als Abwägungskriterium sowie als Prüfungsmaßstab verwende. Es sei hier ein Kontrapunkt gegen Beschuldigtenrechte oder Verfahrensförmlichkeiten. Lediglich in der Entscheidung zum Entführungsfall Peter Lorenz und der im Anschluss erzwungenen Auslieferung eines rechtskräftig abgeurteilten Mitgliedes der RAF habe das Bundesverfassungsgericht eine wesentlich grundsätzlichere Verortung vorgenommen und festgestellt, dass es die Pflicht des Staates sei, den staatlichen Strafanspruch auch durchzusetzen.[359]

Zur Literatur bemerkt Landau an, dass die dort geäußerte Kritik angesichts der offenbar beliebigen Verwendung des Rechtsbegriffs in der Rechtsprechung durchaus verständlich sei. Die Frage der Begründung sei für das Gebot der effektiven Strafverfolgung indes zentral, da sich daraus – und hier zeigt sich erstmals Landaus eigentliches Anliegen – auch erst ergebe, wer eigentlich Adressat dieses Gebotes sein soll. Verorte man es mit der wohl überwiegenden Meinung im Rechtsstaatsprinzip, so sei Adressat der Rechtsanwender mit der Folge eines „Dschungel der Einzelfalllösung“[360]. Doch auch andere Verortungen seien nicht zielführend. Ein Begründungsansatz im Begriff der inneren Sicherheit verwechsele das Produkt einer funktionstüchtigen Strafrechtspflege mit der Verortung selbst. Gleiches gelte für eine Verortung im Schuldgrundsatz und dem Menschenwürdebegriff, da dieser Maßstab, aber nicht Inhalt des Begriffes sei. Die Begründung mit Strafverfahrensprinzipien könne schon deswegen nicht in Betracht kommen, da diese jeweils nur Mittel und Teilzwecke des Verfahrens darstellten, wohingegen die Funktionstüchtigkeit der Strafrechtspflege auf den Gesamtzusammenhang abstelle und conditio sine qua non eines geordneten Staatswesen sei.[361]

Könne der Begriff also weder mit den Mitteln des Strafverfahrens gleichgesetzt noch mit Teilzwecken oder Teilzielen begründet werden, müsse er mit dem Ziel des Strafverfahrens selbst gerechtfertigt werden. Zu klären sei daher, was eigentlich Ziel dieses Verfahrens sei. Dabei sei wichtig, sich den Blick nicht durch die konkrete Verfasstheit gerade des Staates Bundesrepublik Deutschland und der dort geltenden Grundrechte zu verstellen, da sich die Strafrechtspflege und deren Ziele unabhängig von einer konkreten staatlichen Verfasstheit beschreiben

359 Landau, NStZ 2007, 121, 122 f.

360 Landau, NStZ 2007, 121, 124.

361 Landau, NStZ 2007, 121, 123 ff.

ließen. Entgegen der in der Rechtsprechung aufzufindenden Formulierung, Ziel sei Gerechtigkeit und damit Erforschung der Wahrheit, handele es sich dabei lediglich um einen Zweck der Strafrechtspflege, jedoch nicht deren endgültiges Ziel. Dies folge schon daraus, dass Strafrechtspflege weithin für legitim gehalten werde, obwohl sie auch zu unwahren Ergebnissen führen könne. Der Zweck der Strafrechtspflege sei daher in einfachen sozialen Zusammenhängen begründet: Strafrechtspflege sei ein – wenn nicht gar das – Instrument der sozialen Kontrolle durch staatliche Organe zwecks Einhaltung des inneren Rechtsfriedens. Diese Einhaltung des inneren Friedens sei ein wesentliches Ziel jedes Staates überhaupt und sei Vorbedingung auch für die Existenz von so etwas wie Freiheit und Sicherheit. Ohne Strafrecht aber sei dieses Ziel unerreichbar und könne kein Staat bestehen. Auch hier sei wichtig, sich den Blick auf diese für jedes Staatswesen geltende Erkenntnis nicht durch die konkreten Rechtsverhältnisse der Bundesrepublik Deutschland zu verstellen. So sei es etwa unzutreffend, Gewährleistung von Freiheit durch die und gegenüber der Staatsgewalt als Aufgabe des Strafverfahrens zu sehen, da es sich dabei eben nur um eine Besonderheit unseres Staatswesens handele, nicht jedoch um eine Eigenschaft von Staatlichkeit überhaupt, und auf Letzteres sei das Gebot der effektiven Strafverfolgung mit der beschriebenen Zielsetzung bezogen. Gerade diese Koppelung eines jeder Staatlichkeit vorausgehenden Zieles an bestimmte Inhalte gerade der bundesdeutschen Rechtsordnung öffne einer Kritik Tür und Tor, die im Wesentlichen darauf hinauslaufe, der Eingriff des Staates durch die Strafrechtspflege selbst bedürfe zunächst einer rechtsstaatlichen Legitimation, da der Vorrang im Rechtsstaatsprinzip bei der Begrenzung staatlicher Eingriffe liege. Im Ergebnis sei also festzuhalten, dass Strafrecht und das Gebot der effektiven Strafverfolgung, also mit anderen Worten dessen wirksame Durchsetzung, für jeden Staat zwingende Existenzvoraussetzung sei, da er nur so das sozialethische Minimum sichern und damit auf Dauer existieren könne. Abzulehnen sei daher die in Rechtsprechung und herrschender Meinung vertretene Ansicht, es handele sich bei dem Gebot der effektiven Strafverfolgung um eine Interessenabwägung mit Grund- oder Beschuldigtenrechten. Es handele sich vielmehr um eine „vorgelagerte Pflicht des Staates“[362]. Unmittelbar zusammen hinge das Gebot der effektiven Strafverfolgung daher schließlich mit dem Gewaltmonopol, dass jeder moderne Staat für sich beanspruchen müsse, dass er aber nur für sich verlangen könne, wenn

362 Landau, NStZ 2007, 121, 126.

er dann selbst das leiste, was der Einzelne nicht mehr leisten dürfe, nämlich die Sicherung des Rechts.[363]

All dies gelte nun erst recht für den Rechtsstaat. Da dieser anders als die Diktatur nicht allein auf physischer Macht, sondern auf „Übereinkunft der Bürger"[364] beruhe, müsse dieser sich im besonderen Maße der Missachtung der von ihm geschaffenen Regeln widersetzen. Insofern sei die Funktionstüchtigkeit der Strafrechtspflege in der Tat eine Staatsaufgabe in Form einer verfassungsrechtlichen Pflicht.[365]

Entscheidend sei jedoch – und hier zeigt sich das eigentlich Neue und das eigentliche Anliegen von Landaus Darstellung -, dass sich diese Pflicht – da sie eine Staatsaufgabe betreffe – allein an den Gesetzgeber sowie nachrangig an den Verfassungsinterpreten, also das Bundesverfassungsgericht, nicht jedoch an jeden Rechtsanwender richte. Die Staatsaufgabe verlange nämlich nach einer Gesamtkonzeption, in welcher effektive Strafverfolgung und gegenläufige Prinzipien zum Ausgleich gebracht werden könnten, und zu einer solchen sei der immer den Einzelfall entscheidende Rechtsanwender schon aus diesem Grunde nicht im Stande. Die Gesamtkonzeption in den Blick nehmen könne nur der Gesetzgeber sowie nachrangig der Verfassungsinterpret, also das Bundesverfassungsgericht.[366]

Landau verfolgt in gewisser Weise ein doppeltes Ziel: Durch die mit elementarer Wucht vorgenommene Stärkung des Gebots der effektiven Strafverfolgung als jeder staatlichen Verfasstheit vorgeordnet will er es zugleich dem Rechtsanwender und der Abwägung im Einzelfall entziehen und es allein dem Gesetzgeber sowie dem Bundesverfassungsgericht zuweisen.

7.4 Das Gebot der effektiven Strafverfolgung als Verfahrensgrundsatz

7.4.1 Effektive Strafverfolgung und die Idee des liberalen Rechtsstaats: Eine Fundierung des Erfordernisses effektiver Strafverfolgung in der Philosophie John Lockes

An den positiven oder zumindest verhalten positiven Stimmen in der strafrechtlichen Literatur fällt auf, dass diese sich bei grundsätzlicher Anerkennung eines

363 Landau, NStZ 2007, 121, 126 ff.

364 Landau, NStZ 2007, 121, 127.

365 Landau, NStZ 2007, 121, 127.

366 Landau, NStZ 2007, 121, 128.

Prinzips der Effektivität der Strafverfolgung im Wesentlichen mit dessen Gefahren und Grenzen befassen und zu seiner Verortung und systematischen Fundierung und Ausarbeitung weniger beitragen. Abgesehen vom Beitrag Landaus wird üblicherweise die Verortung der Rechtsprechung im Rechtsstaatsprinzip und hier der Idee der materiellen Gerechtigkeit gutgeheißen.

Ein neuer Ansatz fand sich allein in der staatsrechtlichen Literatur, und hier vor allem bei Isensee und Robbers. Freilich ist deren Fundierung nicht allein in der Idee von Grundrechten als Schutzpflichten, sondern in der Philosophie des liberalen Rechtsstaates, alsbald wieder in Vergessenheit geraten und alleine der Rückgriff auf die Rechtsprechung des Bundesverfassungsgerichts zu Grundrechten als Schutzpflichten geblieben. Soweit auf liberale Staatstheoretiker oder grundrechtliche Schutzpflichten Bezug genommen wird, wird üblicherweise gleichwohl die Sprachregelung beibehalten, die Effektivität der Strafverfolgung diene öffentlichen Interessen bzw. Interessen des Gemeinwohls. Auch wird der Schwerpunkt bei diesen Ansätzen dann meist im Bereich der Gefahrenabwehr gesehen. Eine systematische Untersuchung des Verhältnisses des Gebots der effektiven Strafverfolgung zu Grundrechten und den philosophischen Grundlagen des liberalen Rechtsstaats sowie den daraus zu ziehenden Schlussfolgerungen *gerade für das Strafrecht* findet im Regelfall nicht statt.

Es ist das Anliegen der weiteren Ausführungen, eine solche systematische Fundierung aus der Idee des liberalen Rechtsstaats selbst deutlicher zu konturieren und die Konsequenzen für die Verwendung des Gebots der effektiven Strafverfolgung in der Strafprozessrechtsdogmatik aufzuzeigen.

Ausgangspunkt hiesiger Argumentation soll dabei die in der staatsrechtlichen Literatur, wie dargetan, zu Anfang vorgenommene, dann jedoch aus dem Blick geratene Philosophie von John Locke sein.

Dass auf die Philosophie von Locke zurückgegriffen wird, um für den Rechtsstaat bedeutsame Prinzipien zu fundieren, bedarf dabei – so überhaupt – nur einer kurzen Begründung. Zwar handelt es sich bei der Philosophie von Locke selbstredend nicht um ein Konzept mit unmittelbarer juristischer Qualität, jedoch liegt die Philosophie Lockes sämtlichen Verfassungen westlichen Zuschnitts gleich wie diese im Einzelnen gestaltet sind zugrunde. In der Philosophie John Lockes begegnet nämlich erstmals systematisch ausgearbeitet die Idee der Menschenrechte und damit die Grundlegung jedes demokratischen und rechtsstaatlichen Gemeinwesens,[367] weshalb Locke als „Erfinder“ der Menschenrechte gelten kann, obwohl natürlich seine Philosophie wie jede andere

367 Adomeit, S. 63 ff.

geistesgeschichtliche Entwicklung auch nicht vom Himmel fiel, sondern in einem breiteren ideen- sowie sozial- und kulturgeschichtlichen Kontext steht. Da das von John Locke entwickelte Konzept insoweit auch dem Grundgesetz gedanklich zugrunde liegt, ist es zur Herausarbeitung von – dann auch rechtlich relevanten – Prinzipien von Wert, zu prüfen, welche Erkenntnisse aus Lockes Philosophie für ein bestimmtes rechtsphilosophisches bzw. juristisches Problem zu ziehen sind.

Lockes Rechtfertigung des Staates – welche dieser vor allem in seiner „Zweite(n) Abhandlung über die Regierung" aus dem Jahre 1698 dargelegt hat – beginnt wie in der frühneuzeitlichen Staatsphilosophie vor allem seit Thomas Hobbes, dem unmittelbaren Vorläufer und zugleich gedanklichen Gegner Lockes, üblich[368], mit der Annahme eines Naturzustandes, in welchem eine staatlich verfasste Gemeinschaft noch nicht existiert. Inwieweit Locke diesen Naturzustand – anders als die meisten anderen Theoretiker seiner Zeit – nicht nur theoretisch, sondern auch historisch denkt[369], bedarf dabei keiner weiteren Klärung. Von Relevanz ist allein, dass auch für Locke der Staat nicht von Anfang an existiert oder eine wie auch immer geartete metaphysische Legitimation hat, sondern aus einem Naturzustand heraus aus – worauf sogleich einzugehen sein wird – Zweckmäßigkeitserwägungen entsteht. In diesem Naturzustand sind nach Locke die Menschen vollkommen frei; der Naturzustand ist jedoch, obwohl vorstaatlich, kein vorrechtlicher Zustand, sondern ein Zustand, in welchem es bereits zentrale Rechte, nämlich Natur- bzw. Menschenrechte, gibt. Bereits im Naturzustand haben die Menschen nämlich ein Recht auf Leben, Freiheit und Eigentum, also auf das, was Locke in seiner Terminologie mit dem Begriff Eigentum zusammenfasst. Anders formuliert: Im Naturzustand leben die Menschen nicht einfach und sind faktisch frei und haben faktisch ihnen zugeordnete Gegenstände, sondern sie haben ein Recht auf Leben, ein Recht auf Freiheit und ein Recht auf persönliches Eigentum.[370] In der Annahme der Existenz von elementaren Rechten bereits im Naturzustand hebt sich die Philosophie Lockes erstmals deutlich von der vorangegangenen Philosophie von Thomas Hobbes ab, der im Naturzustand lediglich ein auf allein faktische Freiheit hinauslaufendes Recht aller auf alles, nicht jedoch eine normative Ordnung anerkennt.[371]

Obwohl der Naturzustand daher ein in Teilen durchaus positiver Zustand ist, erweist sich jedoch im Naturzustand das Eigentumsrecht im Lockeschen Sinne

368 Hofmann, S. 123 ff.
369 Locke, Nr. 14.
370 Locke, Nr. 4 ff.
371 Hofmann, S. 124.

als dauerhaft und beständig bedroht, und zwar durch Angriffe anderer, denen der Einzelne sich dauerhaft erwehren muss und keinesfalls immer sicher erwehren kann. Locke schreibt: „(…); denn wenn er im Naturzustand auch ein solches Recht hat, so kann er sich seiner doch nur mit wenig Sicherheit erfreuen und ist fortwährend den Übergriffen anderer ausgesetzt“. Trotz der Vorzüge des Naturzustandes schließen die Menschen sich daher zusammen und gründen das, was man als Staat bezeichnet, und zwar „zur gegenseitigen Erhaltung ihres Lebens, ihrer Freiheiten und Güter (…)“[372].

Bei dieser Gründung ist nun zweierlei von Bedeutung: Zum ersten erfolgt diese Gründung allein zu dem Zweck, die bereits im Naturzustand vorhandenen Rechte auf Freiheit, Leben und Eigentum wirksam zu sichern und zu schützen. Denn man schließt sich nach Locke mit anderen zusammen mit dem „Ziel, behaglich, sicher und friedlich miteinander zu leben – in dem sicheren Genuß des Eigentums (…)“[373]. Daraus folgt dann zweitens, dass diese Rechte keineswegs vollständig auf den neu zu gründenden Staat übertragen werden, sondern lediglich insoweit, als dies zur Sicherung dieser Rechte selbst erforderlich ist, denn der Rechtsverlust geschieht „doch nur mit der Absicht jedes einzelnen, sich seine Freiheit und sein Eigentum um so besser zu erhalten“[374].

Hierin liegen zwei weitere zentrale Unterschiede zu der vorangegangenen Philosophie von Thomas Hobbes. Bei diesem erfolgt der Übergang vom Naturzustand zum Staat nicht um der Sicherung von Rechten willen, sondern allein aus zweckrationalen Überlebensstrategien. Zum anderen erfolgt die Übertragung von Handlungsoptionen zur Erhaltung der Sicherheit auf den Staat bei diesem vollständig.[375]

Eine weitere entscheidende Neuerung in Lockes Ansatz folgt dann: Da der Staat allein der Sicherung der Menschen- bzw. Naturrechte dient und daher von Anfang an nur mit beschränkten Kompetenzen ausgestattet wird, liegt hierin bereits die Erkenntnis, dass der Staat selbst zum Freiheitsgefährder werden kann. Die lediglich begrenzte Übertragung von Rechten auf diesen ist zur Ausschaltung dieser Gefahr jedoch nicht ausreichend. Erforderlich ist vielmehr, die staatliche Gewalt – welche als neu erschaffene, jeder individuellen Gewalt überlegene Gewalt ein ganz besonders hohes Gefährdungspotenzial bedeutet – auf weitere Arten gegen Entartung abzusichern. Dies geschieht dadurch, dass die Menschen selbst bestimmen können, wer regiert, dass sie die Regierung auswechseln

372 Locke, Nr. 123.
373 Locke, Nr. 95.
374 Locke, Nr. 130.
375 Hofmann, S. 123 ff., 135 ff.

können, sobald diese sich zur Rechtssicherung als untauglich erweist – was immer der Fall ist, wenn sie selbst zum Rechtsbrecher wird – und dass nicht alle staatliche Gewalt in einer Hand liegt, sondern auf verschiedene Institutionen und Personen verteilt wird, um so die staatliche Gewalt auch innerstaatlich besser zu kontrollieren. Sollte all dies sich indes als nicht ausreichend erweisen, um Staatsübergriffe auf Menschenrechte zu unterbinden, erkennt Locke schließlich in letzter Konsequenz ein Notwehrrecht gegen staatliches Handeln zu.[376]

Damit liegt das Konzept moderner Demokratien – jedenfalls in seiner Grundstruktur – vor: Dem Staat vorgeordnete individuelle Rechte, über die dieser nicht verfügen kann, die Staatsaufgabe der Sicherung und Respektierung dieser Rechte, die Bestimmung der Staatsgewalten durch die Rechtsunterworfenen selbst, die Kontrolle der Staatsgewalten durch Gewaltenteilung, das Recht der Rechtsunterworfenen auf Auswechselung der Herrschenden sowie in letzter Konsequenz ein Widerstandsrecht.

Für hiesige Zwecke sind nun weniger die staatsorganisatorischen Konsequenzen von Lockes Philosophie relevant, auf welche in der Rezeption besonderes Gewicht gelegt wird, sondern der Übergang vom Naturzustand zum Staat und hier konkret die dabei angenommene Motivation.

Der Übergang vom Naturzustand zum Staat oder, anders formuliert, die Staatsgründung erfolgt bei Locke *allein* zu dem Zweck, dass der Staat für Sicherheit sorgt. Hierin unterscheidet sich die Philosophie von Locke von der vorangegangenen von Thomas Hobbes nicht. Um es mit den Worten von Robbers zu sagen: „Auch bei John Locke ist die Sicherheit des Einzelnen das Ziel und das Worumwillen des Staates“[377]. Der entscheidende Unterschied zu Hobbes und das spezifisch liberale an der Philosophie von John Locke ist nun jedoch, dass es bei diesem nicht um Sicherheit im Sinne von faktischer Sicherheit vor Übergriffen geht, sondern um Sicherheit als Sicherung der dem Staat vorgeordneten Menschenrechte, also Leben, Freiheit und Eigentum. Alleiniger Staatszweck ist nach Locke mithin die Sicherung von Eigentum im lockeschen Sinne. Dafür und *nur* dafür wird der Staat geschaffen.

Sicherung meint dabei auf dieser Stufe allein Sicherung gegen Übergriffe *Dritter*. Die Sicherung gegen Übergriffe durch den Staat existiert auf dieser Stufe als Staatszweck nicht. Sie taucht erst auf der nächsten Stufe – worauf sogleich eingegangen werden soll – auf. Führt man auch diesen Gedanken in das bisher Gesagte ein, so ergibt sich als alleiniger Staatszweck die Sicherung

376 Locke, Nr. 134 ff.

377 Robbers, S. 46.

der Naturrechte gegen Übergriffe Dritter. Dies allein ist der Daseinszweck des liberalen Staates in der Philosophie von John Locke.

Aus den beschriebenen Gründen müssen die Naturrechte nun jedoch gegen einen weiteren, neuen möglichen Feind gesichert werden, nämlich gegen den Staat selbst. Dieser verfehlt nämlich seinen Daseinszweck, wenn er statt die Rechte gegen Übergriffe Dritter zu sichern, selbst Übergriffe gegen diese Rechte verübt. Hier nun tauchen die Naturrechte als Menschenrechte gegen staatliche Eingriffe und die staatsorganisatorischen Absicherungen gegen staatliche Willkür auf. Menschenrechte als Abwehrrechte gegen staatliches Handeln sind also *nicht* etwa Staatszweck; sie haben *alleine* die Funktion, den alleinigen Staatszweck Sicherheit gegen Pervertierung ihrerseits abzusichern.

Seine alleinige Aufgabe der Sicherung der menschlichen Rechte gegen Übergriffe Dritter erfüllt der Staat dabei in moderner Rechtssprache sowohl präventiv, als auch repressiv – er erfüllt sie also durch die Aufrechterhaltung der öffentlichen Sicherheit, aber auch durch die Strafgewalt. In einem Satz lautet der Ansatz Lockes also: *Alleiniger* Staats*zweck* des liberalen Rechtsstaates ist *Sicherheit*, und zwar Sicherheit in Form der Sicherung von Freiheit, Leben und Eigentum gegen Übergriffe Dritter. Grundrechte als Abwehrrechte dienen *nur* dazu, zu verhindern, dass der Staat diesen Zweck dadurch verfehlt, dass er selbst zum Rechtsbrecher wird.

7.4.2 Die Rezeption dieses Konzepts in Deutschland

7.4.2.1 Der Staatszweck Sicherheit in der deutschen Aufklärung

Exakt dieses Verständnis vom primären Staatszweck Sicherheit gerade des liberalen Rechtsstaates findet sich auch in der deutschen Tradition der Aufklärung, und zwar sowohl in der rechtsphilosophischen als auch in der rechtspraktischen.

In die erste Gruppe fällt die Philosophie Christian Wolffs in dessen Werk „Grundsätze des Natur- und Völkerrechts" von 1754.[378]

Die zentrale Bedeutung der Sicherheit wird in dessen Ansatz schon darin deutlich, dass Wolff das Recht auf Sicherheit neben der Gleichheit, der Freiheit und dem von ihm so bezeichneten Recht, den natürlichen Verbindlichkeiten Genüge zu tun, als eines der vier angeborenen, vollkommenen Rechte jedes Menschen ansieht.[379] Aus dem Recht auf Sicherheit folgen zwei weitere Rechte, nämlich „das daher entspringende Recht sich zu wehren, oder zu vertheidigen

378 Robbers, S. 83 ff.

379 Wolff, §95.

(…), und das Recht zu strafen“ [380]. Das Strafen dient dabei ganz im Sinne der aufkommenden präventiven Strafzwecklehren entweder dazu, „das Gemüthe der beleidigenden Person zu ändern“, sodass sie insofern „eine bessernde Strafe“ genannt werde oder aber dazu, „andere von Beleidigungen ab(zu)schrecken“, sodass sie insoweit eine „exemplarische“ Strafe sei[381]. Zur Durchsetzung gerade auch dieser Ansprüche wird der Staat nach Wolff gegründet. Er schreibt: „Wir erkennen sehr leicht, dass einzelne Häuser sich selbst dasjenige nicht hinreichend verschaffen können, was zur Nothdurft, Bequemlichkeit, dem Vergnügen, ja zur Glückseligkeit erfordert wird, noch auch ihre Rechte ruhig geniessen, und was sie von anderen zu fordern haben, sicher erhalten, noch auch sich und das ihrige wider anderer Gewaltthätigkeiten schützen können. Es ist also nöthig, dasjenige durch gemeinschaftliche Kräfte zu erhalten, was einzelne Häuser vor sich nicht erhalten können. Und zu dem Ende müssen Gesellschaften errichtet werden (…). Eine Gesellschaft, die zu dem Ende gemacht wird, heisset ein Staat.“ Die „Absicht eines Staates“ bestehe daher auch darin, die „Befreyung von der Furcht für Unrecht, oder Verletzung seines Rechtes (…), und der Sicherheit (…), oder der Befreyung von der Furcht vor äusserer Gewalt“[382]. Das Recht, sich zu wehren und zu bestrafen, gehe im Staat dann insoweit auf die Obrigkeit über, als diese für Sicherheit sorge. Die Obrigkeit sei daher ihrerseits verpflichtet, entsprechende Institutionen – nach Wolff Richter – zu schaffen, die diesen Zweck erfüllen können. Leiste der Staat dies nicht oder ist obrigkeitliche Hilfe nicht zu erreichen, lebe das ursprüngliche Recht auf Gegenwehr und Strafe wieder auf.[383]

Ebenfalls zum Zwecke der Sicherheit wird der Staat auch nach der Philosophie Immanuel Kants gegründet.[384] In dessen Metaphysik der Sitten heißt es dazu: „So liegt es doch a priori in der Vernunftidee eines solchen (nicht-rechtlichen) Zustandes, daß, bevor ein öffentlich gesetzlicher Zustand errichtet worden, vereinzelte Menschen, Völker und Staaten niemals vor Gewalttätigkeit gegen einander sicher sein können, und zwar auch aus jedes seinem eigenen Recht, zu tun, was ihm recht und gut dünkt“, sodass man aus dem derart definierten Naturzustand in einen Zustand treten müsse, „darin jedem das, was für das Seine anerkannt werden soll, gesetzlich bestimmt, und durch hinreichende Macht (die nicht die

380 Wolff, §95.
381 Wolff, §93.
382 Wolff, §972.
383 Wolff, §1028.
384 Isensee, S. 10.

seinige, sondern eine äußere ist) zu Teil wird" (Klammerzusätze im Original)[385]. Auch hier erfolgt die Gründung des Staates also jedenfalls auch deshalb, weil Rechtspositionen im Naturzustand nicht hinreichend gesichert werden können.

Freilich bietet nicht nur Kants Lehre von der Staatsgründung aus dem Naturzustand heraus dieses Konzept. Auch seine gesamte Rechtstheorie, die als Prototyp des deutschen Rechtsstaatsverständnisses gelten kann, ist im Kern die Lockesche Idee des Rechts und des Staates als Instrument der Freiheitssicherung durch staatliche Gewalt. Kants berühmte Rechtsdefinition lautet ja: „Das Recht ist also der Inbegriff der Bedingungen, unter denen die Willkür des einen mit der Willkür des anderen nach einem allgemeinen Gesetz der Freiheit zusammen vereinigt werden kann."[386] Übersetzt man dies in moderneres Deutsch, so versteht Kant, um einen Gedanken Hofmanns[387] zu benutzen, das Recht als ein System freiheitssichernder Freiheitsschranken. Hier findet sich exakt der Gedanke, dass das Recht Freiheit *nur* insoweit beschränkt, aber auch *zwingend* insoweit beschränken muss, als es notwendig ist, um Freiheit überhaupt erst zu ermöglichen. Nur mit dem freiheitssichernden gefahrenabwehrenden und strafenden Staat ist Freiheit also auch nach Kant faktisch überhaupt erst möglich.

Sowohl in rechtstheoretischer als auch in rechtspraktischer Art findet sich genau dieses Staatsverständnis bei Svarez, dem Erschaffer des Allgemeinen Preußischen Landrechts von 1794.[388]

Den Staatszweck Sicherheit hatte dieser in den sogenannten Kronprinzenvorträgen, durch welche er den späteren König Friedrich Wilhelm III. unterrichtete, expressis verbis ausgeführt. Auf die Frage: „Welches ist der Zweck des Staats?" heißt es mit einem Satz: „Daß ein jeder bei dem Seinigen gegen alle gewaltsamen Störungen und Beleidigungen Schutz und Sicherheit genießen soll". Das Seinige wird dann ausdrücklich auch als Freiheit definiert, denn es heißt weiter: „In diesem Sinne ist also der Zweck des Staates, jeden einzelnen in seiner natürlichen Freiheit zu schützen, soweit damit die Freiheit aller bestehen kann."[389] Zur Erreichung auch dieses Zweckes Sicherheit ist allein der Staat im Stande. Svarez ergänzt: „Diese Zwecke des Staats können außer der Staatsverbindung nicht erreicht werden. Die Staatsverbindung aber ist das Mittel dazu".[390] Daraus erwachsen für Untertanen und Regenten gewisse Pflichten, wobei eine Pflicht des

385 Kant, S. 430.
386 Kant, S. 337.
387 Hofmann, S. 169.
388 Isensee, S. 8 ff.
389 Svarez, S.7.
390 Svarez, S. 9.

Regenten die folgende ist: „Er muß die natürliche Freiheit seiner Untertanen nur soweit einschränken, als es notwendig ist, um die Sicherheit und Freiheit aller zu schützen und aufrechtzuerhalten“[391].

Svarez konnte diese Staatsideen im Allgemeinen Preußischen Landrechts von 1794 unmittelbar in geltendes Recht umsetzen. In diesem findet sich ein eigener Abschnitt, der sich allein mit dem Staatszweck Sicherheit befasst und „Siebenzehnter Titel/Von den Rechten und Pflichten des Staats zum besondern Schutze seiner Unterthanen“ überschrieben ist. In §§ 1 und 2 heißt es entsprechend:

> „§. 1. Der Staat ist für die Sicherheit seiner Unterthanen, in Ansehung ihrer Person, ihrer Ehre, ihrer Rechte, und ihres Vermögens, zu sorgen verpflichtet.
>
> §. 2. Dem Staate kommt es also zu, zur Handhabung der Gerechtigkeit, zur Vorsorge für diejenigen, welche sich selbst nicht vorstehen können, und zur Verhütung sowohl, als Bestrafung der Verbrechen, die nöthigen Anstalten zu treffen.“[392]

Wie sehr gerade aus der Idee des liberalen Rechtsstaates die Notwendigkeit eines freiheitsschützenden – und zwar auch mit den Mitteln des Strafrechts freiheitsschützenden – Staates folgt, hat in Deutschland insbesondere Wilhelm von Humboldt in seiner Schrift „Über die Grenzen der Wirksamkeit des Staates“ ausgeführt.[393]

Von Humboldt vertritt einen reinen und damit klassisch liberalen Standpunkt, in welchem er zum einen dem Staat die Sorge für die Wohlfahrt oder Aufgaben wie die Erziehung seiner Bürger generell entzieht und in welchem er zum anderen den Staat zu einem Gebilde erklärt, welches allein aufgrund von Zweckmäßigkeitserwägungen zu existieren berechtigt ist[394]. Damit ist jeder sozialstaatlichen Tätigkeit[395] ebenso entgegengetreten wie allen Versuchen, dem Staat eine eigene, von seinen Diensten für die Staatsbürger zu trennenden Sphäre oder Rolle oder gar einen eigenen besonderen Wert zuzusprechen.

Der Grund hierfür ist in der Argumentation von von Humboldt im Wesentlichen, dass all dies Bereiche seien, welche der einzelne Mensch durch seine Kräfte auch alleine zu erlangen im Stande sei. Dies jedoch – und hier kommt dann der Staatszweck Sicherheit – gelte eben für die Sicherheit gegen Übergriffe durch Dritte gerade nicht. Deshalb – und nur deshalb – bedürfe es überhaupt eines

391 Svarez, S. 9 f.

392 §§ 1, 2 II 17 ALR.

393 Isensee, S. 10 f.

394 von Humboldt, S. 78.

395 Isensee, S. 10.

Staates, und nur dies sei seine legitime Aufgabe: Die Gewährleistung von Sicherheit. Von Humboldt schreibt dazu:

> „Ich glaube daher hier den ersten positiven (...) Grundsatz aufstellen zu können: daß die Erhaltung der Sicherheit sowohl gegen auswärtige Feinde als innerliche Zwistigkeiten den Zweck des Staats ausmachen und seine Wirksamkeit beschäftigen muß; (...).“[396]

Für hiesige Untersuchung besonders bemerkenswert ist nun, wie von Humboldt über das Gesagte hinaus den Staatszweck Sicherheit rechtfertigt und wie er diesen insbesondere im Verhältnis zur individuellen Freiheit sieht. Die Sichtweise von von Humboldt ist dabei diejenige, dass er Sicherheit schlicht als conditio sine qua non für Freiheit erachtet. Er schreibt dazu:

> „Ohne Sicherheit vermag der Mensch weder seine Kräfte auszubilden, noch die Früchte derselben zu geniessen; denn ohne Sicherheit ist keine Freiheit.“[397]

Der Grundansatz von John Locke, den Staat als notwendiges Instrument zur Sicherung individueller Freiheit zu erachten und von diesem Ausgangspunkt aus nicht nur die Legitimation des Staates, sondern auch das Verhältnis von Freiheit und Sicherheit zu definieren, findet sich hier in der deutschsprachigen Literatur auf den Punkt gebracht.

Bei der Frage, welcher Mittel sich der Staat bei dieser ihm allein übertragenen Aufgabe der Gewährleistung von Sicherheit und damit Freiheit bedienen darf, benennt von Humboldt ausdrücklich das Strafrecht und damit die Bestrafung von denjenigen, welche Freiheiten anderer verletzt haben, als ein zentrales Instrument. Er schreibt:

> „Das letzte und vielleicht wichtigste Mittel für die Sicherheit der Bürger Sorge zu tragen, ist die Bestrafung der Uebertretung der Gesetze des Staats.“[398]

Diese Bestimmung des alleinigen Staatszwecks als Sicherung der individuellen Freiheit der Bürger macht von Humboldt dann auch für die Frage nutzbar, was der Staat eigentlich unter Strafe stellen und verfolgen darf, also die Frage nach der Legitimation von Straftatbeständen. Da nämlich der Staat lediglich die Sicherheit seiner Bürger gegen Eingriffe Dritter in deren Freiheit schützen dürfe, nimmt von Humboldt alle diejenigen Verhaltensweisen von der Strafbarkeit aus, welche allein die Rechtssphäre des Bürgers selbst betreffen, also alles, was vielleicht unmoralisch sein mag, jedoch keinen Dritten gegen dessen Willen verletzt.[399]

---

396 von Humboldt, S. 67.
397 von Humboldt, S. 66.
398 von Humboldt, S. 169.
399 von Humboldt, S. 135 ff.

Besonders konsequent zu Ende gedacht findet sich dieses Verhältnis von Freiheit und Sicherheit schließlich auch bei dem deutschen Juristen und Rechtsphilosophen Theodor von Schmalz.[400]

Von Schmalz hatte sich in seinen frühen Jahren, in welche auch seine philosophischen Erwägungen zum Verhältnis von Freiheit und Sicherheit fallen, insbesondere dadurch einen Namen gemacht, dass er als einer der ersten Kants Philosophie für die Rechtswissenschaften fruchtbar machte. Seine wissenschaftliche Reputation zerstörte er ab 1815 indes wieder durch die Veröffentlichung von Verschwörungstheorien.[401]

Den Staat sieht er in seiner in der ersten Auflage 1794 und in der zweiten 1804 verlegten Schrift „Das natürliche Staatsrecht“ als einen auf keine Zeit eingeschränkten Vertrag zur Verteidigung aller äußeren vollkommenen Rechte gegen jede Art von Gefahr. Der Staat ist danach ein „Sicherheitsbund“, dessen Endzweck die „Sicherheit der äusseren vollkommenen Rechte seiner Mitgenossen“ ist[402].

Diese Rechte sind für von Schmalz die Freiheit und der Staat hat insofern die Aufgabe, gerade jedem Freiheit zu gewähren.[403] Auch wenn von Schmalz – was für die deutsche Aufklärung indes nicht ungewöhnlich ist – dabei allzu forsche Angriffe gegen die bestehende Ordnung abwehrt und etwa die Berechtigung eines Erbadels verteidigt[404], so wird gleichwohl deutlich, dass von Schmalz auf dem Boden aufklärerischer Vertragstheorien steht, indem er den Staat rein säkular über Nutzenerwägungen rechtfertigt und als Endzweck des Staates die Sicherheit natürlicher Rechte annimmt.

Von diesem Ansatz aus hat er das Verhältnis von Freiheit und Sicherheit dann schließlich gedanklich auf die Spitze getrieben, indem er Freiheit und Sicherheit in eins setzte und formulierte: „Die Sicherheit unsrer Rechte ist aber die Freyheit, und die Freyheit ist nichts anders als die Sicherheit, die Unverletztheit unsrer Rechte.“[405] Hervorzuheben ist an diesem In-Eins-Setzen von Freiheit und Sicherheit, dass es ohne Bruch und ohne Gewalt deswegen und nur deswegen möglich wird, weil von Schmalz Freiheit nicht einfach als Sicherheit in der Art einer auch in der Diktatur möglichen Friedhofsruhe definierte, sondern Freiheit als Sicherheit unserer Rechte bestimmte, und unsere Rechte sind auch bei von Schmalz, wie dargetan, unsere Freiheitsrechte.

---

400 Robbers, S. 95 ff.

401 Neue Deutsche Biographie, S. 120.

402 von Schmalz, §41.

403 von Schmalz, §41.

404 von Schmalz, §49.

405 von Schmalz, §2.

7.4.2.2 Die Kritik am Staatszweck Sicherheit bei Hegel sowie Marx und Engels

Dieses in der Formulierung von von Schmalz auf den Punkt gebrachte Verständnis des liberalen Rechtsstaats wird in Deutschland überhaupt erst in dem Moment brüchig und infrage gestellt, in dem das Konzept des liberalen Staats selbst in die Kritik gerät.[406]

Dass nicht Freiheit und Sicherheit bzw. Freiheit durch Sicherheit der Zweck des Staates sei, sondern dieser zu weit Höherem bestimmt wäre, findet sich insoweit erstmals dezidiert in der Rechtsphilosophie Hegels, der sich gegen Kant und die Tradition der Aufklärung absetzt.[407] Bei Hegel heißt es entsprechend: „Allein der Staat ist überhaupt nicht ein Vertrag (...), noch ist der Schutz und die Sicherung des Lebens und des Eigentums der Individuen als einzelner so unbedingt sein substantielles Wesen, vielmehr ist er das Höhere, welches dieses Leben und Eigentum selbst auch in Anspruch nimmt und die Aufopferung desselben fordert"[408].

Ohne den Fehler machen zu wollen, Philosophen für sehr viel spätere historische Fehlentwicklungen unmittelbar haftbar zu machen, wird an der Erkenntnis kein Weg vorbei führen, dass in diesem Satz zumindest der Keim des Totalitären angelegt ist, indem der Staatszweck Sicherheit durch Sicherung der Freiheit für nebensächlich erklärt und stattdessen der Staat unter Verweis auf nebulöse höhere Aufgaben zum dem Individuum vorgehendem Selbstzweck erhoben wird.

Eine zweite Linie der Kritik des liberalen Staatsverständnisses, welche sich ebenso gegen den Gedanken der Sicherheit in Form der Sicherung individueller Rechte als eigentlichen Staatszweck wendet und damit implizit anerkennt, dass dies die zwingende Konsequenz des liberalen Staatsverständnisses ist, findet sich sodann bei Marx[409] und bei Engels, die – in grandioser Verkennung jedweder Lebensrealität – die Ansicht vertraten, der Staatszweck Sicherheit würde sich erledigen, sobald der Kommunismus verwirklicht sei.[410] Insbesondere diese Kritik am liberalen Staatsverständnis hat sich in „linken" Denktraditionen bis heute gehalten – nämlich der Gedanke, man könne durch Sozialpolitik Strafrecht und Strafe überflüssig machen. Es ist auch letztlich dieses Marxsche Verständnis, welches die in „linker" Tradition oft zu beobachtende eigentümliche Einstellung

406 Robbers, S. 97 ff.
407 Robbers, S. 97 f.
408 Hegel, §100.
409 Isensee, S. 20 ff.
410 Engels, S. 109 f.

zum Staat begründet, dem strafenden Staat grundsätzlich skeptisch, ja ablehnend gegenüberzustehen, dessen Tätigkeit im Bereich der Sozial-, Wirtschaft- und Finanzpolitik – und dies oft mit weit größeren Grundrechtseingriffen als im Bereich des Strafrechts – jedoch nicht nur kritiklos wahrzunehmen, sondern diese euphorisch zu begrüßen und zu fordern.

7.4.2.3 Der Staatszweck Sicherheit und der reformierte Strafprozess

Dort jedoch, wo auch in Deutschland liberales Staats- und Rechtsdenken erhalten blieb, konnte auch das Wissen um das Verhältnis von Freiheit und Sicherheit bestehen.

Dies war namentlich bei den Verfechtern des sogenannten reformierten Strafprozesses der Fall, bei welchem es sich – wie Ignor richtig gesehen hatte[411] – um die Urform des liberalen Strafprozesses handelt, welche jedoch – wie von Ignor verkannt[412] – gerade nicht von einer Frontstellung von Freiheit und Sicherheit ausgingen.

Dies zeigt sich deutlich, wenn man die bereits zitierten Passagen[413] von Zachariä und Mittermaier als den wichtigsten Vordenkern des reformierten Strafprozess[414] in deren größeren ideengeschichtlichen bzw. strafprozessualen Kontext stellt.

Für Zachariä ergibt sich dies, wenn man auf die ebenfalls von diesem verfassten Werke zum deutschen Staats- und Bundesrecht schaut.

Im ersten Teil dieser Darstellung findet sich ein eigener Abschnitt zum Zweck des Staates, in welchem Zachariä in der damals zeitgenössischen Diskussion im Wesentlichen drei Ansichten zum Staatszweck unterscheidet: Zum einen werde der Staat als „Anstalt zur Sicherung des Rechts (Zwangs-Anstalt)" angesehen, also als Institution zum „Schutz der angeborenen und erworbenen Rechte". Diese Tradition sieht er bei Kant mustergültig ausgearbeitet. Sodann gebe es eine zweite Ansicht, welche im Staat die „Verwirklichung des Sittengesetzes" sehe und diesen insofern zur „Erziehungs-Anstalt" mache. Eine dritte schließlich sehe den Staat als „Anstalt zur Beförderung der Wohlfahrt Aller" und mache ihn damit zu einer „Versorgungs-Anstalt".[415] Es wird deutlich, dass Zachariä damit nicht nur den wesentlichen Diskussionsstand in der Mitte des 19. Jahrhunderts richtig

---

411 Ignor, JURA 1994, S. 238, 239.

412 Ignor, JURA 1994, S. 238, 241.

413 Ignor, JURA 94, 238, 239 ff.; Niemöller/Schuppert, AöR 107 (1982), 389, 394 f.

414 Rüping/Jerouschek, S. 107.

415 Zachariä, S. 46 f. m.w.N.

wiedergibt, sondern insbesondere auch diejenigen Positionen benennt, welche in den vorangegangenen Abschnitten dargelegt wurden: Die Idee des Liberalismus, die auf Hegel zurückgehende Überhöhung des Staates und die Ersetzung des liberalen Rechts- und Freiheitsdenkens durch Ideen von sozialer Gerechtigkeit.

Entscheidend ist nun, wie Zachariä diese Ansätze bewertet. Zunächst führt er zwar aus, dass allen diesen Theorien ein wahrer Gedanke zugrunde liege, sie alle jedoch in zu hohem Maße verallgemeinernd oder beschränkend seien. Dann jedoch wird deutlich, wie er die Ansätze im Einzelnen einschätzt: Den kantischen hält er nur dann für zu eng, wenn der Begriff des Rechts zu eng gefasst werde; beziehe man diesen jedoch auf alles, was zum Schutze der äußeren Verhältnisse des menschlichen Zusammenlebens notwendig sei, so sei diese Staatszwecklehre richtig. Die Idee, dass der Staat das Sittengesetz zu befördern habe, führe indes – und hier sieht Zachariä die Gefahr des Totalitären in derartigen Ansätzen – zu rechtlich nicht mehr begrenzbaren Kompetenzen des Staates, in welchem der ganze Mensch am Ende „verschlungen“ werde. Die Idee des Wohlfahrtsstaates schließlich hält er für die „gefährlichste von Allen“, da diese die sittliche und rechtliche Grundlage des Staates völlig zerstöre und zu einer Despotie des Strebens nach Gemeinwohl führen könne[416]. Auch sei sie auf Unmögliches gerichtet. Zachariä steht also ganz in der Tradition des liberalen Staatsdenkens.

Und gerade in dieser Tradition des liberalen Staatsdenkens bezeichnet er den liberalen Rechtsstaat als „Zwangsanstalt“, da dieser die angeborenen und erworbenen Rechte schützen müsse. Schon diese Terminologie macht deutlich, dass Zachariä die freiheitsbeschränkenden Tätigkeiten des liberalen Staates, welche sich als zwangsweise Eingriffe in Bürgerrechte darstellen, für notwendig hält, um den Staatszweck „Sicherung der erworbenen und angeborenen Rechte“ überhaupt verwirklichen zu können. Dieses Verhältnis der Freiheitssicherung durch Freiheitsbeschränkung erscheint ihm dabei in der Tradition des liberalen Staatsdenkens so selbstverständlich, dass er es nicht einmal mehr im Einzelnen erläutert, sondern schlicht durch die Begrifflichkeit klarmacht, die einer Erläuterung nicht bedürftig erscheint.

Und es ist dieser Kontext, in welchem er im Rechtsbruch nicht mehr nur einen Angriff auf das Individuum, sondern einen Eingriff in das „organisches Leben“ des Staates sieht, und zwar als Ausdruck des Selbstverständnis des wahren Rechtsstaates.

Der reformierte Strafprozess steht bei Zachariä also in der Tradition des liberalen Rechtsstaates als Rechtsgaranten und damit in der Tradition des

416 Zachariä, S. 47 f.

Staatszwecks Sicherheit. Entsprechend sieht er in dem abgelehnten Inquisitionsprozess auch ein Pendant zur von ihm ebenfalls abgelehnten unbeschränkten Monarchie, da in dieser allein dem Monarchen Schutz gegen Unrecht garantiert sei.[417] Die Frontstellung ist also nicht Freiheit gegen Sicherheit, sondern beschränkte Sicherheit (nur gegen Dritte) versus vollständige Sicherheit (gegen Dritte und den Staat).

Dass diese Gedanken auch unmittelbar für die Ideen des reformierten Strafprozesses fruchtbar gemacht wurden, zeigt sich dann umso deutlicher bei Mittermaier.

In dessen Werk über „Die Gesetzgebung und Rechtsübung über Strafverfahren" benennt dieser lediglich vier allgemeine Grundsätze, auf welchen die Gesetzgebung über Strafverfahren und deren Durchführung beruhen müsse. Drei davon sind die elementaren Kernforderungen des reformierten Strafprozesses, nämlich der Grundsatz der Gleichheit der Befugnisse des Angeklagten und des Anklägers, der Grundsatz der Unmittelbarkeit bzw. Mündlichkeit sowie der Grundsatz der Öffentlichkeit. Der vierte gleichrangige Grundsatz ist dann der „Grundsatz der Thätigkeit der bürgerlichen Gesellschaft von Amts wegen zur Ausermittlung geübter Verbrechen im öffentlichen Interesse. Bedeutung des Satzes, dass in Strafsachen kein Verzicht zulässig ist."[418].

Der reformierte Strafprozess dient also nicht etwa dazu, allein Beschuldigtenrechte gegen das Interesse des Staates bzw. der Öffentlichkeit an wirksamer Strafverfolgung zur Aufrechterhaltung der Sicherheit zu stellen, sondern *auch und gerade* der reformierte Strafprozess dient *auch* dem Zwecke, effektive Strafverfolgung zu ermöglichen.

Dass dies dann auch in der Strafprozessrechtsdogmatik nach Umsetzung der wesentlichen Ideen des reformierten Strafprozesses mit der Reichsstrafprozessordnung von 1877[419] so gesehen wurde, zeigt ein Blick in das „Handbuch des Strafprozesses" von Julius Glaser von 1883. Dort heißt es lapidar: „Da ist nun allerseits anerkannt, dass das moderne Strafrecht auf dem Gedanken beruht, dass die Verfolgung der strafbaren Handlungen Recht und Pflicht der Staatsgewalt sei"[420]. Bemerkenswert ist hieran neben dem ausdrücklichen Erwähnen des Wortes Pflicht, dass Glaser dies als allgemeine Ansicht darstellt. Ebenso allgemein anerkannt sei weiter, dass der heutige Strafprozess „auf der Sonderung der staatlichen Aufgabe der Strafverfolgung von dem Richteramt" beruhe, „welches

417 Rüping/Jerouschek, S. 107.

418 Mittermaier, §§18–21.

419 Rüping/Jerouschek, S. 107.

420 Glaser, S.218.

letztere zwar ebenfalls eine staatliche Aufgabe erfüllt, aber nur mehr ein mittelbares Attribut der Staatsgewalt darstellt“ [421]. In diesen wenigen Sätzen hat Glaser das eigentlich Neue am reformierten Strafprozess im Verhältnis zum Gedanken einer effektiven Strafverfolgung – welche die Pflicht des Staates zu strafen ja voraussetzt – klar dargestellt: Neu ist nicht etwa, dass der Gedanke der Pflicht des Staates zur effektiven Strafverfolgung aufgegeben oder auch nur beschnitten worden wäre; neu ist allein, dass man diese Aufgabe organisatorisch von der Aufgabe des Richters getrennt hat – indem man sie nämlich der Staatsanwaltschaft zugewiesen hat.

Dass auch die Ausweitung von Beschuldigtenrechten sowie die Verbesserung der Stellung des Angeklagten im Verfahren als wesentliche Reformanliegen des reformierten Strafprozesses nicht als Gegenbewegung gegen Effektivität und Sicherheit gemeint waren, zeigt sich in dem Handbuch Glasers an anderer Stelle. Dort heißt es:

> „Aber auch die Ueberspannung des Formenwesens kann einen Punkt erreichen, wo die Verkehrung des richtigen Verhältnisses von Zweck und Mittel offenbar wird; es muss das Rechtsgefühl verletzen, wenn es unzweifelhaft wird, dass nicht blos gelegentlich und unter Umständen, die sich so wenig wiederholen als sie leicht vorhergesehen oder gar herbeigeführt werden können, die Zwecke des Prozesses durch die Formen beeinträchtigt werden, welche deren Erreichung sichern sollen“.[422]

In der erläuternden Fußnote findet sich dann der Satz: „Es ist dies eine der widerspruchsvollsten Fragen des modernen Strafprozesses.“[423] Hier wird zweierlei deutlich: Zum einen sollen auch die so bezeichneten Formen, womit im Wesentlichen auch die Beschuldigtenrechte gemeint sind, den Zweck des Prozesses letztlich sichern und nicht beeinträchtigen; dahinter steht die Kritik der Reformbewegung am Inquisitionsprozess, dieser berge gerade wegen fehlender Beschuldigtenrechte die Gefahr der Fehlentscheidung in sich. Zum anderen wird aber deutlich gesehen, dass ein zu starkes Ausschwingen des Pendels auf die Gegenseite am Ende das gleiche Ergebnis bringen kann, nur unter umgekehrten Vorzeichen.

Es ist also exakt der Ansatz von John Locke, der auch in der deutschen Tradition fortlebt und das deutsche Strafprozessrecht mitgeprägt hat. Als Kronzeuge gegen das Gebot einer effektiven Strafverfolgung kann der reformierte Strafprozess mithin keinesfalls bemüht werden.

---

421 Glaser, S.218.
422 Glaser, S.216.
423 Glaser, S.216.

7.4.2.4 Der Staatszweck Sicherheit und das Grundgesetz

Dass der Staat auch und gerade deshalb existiert, um die Sicherheit seiner Bürger zu gewährleisten, ist schließlich ein Gedanke, welcher auch dem Grundgesetz nicht fremd ist. Freilich findet er sich expressis verbis im Grundgesetz nicht. Dies hat jedoch keine inhaltlichen, sondern historische Gründe: Das Grundgesetz ist entstanden in Anbetracht eines Staates, der nicht nur den Staatszweck Sicherheit nicht gewährleistet hat, sondern in so eklatanter und nie dagewesener Weise zum Feind von Freiheit und Sicherheit geworden ist, dass bei der Entstehung des Grundgesetzes der Gedanke der Sicherung der Freiheit gegen den Staat verständlicherweise ganz dominierend war.

Dass der Staat indes auch die Sicherheit seiner Bürger gegen Dritte gewährleisten muss, wurde von den Verfassern des Grundgesetzes schlicht vorausgesetzt. Dies ergibt sich daraus, dass die Existenz einer Strafrechtspflege, welche diesem Zweck dient, an keiner Stelle ausdrücklich legitimiert, jedoch in Art. 74 Abs. 1 Nr. 1 GG, welcher die dazugehörige Gesetzgebungskompetenz regelt, selbstverständlich angenommen wird. Auch das Grundgesetz geht daher konkludent von einem Staatszweck Sicherheit aus.

7.4.3 Der Staatszweck Sicherheit in der weiteren angelsächsischen Tradition

Dass gerade der liberale Rechtsstaat den Zweck hat, die Sicherheit im Sinne der Sicherung von Freiheitsrechten gegen Dritte zu gewährleisten, ist eine Erkenntnis, welche auch in der weiteren angelsächsischen Diskussion erhalten blieb, und dies – anders als in Deutschland – ganz selbstverständlich bis in die Gegenwart hinein.

Dies zeigt sich etwa bei einem Blick auf die berühmte Schrift von John Stuart Mill „On Liberty". In dieser befasst Mill sich im Wesentlichen mit der Frage, was der liberale Rechtsstaat alles unter Strafe stellen darf und beschränkt dieses zumindest dem Grunde nach auf dasjenige, wodurch anderen Schaden zugefügt wird – worin Saliger überzeugend gegen alle Kritik an dem Konzept Mills eines der Grundelemente einer liberalen Strafrechtslehre verwirklicht sieht. [424]

Gerade im Zusammenhang mit diesem als harm-principle bezeichneten Prinzip ist es für Mill indes selbstverständlich, und zwar so selbstverständlich, dass es keiner weiteren Begründung bedarf, dass derartige Schädigungen – und

424 Saliger, Rechtsstaat, S. 195 ff.

zwar als einziger Grund – dann Freiheitseinschränkungen zulasten und gegen den Willen des Schädigers rechtfertigen. Mill führt insoweit aus:

> „Der einzige Zweck, der Menschen berechtigen kann, einzeln oder vereint, die Freiheit anderer zu beeinträchtigen, (ist) der Selbstschutz (...); das einzige Ziel, um dessentwillen rechtmäßig Macht über irgendein Mitglied der menschlichen Gesellschaft gegen dessen willen ausgeübt werden kann, das ist, Schaden für andere zu verhüten".[425]

Entsprechend fasst Mill vor dem Aufzeigen der „Nutzanwendungen" seiner Theorie den Grundansatz zur Frage des Erlaubtseins staatlicher Freiheitseingriffe so zusammen, dass „Handlungen, die den Interessen anderer nachteilig sind, (...) gesellschaftlicher oder gesetzlicher Ahndung" unterliegen.[426]

Noch deutlicher herausgearbeitet hat den Zusammenhang zwischen Freiheitsbeschränkung und damit auch Strafverfolgung und Strafe sowie Freiheitsschutz der englische Jurist und Ökonom Friedrich August Hayek. Dieser führt – unter ausdrücklicher Bezugnahme auf John Locke – aus, dass wir unsere Freiheit den Schranken der Freiheit zu verdanken haben.[427] Hier wird ganz klar erkannt, was in der deutschen Diskussion zeitweilig ganz verloren war und auch heute in dieser Schärfe nicht immer gesehen wird: Dass wir *allein* deshalb Freiheit faktisch haben und leben können, *weil* es mit dem strafenden (sowie gefahrenabwehrenden) Staat eine Institution gibt, die *durch* die Ausübung freiheitsbeschränkender Gewalt diese Freiheit überhaupt erst möglich macht.

7.4.4 Effektive Strafverfolgung als aktiver Grundrechtsschutz

Übersetzt man diesen lockeschen Ansatz in moderne juristische Dogmatik und bezieht ihn auf das Gebot der effektiven Strafverfolgung als einen von zwei Aspekten in der Erfüllung der Staatsaufgabe der Sicherung von Naturrechten – wobei die Ausführungen für die andere Seite der Erfüllung dieser Staatsaufgabe, nämlich dem Recht der Gefahrenabwehr, dann in gleicher Weise zu gelten haben – so ergibt sich Folgendes: Effektive Strafverfolgung ist in dieser Konzeption nicht eine dauernde Gefährdung von Grundrechten, sondern eine zwingend erforderliche Staatstätigkeit zum Grundrechtsschutz. Effektive Strafverfolgung bedroht die Freiheit nicht, sondern sie sichert diese oder noch drastischer: Effektive Strafverfolgung macht Freiheit überhaupt erst faktisch möglich. Effektive Strafverfolgung ist – mit anderen Worten – nichts anderes als aktiver Grundrechtsschutz.

---

425 Mill, S. 131.
426 Mill, S. 237.
427 von Hayek, S. 471.

In der Rechtsprechung, welche das Gebot der effektiven Strafverfolgung, wie dargetan, anders verortet, blitzt dieser Gedanke nur selten auf. Er ist jedoch auch in der Rechtsprechung nicht gänzlich unbekannt. In der bereits zitierten Entscheidung des Bundesverfassungsgerichts vom 20. Oktober 1977, welche Fragen im Zusammenhang mit der Freipressung von Gefangenen zum Gegenstand hatte, ist, wie bereits dargelegt, von der „Pflicht des Staates" die Rede, „die Sicherheit seiner Bürger (...) zu schützen". Hier wird deutlich, dass auch die Rechtsprechung zumindest dem Grunde nach, wenn auch nicht in der gesamten Tragweite, sieht, dass es beim Gebot der effektiven Strafverfolgung um den Staatszweck Sicherheit geht, und das bedeutet im freiheitlich verfassten Rechtsstaat eben nichts anderes als um aktiven Grundrechtsschutz.

7.4.5 Effektive Strafverfolgung als primäre Aufgabe des Rechtsstaats

Da effektive Strafverfolgung Freiheit faktisch überhaupt erst möglich macht, die faktische Ermöglichung von Freiheit durch Sicherung der Freiheitsrechte indes der nach liberaler Lesart alleinige, nach jeder sinnvollen Staatstheorie aber jedenfalls ein zentraler Staatszweck und damit die ureigene Aufgabe des Staates ist, stellt sich in dieser Konzeption effektive Strafverfolgung als Ausdruck der ureigensten Aufgabe staatlicher Tätigkeit selbst dar. Da es bei dieser staatlichen Tätigkeit um die Sicherung von Freiheitsrechten geht, erweist sich effektive Strafverfolgung damit als die primäre Aufgabe des Rechtsstaats.

Dass gerade für den Rechtsstaat effektive Strafverfolgung eine zentrale Aufgabe ist, hat dabei auch der Gesetzgeber erkannt und formuliert. So heißt es in der Begründung des „Entwurf eines Gesetzes zur Umsetzung des Urteils des Bundesverfassungsgerichts vom 3. März 2004 (akustische Wohnraumüberwachung)" vom 15. Dezember 2004:

> „Der Rechtsstaat kann indessen nur verwirklicht werden, wenn sichergestellt ist, dass Straftäter im Rahmen der geltenden Gesetze abgeurteilt und einer gerechten Bestrafung zugeführt werden. Das Bundesverfassungsgericht hat deshalb wiederholt die unabweisbaren Bedürfnisse einer wirksamen Strafverfolgung und Verbrechensbekämpfung und die wirksame Aufklärung gerade schwerer Straftaten als einen wesentlichen Auftrag eines rechtsstaatlichen Gemeinwesens betont (vgl. BVerfGE 29, 183, 194; 33, 367, 383; 77, 65, 76; 80, 367, 375; 100, 313, 389; 107, 299, 316)."[428]

Dies lässt deutlich erkennen, dass der Gesetzgeber hier den Zusammenhang des von der Rechtsprechung als Verfahrensprinzip anerkannten Gebots der effektiven Strafverfolgung nicht nur für jeden wie auch immer verfassten Staat,

428 BT-Drucksache 15/4533, S. 10.

sondern gerade für den Rechtsstaat erkannt hat. Denn es wird ausdrücklich formuliert, dass sich dieser, also der Rechtsstaat, nur verwirklichen könne, wenn Gesetze befolgt und Übertretungen auch abgeurteilt werden können. Im Kern ist damit nichts anderes gemeint als effektive Strafverfolgung als primäre Aufgabe des Rechtsstaats.

7.4.6 Effektive Strafverfolgung und Legitimation des Staates

Die Sicherung der Freiheitsrechte gegen Dritte und damit die faktische Ermöglichung von Freiheit erweist sich in dieser Konzeption dabei als die *eigentliche* Legitimation des Staates. Der Staat wird eben allein deshalb gegründet, um Freiheitsrechte gegen Übergriffe Dritter zu sichern und damit Freiheit überhaupt erst lebbar zu machen. Dies allein ist der Zweck, der die Menschen zur Aufgabe des Naturzustandes bringt.

Ist aber die Sicherung der Freiheitsrechte gegen Dritte der eigentliche Legitimationsgrund des Staates und ist dazu auch effektive Strafverfolgung nötig, so erweist sich diese als entscheidend für die Legitimation des Staates selbst. Leistet der Staat effektive Strafverfolgung und damit zwangsläufig effektive Freiheitssicherung gegen Dritte nicht, so verliert er seine Legitimation.

Auch dieser Gedanke steht für die Rechtsprechung nicht im Vordergrund, findet sich jedoch in einer Entscheidung des Bundesverfassungsgerichts vom 1. August 1978. Dort heißt es dazu:

> „Die Sicherheit des Staates als verfasster Friedens- und Ordnungsmacht und die von ihm zu gewährleistende Sicherheit seiner Bevölkerung sind Verfassungswerte, die mit anderen in gleichem Rang stehen und unverzichtbar sind, weil die Institution Staat von ihnen die eigentliche und letzte Rechtfertigung herleitet.“ [429]

Zusammenfassend lässt sich also Folgendes ableiten: Die Sicherung von Freiheitsrechten gegen Dritte und damit die faktische Ermöglichung von Freiheit ist primärer Zweck des Staates. Ohne effektive Strafverfolgung ist dieser Zweck schlechterdings unerreichbar. Effektive Strafverfolgung erweist sich damit nicht einfach nur als notwendig oder gar als notwendiges Übel, sondern sie erweist sich als aktiver Grundrechtsschutz, als primäre Aufgabe des Rechtsstaats und als zentral für die Legitimation des Staates selbst. Gerade der liberale Rechtsstaat findet seine Legitimation also auch in effektiver Strafverfolgung.

---

429 BVerfGE 49, 24, 56 f.

7.4.7 Zur Rechtfertigung dieses Konzeptes: Der unverstellte Blick auf die Realität von Straftaten

Dass allein dieses Verständnis der Bedeutung effektiver Strafverfolgung für die Legitimation des Staates richtig ist, erweist sich jenseits aller philosophischer Konzepte und aller juristischer Dogmatik dann, wenn man ohne Obrigkeitsallergie und Staatsabwehrdoktrin auf die Realität von Straftaten, Opfern und Strafverfolgung blickt.

Zumindest die Normen des Kernstrafrechts des StGB schützen im Wesentlichen diejenigen Rechte, welche auch in den Grund- und Menschenrechten niedergelegt sind. So schützen etwa die §§ 211, 212 StGB das Leben, die §§ 223 ff. StGB die körperliche Unversehrtheit, § 240 StGB die allgemeine Handlungsfreiheit und die §§ 242 ff. StGB das Eigentum. All diese Schutzgüter finden ihre Entsprechungen in Grundrechtsartikeln, etwa Art. 2 Abs. 1 GG, der Normierung der allgemeinen Handlungsfreiheit, Art. 2 Abs. 2 GG, des Rechts auf Leben und körperliche Unversehrtheit, oder Art. 12 und 14 GG, der Berufsfreiheit und des Eigentums.

Welchen Wert aber sollen die allgemeine Handlungsfreiheit, die körperliche Unversehrtheit und auch die sexuelle Selbstbestimmung für Zwangsprostituierte haben? Welchen Wert hat das Recht auf Eigentum für Einbruchsopfer? Welchen Wert hat das Recht auf ungestörte Berufsausübung für den Gastwirt, der Schutzgeld zahlen muss? Jedes dieser Rechte wird ausgehöhlt oder ganz aufgehoben durch Straftaten, und je schwerer die Straftat wiegt, desto weniger bleibt von dem Recht übrig. Diese Rechte sind mithin das Papier nicht wert, auf dem sie stehen, wenn Straftäter, die sie ignorieren, ungestört agieren können. Allein dadurch, dass solchen Straftätern Einhalt geboten wird – was ohne effektive Strafverfolgung schlechterdings unmöglich wäre – werden diese Rechte überhaupt erst faktisch lebbar, wird Freiheit also überhaupt erst faktisch möglich. Erst durch effektive Strafverfolgung erlangen diese Rechte also überhaupt irgendeine praktische Relevanz und damit erst durch effektive Strafverfolgung überhaupt irgendeinen realen Sinn. Jedes Reden von Freiheit wird zur Sonntagsrede und zu blankem Zynismus für die Opfer, wenn zugleich effektive Strafverfolgung unmöglich gemacht und die Opfer damit schutzlos gestellt werden. Ob effektive Strafverfolgung effektiver Grundrechtsschutz oder Grundrechtsbedrohung ist, mag daher in der Wissenschaft streitig gewesen sein; für den Zahler von Schutzgeld oder die Zwangsprostituierte war es das nie.

Ebenso selbstverständlich ergibt sich bei einem unverstellten Blick auf die Lebenswirklichkeit, dass ein Staat, der diesen Schutz nicht leistet, sondern der die Opfer von Straftaten allein lässt – und das tut jeder Staat, der effektive

Strafverfolgung aufgibt, aus welchem Grund auch immer – seine Legitimation verliert. Welchen Sinn soll ein Staat – und sei er noch so fein austariert im Sinne einer hoch entwickelten Grundrechtsdogmatik – haben für denjenigen, der sich schutzlos Angriffen auf seine Rechtsgüter ausgesetzt sieht? Was hat – um bei dem Beispiel zu bleiben – die Zwangsprostituierte davon, in einem Staat zu leben, der ihr theoretisch einen ganzen Strauß an Rechten, Möglichkeiten und Beteiligungsformen eröffnet und ihr faktisch jede Teilnahme und jede Rechtsausübung verwehrt? Denn ohne Sicherheit als Sicherung der elementaren Rechte gegen Dritte hat kein staatlich gewährleistetes Recht irgendeine faktische Relevanz.

7.4.8 Staatslegitimation und Grundrechte als Abwehrrechte

Vor dem Hintergrund dieses durch den unverstellten Blick auf die Lebenswirklichkeit legitimierten Konzepts lässt sich dann auch mit einem weit verbreiteten Missverständnis über das Verhältnis von Grundrechten als Abwehrrechten und der Legitimation des Staates aufräumen.

Sowohl in der deutschen Rechtspraxis und Rechtswissenschaft als auch im öffentlichen Diskurs wird – wenn auch oft unreflektiert – ein Verständnis vorausgesetzt, wonach der Staat seine Legitimation durch Grundrechte als Abwehrrechte überhaupt erst erhalte. Bei dieser Konzeption gewinnt der Staat seine Legitimation also dadurch, dass er in Grundrechte der Bürger nicht eingreifen darf und faktisch nicht eingreift.

Dieses Verständnis beruht indes auf einem ebenso elementaren wie folgenschweren Missverständnis. Seine Legitimation *gewinnt* der Staat nämlich – wie sich aus der Philosophie von John Locke richtig verstanden und richtigerweise ergibt – alleine dadurch, dass er Freiheitsrechte effektiv gegen Dritte sichert. Die Funktion der Grundrechte als Abwehrrechte für die Legitimation des Staates ist eine andere. Sie besteht darin, dass der Staat seine allein durch effektive Sicherung von Freiheit gegen Dritte entstandene Legitimation wieder *verliert*, wenn er selbst zum Rechtsverletzer wird. Und dieses – diesen Legitimationsverlust – wollen Grundrechte als Abwehrrechte verhindern. Für den Legitimationsgewinn des Staates sind sie insofern bedeutungslos; Relevanz – und dann freilich alles entscheidende Relevanz – haben sie im Blick auf die Verhinderung eines Legitimationsverlustes.

Anders formuliert: Der Staat *erhält keine* Legitimation dadurch, dass er nicht in Grundrechte eingreift. Legitimation *erhalten* kann der Staat *alleine* dadurch, dass er die Freiheit seiner Bürger effektiv gegen Dritte schützt. Er *verliert* diese Legitimation indes, wenn er stattdessen selbst zum Rechtsbrecher wird. Dem Staat kann mithin auf *doppelte* Art Legitimation fehlen: Er kann seine Legitimation *einbüßen*, indem er, statt Rechtsgarant zu sein, selbst zum Rechtsverletzer wird. Er kann aber auch seine Legitimation dadurch einbüßen bzw. *gar nicht erst erlangen*, dass er seine eigentliche Aufgabe, nämlich den effektiven Freiheitsschutz gegen Übergriffe Dritter, nicht wahrnimmt.

Wird dies – was in der rechtswissenschaftlichen und der politischen Diskussion in der Bundesrepublik Deutschland leider allzu häufig geschieht[430] – falsch verstanden und irrtümlich der Legitimationsgewinn mit dem Legitimationsverlust verwechselt, so führt dies zu dramatischen, das gesamte System bedrohenden Folgen:

> „Man glaubt, man schütze den Bürger vor dem Staat. In Wirklichkeit schützt man lediglich Straftäter vor der Polizei.
>
> Die Gefährdung von Freiheit geht in modernen Rechtsstaaten nicht mehr vorrangig vom Staat aus. Freiheitsbedrohungen sind vielmehr meist das Ergebnis von nicht selten organisierten Straftätern. Daraus sowie aus dem entwickelten Gedankengang muss folgen, dass in Rechtsprechung und Lehre sowie bei der Gesetzgebung wieder begriffen werden muss, dass die Strafverfolgungsbehörden dann, wenn sie wie in Deutschland rechtsstaatlich arbeiten, keine Freiheitsbedrohung sind, sondern Freiheitsgarant.“[431]

7.4.9 Freiheit, Sicherheit und Effektivität

Von diesem Ausgangspunkt her lässt sich sodann ein weiterer, in der Diskussion um die Effektivität der Strafverfolgung als Rechtsinstitut oft anzutreffender Irrtum abwehren und eine Frage zwanglos klären, die in der Diskussion ebenfalls eine Rolle spielte.

Als antiliberal lässt sich zunächst die Ansicht kennzeichnen, Freiheit und Sicherheit seien Gegensätze und das eine nur auf Kosten des anderen realisierbar. Liberalismus bedeutet nicht Freiheit gegen Sicherheit, antiliberal ist nicht Sicherheit gegen Freiheit, sondern Liberalismus bedeutet Freiheit *durch* Sicherheit. Von Schmalz hat es bereits 1804 richtig getroffen: Freiheit ist nichts anderes als die Sicherheit unserer Rechte. Daran hat sich bis heute nichts geändert.

Von diesem Ansatz her erweist sich dann auch die Diskussion um die Frage, ob Effektivität der Strafverfolgung ein Wert an sich ist oder diese nur im Zusammenhang mit rechtsstaatlichen, justizförmigen Verfahren gesehen werden darf, als Scheinproblem. Effektivität der Strafverfolgung im liberalen Rechtsstaat ist immer Sicherung unserer Rechte, also Sicherheit der Freiheitsrechte. Anders formuliert: Im liberalen Rechtsstaat ist Effektivität bei der Erreichung

---

430 Nowrousian, Kriminalistik 2013, 191 ff. m.w.N.
431 Nowrousian, Kriminalistik 2013, 191, 193.

von Sicherheit zwangsläufig auf dasjenige bezogen, was gesichert werden soll, nämlich Freiheitsrechte.

7.4.10 Schlussfolgerung I: Stellung des Gebotes der effektiven Strafverfolgung in der Strafprozessrechtsdogmatik

Für die Strafprozessrechtsdogmatik folgt daraus, dass es – wie von der Rechtsprechung richtig angenommen – einen Verfahrensgrundsatz des Gebots der effektiven Strafverfolgung gibt. Dieser steht gleichrangig neben den übrigen Verfahrensgrundsätzen wie etwa dem Grundsatz auf ein faires Verfahren, dem Grundsatz auf rechtliches Gehör oder dem Grundsatz der Möglichkeit effektiver Verteidigung. Er richtet sich an den Gesetzgeber ebenso wie an die Justiz- und Innenressorts und an den Rechtsanwender; an den Gesetzgeber insoweit, als er ein Strafprozessrecht schaffen muss, das effektive Strafverfolgung ermöglicht, an den Haushaltsgesetzgeber sowie die Justiz- und Innenressorts insoweit, als sie die Justiz und die Polizei mit sachlichen und personellen Mitteln ausstatten müssen, die eine effektive Strafverfolgung auch in der Umsetzung gestatten, schließlich an den Rechtsanwender insoweit, als er das Gebot der effektiven Strafverfolgung dort, wo es keine zwingenden gesetzlichen Vorgaben gibt, bei der Auslegung und Abwägung mitzuberücksichtigen hat.

Diese Berücksichtigung des Gebotes der effektiven Strafverfolgung hat systematisch zu erfolgen. Darin liegt die erste über die auch von der Rechtsprechung und der herrschenden Lehre angenommenen Folgen eines Prinzips der effektiven Strafverfolgung hinausgehende Konsequenz. Gemeint ist damit, dass das Gebot der effektiven Strafverfolgung bei *allen* Auslegungsfragen ebenso selbstverständlich mitgedacht werden muss wie etwa der Grundsatz des fairen Verfahrens oder der Grundsatz rechtlichen Gehörs. Dies wird soweit ersichtlich auch von der zustimmenden herrschenden Lehre nicht konsequent gefordert und von der Rechtsprechung nicht konsequent umgesetzt. Gerade die erste Entscheidung des 4. Strafsenats zu legendierten Kontrollen ist dafür ein beredtes Beispiel: An den Gedanken, dass legendierte Kontrollen für eine effektive Strafverfolgung notwendig sein könnten, denkt der Senat ersichtlich nicht. Er geht lediglich mögliche Verfahrensgrundsätze durch, welche dem Beschuldigtenschutz dienen. Eine solche Rechtsanwendung erweist sich im Blick auf die Bedeutung des Gebots der effektiven Strafverfolgung sowohl im staatsrechtlichen als auch im strafprozessrechtlichen Sinne schlicht als rechtsfehlerhaft – sie ist nicht weniger rechtsfehlerhaft, als es etwa eine schlichte Übergehung des Grundsatzes des rechtlichen Gehörs wäre.

Dies verlangt in Teilen ein Umdenken in Literatur und Praxis. Es ist eben *stets* die Frage zu stellen, warum Ermittlungsbehörden in einer bestimmten Art vorgegangen sind und inwieweit die gewählte Taktik – da womöglich ermittlungstaktisch notwendig – rechtliche Qualität erlangen kann. Dass damit nicht gemeint ist, dass jede Art der Ermittlungstaktik notwendig ist, ist dabei ebenso selbstverständlich, wie dass sich nicht jede ermittlungstaktische Notwendigkeit im Abwägungs- und Auslegungsprozess durchsetzen wird. Ein solcher Prozess kann aber überhaupt nur rechtsfehlerfrei erfolgen, wenn alle relevanten Aspekte berücksichtigt werden, und dazu gehört die Frage nach einer ermittlungstaktischen Notwendigkeit und daraus möglichen Folgerungen im Blick auf das Gebot der effektiven Strafverfolgung eben in gleicher Weise wie zentrale Beschuldigtenrechte.

Es ist insoweit in der Anwendung auch nicht falsch, das Gebot der effektiven Strafverfolgung als Widerlager gegen Beschuldigtenrechte zu sehen, da sich in den konkreten Fallgestaltungen dieses häufig als Gegenpart zu möglichen Beschuldigtenrechten darstellen wird. So liegt es ja auch bei den legendierten Kontrollen.

7.4.11 Schlussfolgerung II: Inhalt des Gebotes der effektiven Strafverfolgung in der Strafprozessrechtsdogmatik

Aus hiesigem Ansatz folgt indes noch ein Weiteres, was über die Verwendung in der Lehre und Rechtsprechung hinausgeht: Hinter dem Gebot der effektiven Strafverfolgung stehen nämlich nicht etwa bloß die Sphäre der Strafverfolgungsbehörden oder den Staat betreffende Zweckmäßigkeitserwägungen, und auch nicht nur ein abstraktes Prinzip materieller Gerechtigkeit, sondern hinter dem Gebot der effektiven Strafverfolgung stehen genauso Freiheitsrechte – nur solche von Opfern – wie hinter den Beschuldigtenrechten. Für die zu treffende Entscheidung etwa im Falle einer Abwägung oder einer Auslegung hat dies weitreichende Konsequenzen. Jede Beschränkung einer effektiven Strafverfolgung erweist sich insoweit nämlich mittelbar als eine Freiheitsbeschränkung von Opfern bzw. gesetzestreuen Bürgern, weswegen solche Beschränkungen nicht – was schnell geschieht, wenn man deren Folgen nicht erkennt – mit leichter Hand vorgenommen werden dürfen. Bei dem zuvor geforderten systematischen Mitdenken des Gebots der effektiven Strafverfolgung ist mithin auch der Hintergrund mitzudenken, also das Gebot der effektiven Strafverfolgung als aktivem Grundrechts- und Freiheitsschutz, und es ist mitzudenken, dass eine Beschränkung der Strafverfolgung nicht etwa immer ein Gewinn an Freiheit, sondern im Zweifel ein Gewinn für den Beschuldigten zulasten von Geschädigten darstellt.

Jede Rechtssetzung und jede Rechtsanwendung, die entweder das Gebot der effektiven Strafverfolgung gänzlich aus dem Blick verliert oder die es zwar erkennt, jedoch lediglich als eine Art Notwendigkeit des Staates und nicht als ein Sich-Entgegenstehen von Freiheitsrechten von Geschädigten und von Beschuldigten, läuft nämlich insoweit Gefahr, zu einer Art Grundrechtsschutz zulasten Dritter zu werden: Ein Grundrechtsschutz des Beschuldigten zulasten der Geschädigten.

Es geht eben nicht um Staat gegen Freiheit. Es geht um Freiheit gegen Freiheit. Und genau in dieser Frontstellung ist das Gebot der effektiven Strafverfolgung stets als Verfahrensgrundsatz mitzuberücksichtigen.

Geschieht dies nicht, dann ist es nämlich das Gebot der effektiven Strafverfolgung, welches in der Abwägung gegen Beschuldigtenrechte faktisch chancenlos ist: Sieht man nämlich Freiheit nur in Beschuldigtenrechten verwirklicht und bedenkt man dann, dass Freiheit der zentrale Wert des Rechtsstaats ist, so hat allein der Beschuldigte diesen alles überragenden Wert auf seiner Seite, wohingegen effektive Strafverfolgung nur für scheinbar nachrangige Belange streitet. Wer bei der Abwägung einer effektiven Strafverfolgung gegen Beschuldigtenrechte glaubt, er müsse Staat gegen Freiheit abwägen, wird unter den Prämissen liberaler Staatlichkeit eben im Zweifel immer den Beschuldigtenrechten den Vorzug geben. Nur wenn erkannt wird, dass man Freiheit gegen Freiheit abwägt, hat die effektive Strafverfolgung in diesem Prozess überhaupt eine Chance. Anders als von Hassemer bemängelt, ist in der bisherigen Sichtweise mithin nicht die effektive Strafverfolgung zu aufgeladen mit verfassungsrechtlichen Hochwertbegriffen, sondern ihr fehlt der Zugriff auf den entscheidenden Wert Freiheit, welcher im Zweifel immer vorgeht und den bisher nur der Beschuldigte für sich reklamieren kann. Daher ist es dringlich geboten, diese Verzerrung aufzugeben.

7.4.12 Schlussfolgerung III: Der unverfügbare Kern des aktiven Grundrechtsschutzes – das Gebot der effektiven Strafverfolgung im Verhältnis zu anderen Grundsätzen des Strafprozesses und die Problematik einer notwendigen Rechtfertigung fehlender Verfolgungseffizienz

Aus der freiheitsschützenden und staatslegitimierenden Bedeutung des Gebots der effektiven Strafverfolgung folgt für seine Verwendung sowohl durch den Gesetzgeber als auch durch den Rechtsanwender ein Weiteres: So wie alle zentralen Grundrechte und Beschuldigtenrechte nicht so weit ausgehöhlt werden dürfen, dass von ihnen am Ende faktisch nichts mehr übrig ist, darf auch das Gebot der effektiven Strafverfolgung nicht so weit zurückgedrängt werden, dass vor lauter

Beschuldigtenrechten eine effektive Verbrechensbekämpfung – und sei es auch nur in Teilbereichen der Kriminalität – faktisch ausgeschlossen wird. Auch das Gebot der effektiven Strafverfolgung verfügt also wie Grundrechte über einen unverfügbaren Kern, der sich eben daraus herleitet, dass eine vollständige Aushöhlung auch den aktiven Grundrechtsschutz, den es gewährleistet, verunmöglicht. Dies gilt umso mehr, je schwerer die in Rede stehende Kriminalität ist, da hinter dieser jeweils umso größere Freiheitseingriffe für Geschädigte stehen.

Gemeint ist damit indes natürlich nicht, dass das Gebot der effektiven Strafverfolgung schon verletzt wäre, wenn in einem konkreten Einzelfall die Überführung auch wegen eines gewichtigen Tatvorwurfs aus Rechtsgründen unmöglich wird. Das Gebot der effektiven Strafverfolgung zielt vielmehr – wie andere Verfahrensgrundsätze auch – auf das Gesamtgefüge, hier das der Kompetenzen der Ermittlungsbehörden einerseits und der Beschuldigtenrechte andererseits, welches nicht nur durch den Gesetzgeber, sondern eben auch durch obergerichtliche Rechtsprechung entscheidend geprägt wird, und verlangt, dass dieses Gesamtgefüge nicht so verschoben werden darf, dass in bestimmten Deliktsfeldern eine effektive Strafverfolgung faktisch nicht mehr stattfinden kann.

Vor diesem Hintergrund ist es entgegen der in der Literatur geäußerten Kritik auch zutreffend, dass die Rechtsprechung für Beschränkungen der effektiven Strafverfolgung über die vom Gesetzgeber selbst vorgenommenen und für den Rechtsanwender bindenden Begrenzungen hinaus eine verfassungsrechtliche Rechtfertigung verlangt. Denn gerade weil das Gebot der effektiven Strafverfolgung sich als aktiver Grundrechtsschutz und als unmittelbare Folge des primären Staatszweck und der primären Staatslegitimation darstellt, und weil es insoweit Verfassungsrang hat, kann es auch nur mit solchen Erwägungen beschränkt werden, denen der Art nach gleiches und im konkreten Fall höheres Gewicht zukommt. Und bei einem grundrechtsschützenden Prinzip von Verfassungsrang können dies nur verfassungsrechtliche Erwägungen sein.

Dass die entsprechende Rechtsprechung sogar vom zustimmenden Schrifttum und zwar hier von demjenigen, welches das Gebot der effektiven Strafverfolgung aus grundrechtlichen Schutzpflichten herleitet, abgelehnt wird, zeigt, wie sehr die zentrale freiheitsschützende Bedeutung des Gebots der effektiven Strafverfolgung selbst in der zustimmenden Literatur noch verdeckt ist. Als Grund dafür ist nach Einschätzung des Verfassers der Verlust der Erkenntnis anzusehen, dass das Gebot der effektiven Strafverfolgung nicht eigentlich aus grundrechtlichen Schutzpflichten, sondern aus dem vorgelagerten Gedanken des Staatszwecks Sicherheit als eigentlicher Staatslegitimation stammt. Wird es nämlich allein aus staatlichen Schutzpflichten abgeleitet, welche im gängigen

Gefüge der Grundrechtsdogmatik einen Anspruch des Bürgers bestenfalls auf ermessensfehlerfreie Entscheidung begründen, so rückt man es bereits wieder in die Nähe eines bloß den Staat betreffenden Prinzips, sodass wieder die Gefahr besteht, die falsche Abwägung zwischen Staat und Freiheit anstellen zu wollen. Es geht aber, wie dargetan, um Freiheit gegen Freiheit, weshalb selbstverständlich auch eine Beschränkung der Effektivität der Strafverfolgung nur bei Vorliegen einer verfassungsrechtlichen Rechtfertigung ihrerseits gerechtfertigt sein kann.

Es ist daher richtig und erfreulich, dass sich der Gesetzgeber den kritischen Stimmen im Schrifttum nicht angeschlossen hat, sondern in Übereinstimmung mit obergerichtlicher Rechtsprechung bereits für den Prozess der Rechtsetzung erkannt hat, dass eine Beschneidung der Effektivität der Strafverfolgung einer verfassungsrechtlichen Rechtfertigung bedarf. Im „Entwurf eines Gesetzes zur Neuregelung der Telekommunikationsüberwachung und anderer verdeckter Ermittlungsmaßnahmen sowie zur Umsetzung der Richtlinie 2006/24/EG" vom 27. Juni 2007 heißt es dazu:

> „Da die gesetzliche Beschränkung der Ermittlungstätigkeit die Wahrheitserforschung, die ein vorrangiges Ziel des Strafverfahrens darstellt, erheblich beeinträchtigen kann, bedarf mit Blick auf die Gewährleistung einer funktionstüchtigen Strafrechtspflege, ohne die Gerechtigkeit nicht durchgesetzt werden kann (BVerfGE 33, 367, 383; 107, 299, 316), jede solche Beschränkung der sorgfältigen Abwägung und besonderen Legitimation (vgl. BVerfGE 33, 367, 383; BVerfG, 1 BvR 77/96 vom 22. August 2000, NStZ 2001, 43 ff.)."[432]

7.4.13 Schlussfolgerung IV: Zur verfassungsrechtlichen Notwendigkeit der Rückkoppelung von Dogmatik an Praxis

Aus den bisher aufgestellten Forderungen, den freiheitsschützenden Gehalt und den unverfügbaren Kern des Gebots der effektiven Strafverfolgung zu erkennen und dieses jedes Mal mitzudenken, wenn es in der konkreten Entscheidung Relevanz haben könnte mit der Folge, dass zu fragen ist, warum Ermittlungsbehörden so vorgegangen sind, wie sie es in dem zur Entscheidung gestellten Fall getan haben, folgt für die Entwicklung von Dogmatik ebenso wie für die Gesetzgebung indes noch ein Weiteres: Geht man richtigerweise davon aus, das ermittlungstaktische Notwendigkeiten eine rechtliche Qualität haben können und diese daher mitzuberücksichtigen sind, so muss man erkennen, was ermittlungstaktisch notwendig ist und was nicht. Eine solche Erkenntnis setzt Kenntnis der Ermittlungspraxis voraus. Und diese Kenntnis erlangt man allein aus der Praxis

432 BT-Drucksache 16/5846, S. 22.

selbst, entweder durch eigene Erfahrungen oder durch entsprechende Informationen von Praktikern. Das Gebot der effektiven Strafverfolgung verlangt daher als rechtliche Pflicht zwingend, sich bei der Aufstellung von Gesetzen ebenso wie bei der Entwicklung von Dogmatik systematisch mit den Erfordernissen der Praxis zu befassen; es verlangte eine Rückkoppelung der Dogmatik an die Praxis. Auch hier gilt es noch einmal zu betonen: Da praktische Notwendigkeiten eine rechtliche Qualität haben können, ist diese Rückkopplung rechtlich geboten und ist es rechtlich fehlerhaft, eine für die Praxis relevante Entscheidung zu treffen, ohne sich mit den Erfordernissen dieser Praxis befasst zu haben.

Natürlich bedeutet dies, wie bereits dargetan, nicht, dass die Dogmatik ihre kritische Funktion gegenüber der Praxis verlieren soll. Das Ergebnis einer solchen Befassung kann im Einzelfall natürlich sein, dass eine bestimmte Vorgehensweise zwar hilfreich, aber keinesfalls notwendig ist. Das Ergebnis einer rechtlichen Abwägung kann durchaus sein, dass eine bestimmte Vorgehensweise ermittlungstaktisch notwendig ist, aber in bestimmten Fallgestaltungen gleichwohl hinter Beschuldigtenrechten zurückstehen muss. Entscheidend ist jedoch, dass die ermittlungstaktische Notwendigkeit als solche überhaupt erst erkannt wird. Und dafür bedarf es eben der Rückkoppelung an die Praxis.

Dass eine solche Vorgehensweise gerade in ideologisch aufgeladenen Debatten wie solchen um Ermittlungskompetenzen der Strafverfolgungsbehörden im Bereich der technischen Überwachung vieles wieder in ein rechtes Licht rücken und eine sachgerechte Entscheidung überhaupt erst ermöglichen kann, zeigt die Gesetzesbegründung zum bereits zitierten „Entwurf eines Gesetz(es) zur Neuregelung der Telekommunikationsüberwachung und anderer verdeckter Ermittlungsmaßnahmen sowie zur Umsetzung der Richtlinie 2006/24/EG". Dort beruft sich der Gesetzgeber[433] nämlich auf die rechtstatsächliche Untersuchung von Albrecht, Dorsch und Krüpe zur „Rechtswirklichkeit und Effizienz der Überwachung der Telekommunikation nach den §§ 100a, 100b StPO und anderer verdeckter Ermittlungsmaßnahmen" aus dem Jahre 2003, welche nach Auswertung von 523 Ermittlungsverfahren aus dem Jahre 1998 und durch umfangreiche Expertenbefragungen zu dem Ergebnis gekommen sind, dass die Telekommunikationsüberwachung und andere technische Ermittlungsmaßnahmen gerade im Bereich schwer ermittelbarer Kriminalität wichtig, erfolgreich

433 BT-Drucksache 16/5846, S. 23.

und unverzichtbar seien.[434] Dies ist für den Gesetzgeber zu Recht ein gewichtiges Argument, um entsprechende Kompetenzen abzustecken.[435]

Eine solche Vorgehensweise, ein solches genaues Zuhören auf die Erfordernisse der Praxis, ist nicht nur wünschenswert, sondern es ist von Verfassung wegen geboten, dass dies zur Selbstverständlichkeit von Rechtsetzung und Rechtsanwendung wird.

7.4.14 Ergebnis: Begründung, Bedeutung und Folgerungen aus dem Gebot der effektiven Strafverfolgung

Das Gebot der effektiven Strafverfolgung folgt unmittelbar aus dem Staatszweck Sicherheit.

Der Staatszweck Sicherheit ist der eigentliche Legitimationsgrund gerade auch des liberalen Rechtsstaates, welcher seine Legitimation alleine dadurch erhält, dass er die Grundrechte seiner Bürger, nämlich die Rechte auf Freiheit, Leben und Eigentum, effektiv schützt.

Von den übrigen Grundsätzen des Strafverfahrens unterscheidet es sich in der Herleitung deshalb insoweit, als diese mit den Grundrechten als Abwehrrechten nicht die primäre Staatslegitimation betreffen, sondern vielmehr der Ausformung des Anliegens dienen, einen Missbrauch staatlicher Gewalt und damit einen Verlust der Staatslegitimation durch Zweckverfehlung zu verhindern.

Das Gebot der effektiven Strafverfolgung ist insoweit ein Verfahrensgrundsatz von Verfassungsrang.

Es ist bei der Rechtsetzung ebenso wie bei der Rechtsanwendung genauso systematisch und selbstverständlich mitzudenken wie andere, dem Beschuldigtenschutz dienende Verfahrensgrundsätze.

Dabei ist stets zu berücksichtigen, dass hinter dem Gebot der effektiven Strafverfolgung effektiver Freiheitsschutz im Sinne des Staatszwecks Sicherheit steht und es daher bei Abwägungen zwischen dem Gebot der effektiven Strafverfolgung und Beschuldigtenrechten nicht um eine Abwägung Staat gegen Freiheit, sondern Freiheit gegen Freiheit geht.

Ebenso wie zentrale, mit Verfassungsrang versehene Beschuldigtenrechte hat das Gebot der effektiven Strafverfolgung dabei einen unverfügbaren Kern.

Um das Gebot der effektiven Strafverfolgung rechtlich richtig anwenden zu können, ist es schließlich erforderlich, Dogmatik an Praxis anzubinden, da sich

---

434 Albrecht/Dorsch/Krüpe, S. 131 ff., 455 ff.

435 BT-Drucksache 16/5846, S. 23.

die – rechtlich relevante – Notwendigkeit einer bestimmten Ermittlungsmaßnahme allein aus der Praxis und aus Praxiskenntnis ergeben kann.

7.5 Zur Bewertung der bisherigen Ansätze aus dieser Perspektive

7.5.1 Zur Rechtsprechung

Blickt man ausgehend von der freiheitssichernden und originärer staatslegitimierenden Funktion einer effektiven Strafverfolgung auf deren Bewertung durch Rechtsprechung und Literatur, so ergibt sich folgendes Bild:

Vollkommen zutreffend erscheint, dass die Rechtsprechung die Effektivität der Strafverfolgung als Prinzip der Strafprozessordnung anerkennt. Ebenso richtig ist es, darin ein Prinzip von Verfassungsrang zu sehen, welches anderen Prinzipien von Verfassungsrang gleichsteht. Auch begegnet es keinen Bedenken, das Gebot der effektiven Strafverfolgung auch im Rechtsstaatsprinzip und hier der Idee der materiellen Gerechtigkeit zu verorten, da es ohne Zweifel auch der Durchsetzung materieller Gerechtigkeit dient.

Zu kritisieren ist indes, dass die Rechtsprechung dabei die ganze Breite und Tiefe des Prinzips nicht ausschöpft und insbesondere dessen freiheitsschützende und staatslegitimierende Funktion – welche in einzelnen Entscheidungen, wie gezeigt, immer wieder aufblitzt – nicht systematisiert und weiterentwickelt hat.

An der praktischen Anwendung des Prinzips durch die obergerichtliche Rechtsprechung ist in methodischer Hinsicht nichts zu kritisieren; die Verwendung als Auslegungskriterium begegnet nicht nur keinen Bedenken, sondern erscheint sachgerecht.

Zu kritisieren ist jedoch, dass die Rechtsprechung nicht – wie zuvor gefolgert – in systematischer Weise dieses Prinzip mitbedenkt, sondern es in Entscheidungen mal verwendet und mal – wie in der ersten Senatsentscheidung zu legendierten Kontrollen – auf dieses Prinzip nicht eingeht, obwohl es für den Fall von Bedeutung ist. Die oben skizzierte Forderung, das Gebot der effektiven Strafverfolgung so selbstverständlich mitzudenken wie zentrale Beschuldigtenrechte, richtet sich daher gerade an die Rechtsprechung und die Nichtbeachtung dieser Forderung ist vom hiesigen Ansatz her die Hauptkritik an der bisherigen Spruchpraxis.

7.5.2 Zu den ablehnenden Literaturstimmen

Zu den ablehnenden Stimmen im Schrifttum ist zuallererst zu sagen, dass die dort geäußerte Kritik im Ansatz verfehlt ist, da die freiheitssichernde Bedeutung einer effektiven Strafverfolgung dort komplett verkannt wird. In der Folge wird Freiheit fälschlich allein als Freiheit des Beschuldigten und nicht des Opfers verstanden und wird insoweit von einem Gegensatz von Freiheit und Strafverfolgung ausgegangen wird, den es in dieser Form nicht gibt. Der Sinn der Existenz von Staaten wird dabei gänzlich aus dem Blick verloren. Im Ergebnis erweist sich gerade diese Kritik daher als in der Weise einseitig und damit freiheitsgefährdend, wie sie es ihrerseits der Rechtsprechung vorwirft.

Im Übrigen erweist sie sich als alarmistisch, da die von der Kritik befürchtete Aushöhlung von Beschuldigtenrechten durch das Gebot der effektiven Strafverfolgung in mehr als drei Jahrzehnten, in welchen die Rechtsprechung dieses verwendet, nicht stattgefunden hat.

Allerdings ergibt sich gerade aus dieser Kritik selbst ein weiterer Beleg dafür, dass an dem Gedanken der Effektivität der Strafverfolgung als Prinzip von Verfassungsrang zur Ausgestaltung einer sinnvollen Strafprozessrechtsdogmatik kein Weg vorbei führt. Folgt man nämlich dieser Kritik etwa in der Form, welche sie durch Hassemer erhalten hat, der der Funktionstüchtigkeit der Strafrechtspflege allein die Qualität einer systemlogischen Forderung zugestehen wollte,[436] so wäre die eigentümliche Konsequenz, dass man das Problem mangelnder Funktionstüchtigkeit der Strafrechtspflege auch durch deren Abschaffung lösen könnte, da Funktionstüchtigkeit allein ein Erfordernis der – ansonsten verfassungsrechtlich nicht weiter gerechtfertigten – Existenz einer Strafrechtspflege, jedoch nicht irgendeiner darüber hinausgehenden Notwendigkeit wäre. Da angenommen werden darf, dass selbst Hassemer diese Konsequenz nicht ziehen wollte, zumal er eine nicht weiter ausgeführte Legitimität von Strafverfolgung wie dargetan ja grundsätzlich anerkennt, bliebe auch ihm nichts anderes übrig, als über die Systemlogik hinaus einen auch rechtlichen Sinn der Existenz einer funktionstüchtigen Strafrechtspflege anzuerkennen.

Verfehlt ist auch die methodische Kritik von Limbach.[437] Der Hinweis darauf, das Rechtsstaatsprinzip sei vage und unbestimmt, da es nicht geeignet sei, um darunter zu subsumieren, weswegen die Ableitung von Unterprinzipien dieses Problem noch potenziere, verkennt die dogmatische Struktur dieses Prinzips. Es handelt sich dabei eben nicht um Tatbestandsmerkmale einer Norm, von welchen in der Tat zu fordern wäre, dass sie sich in subsumtionsfähiger Weise definieren ließen, sondern eben um ein Prinzip, also um eine der Rechtsordnung unterlegte Rechtsfigur, an welches der Anspruch der Subsumtionsfähigkeit

---

436 Hassemer, StV 82, 275, 277 f.

437 Limbach, S. 321, 325 ff.

so wenig zu stellen ist wie sonst an derartige Prinzipien auch. Gerade als solches Prinzip hat es aber eben eine Funktion, nämlich – wie Tiedemann zu Recht herausgearbeitet hat – diejenige, das Verfassungsgut zu charakterisieren, das die Beschränkung von Beschuldigtenrechten im Strafverfahren überhaupt erst rechtfertigen kann.[438] Und dieses Verfassungsgut ist schlicht Freiheitsschutz.

7.5.3 Zu den zustimmenden Literaturstimmen

Zu begrüßen ist insoweit, dass sowohl in der strafrechtlichen als auch in der staatsrechtlichen Literatur die grundsätzliche Existenz eines Gebots der effektiven Strafverfolgung als Prinzip von Verfassungsrang mittlerweile zur herrschenden Ansicht geworden ist.

Der strafrechtlichen Literatur wäre entgegenzuhalten, dass die dort nach wie vor anzutreffende Betonung der Gefahren eines solchen Prinzips angesichts der bereits genannten jahrzehntelangen aus Sicht der Beschuldigtenrechte gefahrlosen Verwendung sowie der in jüngerer Zeit eher gegenläufigen Tendenzen einer gefährlichen Beschränkung von effektiven Ermittlungsmöglichkeiten sich als deutlich übertrieben darstellt. Denn nicht die Gefahr einer Aushöhlung von Beschuldigtenrechten ist das große Problem des deutschen Strafprozesses, sondern eher die Gefahr einer beständigen Beschneidung effektiver Strafverfolgung.

Begrüßenswert ist auch der Ansatz der staatsrechtlichen Literatur, zur Begründung des Gebots der effektiven Strafverfolgung auf die Rechtsfigur der grundrechtlichen Schutzpflichten zurückzugreifen. Bedauerlich ist hier indes, dass man diese von ihrer anfänglichen richtigen rechtsphilosophischen Fundierung gelöst und daher die freiheitssichernde sowie die originär staatslegitimierende Funktion des Gebots der effektiven Strafverfolgung in der Argumentation geschwächt hat. In der konkreten Anwendung führt dies dazu – und dies ist die wesentliche Kritik -, dass die Bedeutung des Prinzips gefährlich relativiert werden kann. Dazu sei insbesondere auf die Ansicht von Möstl, allein die Beschränkung von Beschuldigtenrechten, nicht jedoch die Beschränkung der Effektivität der Strafverfolgung bedürfe einer verfassungsrechtlichen Rechtfertigung,[439] verwiesen. Erkennt man richtig, dass hinter der Effektivität der Strafverfolgung die Freiheitsrechte von Bürgern und Opfern stehen, so wird deutlich, dass selbstverständlich auch und gerade deren Beschränkung einer verfassungsrechtlichen Rechtfertigung bedarf.

---

438 Tiedemann, S. 24 ff., 28.

439 Möstl, Rn. 7.

Zusammenfassend lässt sich zu hiesiger Kritik an der Rechtsprechung sowie der zustimmenden Literatur mithin sagen, dass erstens vor allem in der Rechtsprechung und der strafrechtlichen Literatur die freiheits- und grundrechtssichernde Funktion des Gebots der effektiven Strafverfolgung und damit sein originär liberaler Charakter nicht hinreichend gesehen wurde. Zweitens ist zu bemängeln, dass dort, wo dies deutlicher in den Blick genommen wurde, der Fokus zu sehr auf Gefahrenabwehr lag und verkannt wurde, dass Strafverfolgung in gleicher Weise Grundrechtsschutz ist. Drittens wurde zu Unrecht bestritten, dass gerade auch Beschränkungen der Effektivität von Strafverfolgung einer verfassungsrechtlichen Rechtfertigung bedürfen. Als vierter Kritikpunkt ist zu nennen, dass die Verwendung des Gebots der effektiven Strafverfolgung wenig systematisch erfolgte. Fünftens schließlich wurde allzu oft die Notwendigkeit einer Rückbindung von Dogmatik an Praxis als zwingendes Erfordernis aus dem Gebot der effektiven Strafverfolgung nicht gesehen und nicht praktiziert.

7.5.4 Zu Landaus Neujustierung

Zum Ansatz Landaus ist schließlich zu sagen, dass dessen Hinweis darauf, effektive Strafverfolgung könne nicht sinnvoll mit Freiheitsschutz gerechtfertigt werden, da effektive Strafverfolgung in jedem Staate unabhängig von dessen Verfasstheit gefordert werden müsse, zwar nicht falsch ist, jedoch den Punkt nicht trifft, um den es geht. Gewiss wird jeder Staat für sich fordern müssen, effektive Strafverfolgung betreiben zu können; das schließt jedoch nicht aus, dass gerade der liberale Rechtsstaat eine spezifisch für ihn und nur für ihn geltende Rechtfertigung dieses Prinzips bietet und bieten muss. Im Übrigen verkennt auch Landau, das Effektivität der Strafverfolgung zwar in jeder Staatsform zu fordern sein wird, doch in jeder etwas anderes bedeuten kann und insbesondere im liberalen Rechtsstaat zwingend etwas anderes bedeutet als in der Diktatur. Im liberalen Rechtsstaat ist diese Effektivität der Strafverfolgung als Verwirklichung des Staatszwecks Sicherheit eben auf die Sicherung von Freiheitsrechten bezogen, was sie in Diktaturen naturgemäß nicht ist. Und deshalb bedeutet Effektivität der Strafverfolgung im liberalen Rechtsstaat mehr als in der Diktatur und ist mit dem lapidaren Hinweis darauf, das sie kein Spezifikum des liberalen Rechtsstaats sei, nicht richtig gedeutet.

Wenig überzeugend erscheint auch Landaus Forderung, das Gebot der effektiven Strafverfolgung könne allein der Gesetzgeber und die verfassungsgerichtliche Rechtsprechung, nicht jedoch der Rechtsanwender berücksichtigen. Soweit Landau dies damit begründet, nur diese hätten den Blick für das Gesamtsystem, verwechselt er hier offensichtlich Sein und Sollen. Gewiss ist es die dem

Gesetzgeber gegebene Aufgabe, ein Gesamtsystem in sich stimmiger rechtlicher Regelungen zu finden; bedenkt man indes, in welch hohem Maße gerade der Prozess der Gesetzgebung von Stückwerk und gänzlich sachfremden Interessen geprägt ist, so wird man in der Praxis nicht feststellen können, dass dieser der Aufgabe, ein stimmiges Gesamtsystem zu entwerfen, besser gewachsen ist als die Rechtsprechung. Auch ist nicht recht einzusehen, warum das Bundesverfassungsgericht nach Landau dies ebenfalls leisten können soll, der Bundesgerichtshof jedoch nicht.

Auch in methodischer Hinsicht vermag der Versuch Landaus, dem Rechtsanwender das Prinzip der effektiven Strafverfolgung zu entreißen, nicht zu überzeugen. Sieht man in ihm nämlich eben ein Prinzip des Strafverfahrensrechts, so ist nicht einzusehen, warum der Rechtsanwender, der bei seiner Auslegung sonst stets auch dann, wenn das einfache Gesetz dies zulässt oder erfordert, auf Prinzipien zurückgreifen darf, dies gerade bei diesem Prinzip nicht dürfen soll.

Schließlich würde ein solches Verbot – da es auch nach Landau ersichtlich nur für das Gebot der effektiven Strafverfolgung, nicht jedoch für Prinzipien des Beschuldigtenschutzes wie das Recht auf ein faires Verfahren gelten soll – im Ergebnis genau zu dem führen, was aus rechtsstaatlicher Sicht vermieden werden muss, nämlich der einseitigen Berücksichtigung allein von Beschuldigtenrechten in der Strafprozessrechtsdogmatik.

7.6 Mögliche Kritiken an hiesigem Konzept und nötige Abgrenzung

7.6.1 Effektive Strafverfolgung und Arbeitserleichterung für die Justiz

Als gänzlich verfehlt und Beleg dafür, was passiert, wenn man ohne Praxiskenntnisse Dogmatik betreibt, erweist sich vor dem Hintergrund des Gesagten die in der ablehnenden Literatur geäußerte Kritik, beim Gebot der effektiven Strafverfolgung ginge es um Arbeitserleichterungen für die Justiz. [440]

Hinter dieser Kritik steht offenbar die Annahme, weitergehende Kompetenzen würden für die Justiz die Arbeit einfacher, eingeschränkte Kompetenzen diese schwerer machen.

Im Blick auf die Erreichung des gewollten Zieles ist dies sogar zutreffend. Freilich wird hier offensichtlich der grundrechtsschützende Wert gerade dieses Zieles verkannt.

---

440 Hassemer, StV 1982, 275, 279.

Gänzlich falsch ist die Einschätzung indes, wenn es um das Maß der erforderlichen Arbeit geht. Zusätzliche Ermittlungsmöglichkeiten bedeuten – was oft schon von Gerichten, erst recht aber in der öffentlichen Diskussion verkannt wird – Mehrarbeit in zum Teil kaum leistbarem Umfang. Dies sei am Beispiel der Telefonüberwachung verdeutlicht: Die Überwachung von Telefonanschlüssen verlangt nach deren Aufschaltung ein Abhören sämtlicher Gespräche, die Entscheidung, ob diese verfahrensrelevant sind und dann die Verschriftlichung, also schlicht die Abschrift des Gespräches für die Ermittlungsakte. Bereits dann, wenn nur bei einem Beschuldigten eine Telefonleitung abgehört wird, ist mit einer solchen Aufgabe ein Kriminalbeamter jedenfalls dann, wenn über die Leitung viel gesprochen wird und die Maßnahme über einige Wochen andauert, Monate lang oft tagesfüllend beschäftigt. Werden – was gerade im Bereich der organisierten Kriminalität die Regel ist – bei einer Vielzahl von Beschuldigten eine Vielzahl von Gesprächen abgehört, so ist der Aufwand entsprechend größer. Ist es ermittlungstaktisch erforderlich, die Gespräche nicht erst im Nachherein, sondern sozusagen live mitzuhören, so bedeutet dies für die damit betrauten Kriminalbeamten im Regelfall erhebliche Mehrarbeit in den Abend- oder auch Nachtstunden. Der Aufwand wird noch um ein Erhebliches vermehrt, wenn die Gespräche nicht in deutscher Sprache geführt werden, da dann noch Dolmetscher zwischengeschaltet werden müssen. In gleicher Weise können auch andere Kompetenzerweiterungen oder Kompetenzerhaltungen Mehrarbeit bedeuten: Wird etwa eine Ausdehnung der Beschlagnahmefreiheit unter Verweis auf das Gebot der effektiven Strafverfolgung abgelehnt, bedeutet dies nicht nur, dass mehr Beweismittel gewonnen werden können. Zunächst bedeutet es vor allem, dass die Zahl auszuwertender Asservate steigt. Auch dies ist gerade in Großverfahren, in welchen die Sichtung und Auswertung von kaum überschaubaren möglichen Beweismitteln bereits jetzt in vertretbarer Zeit kaum mehr zu leisten ist, keine Arbeitserleichterung, sondern schlicht erhebliche Mehrarbeit. Gleiches gilt für die Ablehnung von Zeugnisverweigerungsrechten, da damit zunächst einmal nur die Zahl zu vernehmender Zeugen zunimmt. Die Vorstellung, eine Ausweitung von Ermittlungskompetenzen wie etwa – um dieses viel diskutierte Beispiel wieder aufzugreifen – den Möglichkeiten zur Telekommunikationsüberwachung oder auch der Beschlagnahme von Unterlagen sei eine Arbeitserleichterung, ist daher allein als Ausdruck mangelnder Praxiskenntnis zu werten. Völlig an der Realität vorbei geht die in der Öffentlichkeit nicht selten geäußerte Befürchtung, von erweiterten Kompetenzen in diesem Bereich könnte anlasslos aus bloßer Neugier Gebrauch gemacht werden. Die Erfahrung des Verfassers als Staatsanwalt ist vielmehr die, dass man etwa Verlängerungen von Beschlüssen zur Überwachung der Telekommunikation häufig nicht etwa dem Gericht, sondern der Polizei gegenüber mühsam erkämpfen muss, da man dort angesichts knapper personeller Ressourcen den Aufwand einer Fortsetzung mit einer weiteren völligen Bindung von Kriminalbeamten nicht leisten kann. Gleiches gilt für andere Ermittlungsmaßnahmen im Bereich technischer Überwachung, wobei bei diesen – wie etwa im Falle einer so genannten Quellen-TKÜ oder der viel diskutierten Online-Durchsuchung, welche nach einigen Landespolizeigesetzen eine gewisse Zeit lang erlaubt war – oft noch Probleme der technischen Umsetzung hinzukommen, die das Arbeitserfordernis für die Strafverfolgungsbehörden noch einmal drastisch erhöhen. Aber auch bei einer Erhöhung der Zahl möglicher Durchsuchungsobjekte, welche sich ergeben kann, wenn die Zahl zeugnisverweigerungsberechtigter Personen nicht ausgedehnt wird, kann es vorkommen, dass hiergegen seitens der Polizei – ohne Weiteres verständliche – Vorbehalte allein im Blick auf die faktische Durchführbarkeit vorgebracht werden, da jedes Objekt mehr im Regelfall mindestens fünf bis sechs Beamte verlangt, die vor allem bei ohnehin schon groß angelegten Durchsuchungsmaßnahmen nicht immer ohne Weiteres gestellt werden können.

Angesichts der knappen personellen und technischen Ressourcen bei Polizei und Justiz, dem in vielen Bundesländern auch in diesem Bereich betriebenen Stellenabbau und Etatkürzungen sowie der Zunahme gerade auch solcher Kriminalität, die erheblichen Ermittlungsaufwand erfordert, sind mehr Kompetenzen keine Arbeitserleichterung und ist die Gefahr eines Missbrauchs derartiger Ermittlungsinstrumente schon praktisch nahezu ausgeschlossen. Die Gefahr geht vielmehr dahin, dass von rechtlichen Möglichkeiten mangels personeller und technischer Ausstattung kein Gebrauch gemacht wird.

7.6.2 Effektive Strafverfolgung und Unschuldsvermutung

Nicht in Widerspruch geraten kann – um einen weiteren möglichen Einwand aufzugreifen – das Gebot der effektiven Strafverfolgung zur Unschuldsvermutung.

Die in Art. 6 Abs. 2 EMRK niedergelegte Unschuldsvermutung, welche besagt, dass jede Person, die einer Straftat angeklagt ist, bis zum gesetzlichen Beweis ihrer Schuld als unschuldig gilt, hat insoweit nämlich allein zur Folge, dass Maßnahmen, die den vollen Schuldnachweis erfordern, bis zur gerichtlichen Feststellung der Schuld nicht getroffen werden dürfen. Die Zulässigkeit von Strafverfolgungsmaßnahmen aufgrund eines bestimmten Verdachts wird durch die Unschuldsvermutung nicht tangiert, da es hier gerade nicht um Maßnahmen gegen Schuldige, sondern um die Klärung der Schuldfrage geht.[441] Allein in diesem Bereich greift das Gebot der effektiven Strafverfolgung indes nur ein: Es geht darum, die Strafverfolgungsbehörden so aufzustellen, dass sie die Frage der Schuld tatsächlich klären können. Die Unschuldsvermutung kann dadurch nicht verletzt werden.

7.6.3 Effektive Strafverfolgung und Feindstrafrecht

Zur Abgrenzung, aber auch zur weiteren Verdeutlichung hiesigen Ansatzes soll schließlich in der gebotenen Kürze auf die Frage eingegangen werden, wie sich hiesiger Ansatz zu dem viel diskutierten Konzept des Feindstrafrechts von Jakobs verhält.

Jakobs Idee eines Feindstrafrechts, welches dieser nach einer wenig beachteten ersten Entwicklung 1985[442] ab 1999[443] recht offensiv vertrat, besteht jedenfalls in der ab 1999[444] vertretenen Fassung darin, dass es einen Unterschied gäbe zwischen einer Person, welche sich dadurch auszeichne, dass sie „rechtlich gesonnen"[445] sei, und dem so bezeichneten Feind, welcher sich dadurch auszeichnen soll, dass er die „kognitive Garantie"[446] rechttreuer Gesinnung nicht biete oder sogar ausdrücklich verweigere. An diese Grundunterscheidung sei dann geknüpft, dass beim Feind Weitergehendes erlaubt sei als bei der Person, da insbesondere die Strafbarkeit weit vorverlagert und erheblich ausgeweitet und prozessuale Garantien beschnitten würden. Das Feindstrafrecht verfolge dabei ein anderes Ziel als das Strafrecht gegen Bürger, nämlich dass alle diejenigen „kaltgestellt werden, die nicht die kognitive Mindestgarantie bieten, die nötig ist, um sie praktisch aktuell als Person behandeln zu können"[447]. Feindstrafrecht sei also „Krieg"[448], es sei „Feindbekämpfungsrecht"[449]

Wie wenig hiesiges Konzept mit Jakobs Idee eines Feindstrafrechts zu tun hat, wird deutlich, wenn man die von Saliger[450] als Kritikpunkte herausgearbeiteten Eigentümlichkeiten des Feindstrafrechts in den Blick nimmt: Da ist zum einen

441 Meyer-Goßner, Anh 4 MRK Art. 6 Rn. 14.
442 Jakobs, ZStW 97 (1985), 751, 783.
443 Jakobs, Strafrechtswissenschaft, S. 50 ff.
444 Jakobs, Strafrechtswissenschaft, S. 50 ff.
445 Jakobs, Strafrechtswissenschaft, S. 50.
446 Jakobs, Strafrechtswissenschaft, S. 51.
447 Jakobs, Strafrechtswissenschaft, S. 53.
448 Jakobs, Strafrechtswissenschaft, S. 53.
449 Jakobs, Strafrechtswissenschaft, S. 54.
450 Saliger, JZ 2006, 756.

eine befremdliche Subjektbezogenheit, indem Jakobs behauptet, im Strafrecht gebe es – oder müsse es geben – eine Anknüpfung von Normen sowohl des materiellen Strafrechts als auch des Strafprozessrechts nicht allein an Sacherwägungen, sondern an die Person des Beschuldigten, nämlich daran, ob dieser noch Bürger ist oder schon Feind.[451] Zum anderen wird diese Anknüpfung festgemacht an Jakobs Annahme, der Bürger schulde über das bloße Einhalten von Gesetzen hinaus als Mindeststandard die Gewähr rechtstreuen Verhaltens und werde zum Feind, wenn er diese Schuld nicht erbringe.[452]

Diese Grundentscheidungen von Jakobs Ansatz teilt hiesige Konzeption ausdrücklich nicht. Auch dann, wenn man wie der Verfasser das Gebot der effektiven Strafverfolgung stärken will, bleibt es dabei, dass – wie stets in liberaler Staats- und Strafrechtstradition – vom Bürger nicht mehr verlangt wird als sich an bestehende Gesetze zu halten und jede Art von staatlichem Eingreifen, sei es zur Gefahrenabwehr oder zur Strafverfolgung, allein an Handlungen und nicht an Gesinnungen oder irgendwelche tatsächlichen oder vermeintlichen Eigenschaften des Betroffenen anknüpfen. Dass Jakobs diesen Boden verlässt, gibt – wie von Saliger überzeugend behauptet – seiner Theorie einen totalitäreren Zug; mit dem vorliegenden Konzept wird dieser Boden ausdrücklich nicht verlassen.

Einen Wert hat das Feindstrafrecht von Jakobs für hiesige Erörterungen jedoch insoweit, als Jakobs eine eigentlich banale Tatsache wieder ins Bewusstsein gerufen hat, die in der deutschen Strafrechtswissenschaft wie zum Teil auch in der Spruchpraxis deutscher Gerichte in den Hintergrund getreten war: Dass nämlich bestimmte Straftaten für die Gesellschaft sehr gefährlich sind und auch weitreichende Eingriffe zu deren Abwehr erforderlich sein können und dass es natürlich auch Beschuldigte gibt, die eine dauerhaft rechtfeindliche Gesinnung haben und an irgendeiner Art von „Resozialisierung" schlicht nicht interessiert sind. Dafür, wie sehr dies aus dem Blick geraten kann, sei an Hassemers Behauptung erinnert, im Strafverfahren ginge es nicht um Effektivität, sondern um eine möglichst grundrechtsschonende Lösung von Konflikten aus abweichendem Verhalten.[453]

Freilich ist es für diese Erkenntnis nicht nötig, die Grundentscheidungen des liberalen Rechtsstaates wie etwa die Handlungsbezogenheit von Strafverfolgung oder gar die Subjektstellung des Beschuldigten aufzugeben. Anstatt sich auf derartige Irrwege zu begeben, ist die Strafrechtswissenschaft und die

451 Saliger, JZ 2006, 756, 760.
452 Saliger, JZ 2006, 756, 762.
453 Hassemer, StV 82, S. 275, 278.

Strafrechtspraxis vielmehr aufgefordert, den ohne Zweifel bestehenden großen Gefahren aus bestimmten Deliktsfeldern und von bestimmten Beschuldigten mit Mitteln des Rechtsstaates entgegenzutreten. Und gerade dafür erscheint es geboten, die doppelte Bedeutung des Freiheitsschutzes im Rechtsstaat zu erkennen und dem Gebot der effektiven Strafverfolgung – nicht als Gegenpol zum Rechtsstaat wie Jakobs Feindstrafrecht, sondern als dessen Ausdruck – die notwendige Bedeutung beizumessen.

7.7 Ein Anwendungsbeispiel: Gebot der effektiven Strafverfolgung und Möglichkeit der strafbefreienden belastenden Aussage im Ausgangsfall

Um zu demonstrieren, inwieweit das Gebot der effektiven Strafverfolgung richtig verstanden gerade beim Auftauchen neuer Rechtsprobleme oder Rechtsansichten zur Findung sachgerechter Lösungen herangezogen werden kann, soll insoweit noch einmal auf die in der ersten Entscheidung des Bundesgerichtshofs zu legendierten Kontrollen von März 2010 von der dortigen Verteidigung geäußerte und vom Bundesgerichtshof nicht grundsätzlich verworfene Rechtsansicht geschaut werden, legendierte Kontrollen seien rechtswidrig, da sie die Möglichkeiten strafbefreiender belastender Aussagen schmälerten.

Die Möglichkeit strafbefreiender Belastung im Bereich des Betäubungsmittelstrafrechts sowie in sonstigen Bereichen schwerer und mittlerer Kriminalität dient, wie dargetan, nach dem eindeutigen gesetzgeberischen Willen eben der Effektivität der Strafverfolgung, da man sich dadurch ein besseres Eindringen in konspirativ arbeitende Tätergruppen erhofft. Bedenkt man nun, dass effektive Strafverfolgung ein Verfahrensgrundsatz von Verfassungsrang ist und dass dann, wenn man aus den entsprechenden Regelungen in § 31 a BtMG und § 46 b StGB ein Auskunftsrecht des Beschuldigten über den Verfahrensstand herleiten wollte, diese ihren Zweck nicht mehr nur nicht erfüllen würden, sondern der Zweck sich ins Gegenteil verkehrte, da diese Normen effektive Strafverfolgung dann eher erschweren oder gar unmöglich machen denn erleichtern würden, so erweist sich gerade im Blick auf die Bedeutung des erstrebten Zweckes, dass eine solche Auslegung unter keinem Gesichtspunkt zu vertreten ist. Die Normen fügen sich vielmehr ein in das Gesamtbild von Instrumenten, welche der Gesetzgeber geschaffen hat, um schwer ermittelbare und konspirativ zusammenarbeitende Tätergruppen zu zerschlagen, wobei dazu neben Instrumenten wie der heimlichen technischen Überwachung eben auch Elemente aktiver Täuschung wie etwa das des Verdeckten Ermittlers gehören, sodass gerade diese Instrumente in besonders hohem Maße den Verfassungszweck effektive Strafverfolgung verwirklichen sollen. Zur Herleitung weitreichender, Ermittlungen erschwerender oder gar gefährdender Beschuldigtenrechte sind die Normen über die sogenannte Kronzeugenregelung daher am allerwenigsten geeignet.

7.8 Effektive Strafverfolgung und legendierte Kontrollen

Unter Berücksichtigung des Gebots der effektiven Strafverfolgung ergibt sich dann auch für die Zulässigkeit legendierter Kontrollen ein eindeutiges Bild:

Zwingende gesetzliche Gründe, insbesondere das Fehlen einer Eingriffsgrundlage für die legendierte Maßnahme, stehen legendierten Kontrollen nicht entgegen.

Bei der dann ermöglichten Abwägung von Beschuldigtenrechten einerseits und dem – von der Rechtsprechung bisher nicht in die Waagschale geworfenen – Gebot der effektiven Strafverfolgung andererseits, erweist sich im Falle legendierter Kontrollen letzteres ohne Weiteres als gewichtiger. Dies ergibt sich einerseits daraus, dass legendierte Kontrollen, wie dargetan, gerade zur Aufklärung schwerer Straftaten, insbesondere im Bereich der Betäubungsmittelkriminalität, ein ermittlungstaktisch notwendiges Instrument sind, woraus, wie dargetan, deren rechtliche Notwendigkeit folgen kann, wohingegen auf der anderen Seite Beschuldigtenrechte bei legendierten Kontrollen nicht weiter eingeschränkt sind als bei sonstigen heimlichen Maßnahmen auch. Einem im Blick auf die aktive Täuschung nicht als schwerwiegend zu betrachtenden Grundrechtseingriff einerseits steht also bei den legendierten Kontrollen eine – mit hoher rechtlicher Qualität versehene – ermittlungstaktische Notwendigkeit andererseits gegenüber. In einer solchen Konstellation führt das Gebot der effektiven Strafverfolgung zwingend zur Zulässigkeit der Maßnahme.

Angesichts des Pflichtencharakters des Gebots der effektiven Strafverfolgung erweist sie sich in einer solchen Konstellation sogar als rechtlich geboten.

7.9 Effektive Strafverfolgung, heimliches Vorgehen und aktive Täuschung

Das in seiner rechtsphilosophischen Bedeutung strafrechtsdogmatisch richtig eingeordnete Gebot der effektiven Strafverfolgung erweist sich über die beiden benannten Anwendungsfälle hinaus indes auch als der Schlüssel, um zur in der Literatur zum Teil in Frage gestellten Zulässigkeit heimlichen Vorgehens und aktiver Täuschung insgesamt Stellung zu nehmen und die in dieser Arbeit bisher dargelegten Argumente für deren grundsätzliche Zulässigkeit noch einmal deutlich zu verstärken.

Zur Aufklärung von Straftaten – und zwar insbesondere von schweren Delikten, bei denen häufig eine bandenmäßige Begehung bei möglichst großer Abschottung nach außen vorliegt – kann auf heimliche Maßnahmen schlechterdings nicht verzichtet werden. Für den Bereich der Telekommunikationsüberwachung ist dies in der bereits zitierten Studie von Albrecht, Dorsch und Krüpe richtigerweise so festgestellt worden. Die Erfahrung der Praxis lehrt indes, dass dies auch über den untersuchten Bereich hinaus gilt. Es folgt insoweit zwingend aus der Tendenz entsprechender Tätergruppen zur Abschottung selbst. Mit offenen Ermittlungsmaßnahmen erreicht man eben selbst dann, wenn diese wie die Durchsuchung auch Dinge zu Tage fördern können, welche die Beschuldigten nicht freiwillig offenbaren, im Regelfall nicht mehr, als dass man dasjenige erfährt, was entweder ohnehin offenliegt oder was die Beschuldigten in Verkennung einer möglichen Entdeckungsgefahr nicht hinreichend sicher verbergen. Gerade von Letzterem ist bei strafrechtserfahrenen Beschuldigten jedoch immer weniger auszugehen. Interne Vorgänge, insbesondere interne Kommunikation, ist mit den offenen Ermittlungsmaßnahmen der StPO auf keine Art aufzudecken. Zu glauben, man könne diese Arten von Kriminalität allein mit offenen Maßnahmen wirksam bekämpfen, ist daher gänzlich lebensfremd.

Gerade bei konspirativ arbeitenden Tätergruppen, aber – wie das Beispiel des Scheinkäufers zeigt – durchaus auch darüber hinaus ist indes auch auf das Mittel der aktiven Täuschung nicht sinnvoll verzichtbar. Denn auch technische Überwachung lässt sich umgehen und wird – wie etwa im Falle der Telefonüberwachung, mit der manche Tätergruppen routinemäßig rechnen – von vielen Tätergruppen auch in hohem Maße umgangen. Ein Eindringen in die inneren Strukturen ist daher – wie der Gesetzgeber im Rahmen des Verdeckten Ermittlers richtig erkannt hat – ohne aktive Täuschung oft nicht leistbar. Sie kann aber auch darüber hinaus unverzichtbar sein, etwa wenn – wie im Falle legendierter Kontrollen – nur mit aktiver Täuschung das Verfahren insgesamt mit Erfolg geführt werden kann.

Mit anderen Worten: Ohne heimliches Vorgehen und ohne aktive Täuschung wäre erfolgreiche Ermittlungsarbeit und damit erfolgreiche Bekämpfung gerade schwerer Kriminalität schlechterdings unmöglich.

Daraus folgt dann aber ohne Weiteres und zwingend deren grundsätzliche Zulässigkeit. Die Bekämpfung schwerer Kriminalität ist nämlich eben eine Aufgabe von Verfassungsrang, die den primären Legitimationsgrund des Staates, nämlich den Staatszweck Sicherheit, unmittelbar verwirklicht. Dass dies aus rechtsstaatlichen Gründen unmöglich sein soll, ist schlechterdings ausgeschlossen und spricht zwingend für einen Abwägungsfehler.

Verfehlt ist daher die etwa von Roxin geäußerte Ansicht, aus dem fair-trial-Grundsatz folge ein Recht des Beschuldigten auf Kenntnis der Gesamtsituation des Verfahrens.[454] Dies folgt daraus schon deswegen nicht, weil ein solches Recht effektive Strafverfolgung verunmöglichen würde. Darauf, ob Roxins Ansicht auch aus anderen Gründen abzulehnen wäre, kommt es insoweit gar nicht mehr an.

Abzulehnen sind aber auch alle Versuche, dem Staat allgemein oder jedenfalls im Bereich der Strafverfolgung das Recht auch zur aktiven Täuschung abzusprechen und ein absolutes Täuschungsverbot zu konstatieren. Derartige Versuche verkennen nämlich sowohl die praktische Notwendigkeit solcher Vorgehensweisen als auch insbesondere die rechtliche Qualität einer solchen Notwendigkeit gerade für den liberalen, freiheitsschützenden Rechtsstaat.

Dies lässt sich etwa am Beispiel von Kahlo zeigen, der in einem Beitrag aus dem Jahre 1998 die dort gestellte Frage „Soll es dem Staat im Strafprozess rechtlich erlaubt sein, Verdachtsklärung durch Täuschungshandlungen zu unternehmen?“[455] in genau dieser Art mit einem absoluten Nein beantwortet hat. Er begründet dies im Wesentlichen damit, dass der Staat nach der Philosophie Kants, welche er zur Grundlage wählt, das Ergebnis rein praktischer Vernunft sei und daher an deren Prinzip, nämlich dem Grundgesetz der auch in zwischenmenschlichen Beziehungen geltenden Sittlichkeit, Teil habe. Insoweit hätten sich die Einzelnen im Staat auch alltäglich wiederzufinden. Dann aber sei zu verlangen, dass mit der Sittlichkeit unverträgliche Maxime auch für den Staat nicht zu gelten hätten, und dazu würde ein Recht auf Lüge und Täuschung zählen. Ausnahmen könnten überhaupt nur insoweit in Betracht kommen, als sie auch im zwischenmenschlichen Verhältnis in Betracht kämen. Und da dies dort nur dann denkbar wäre, wenn die der Sittlichkeit zugrunde liegende Forderung auf ein gegenseitiges Anerkennungsverhältnis missachtet wird und der eine in Missachtung der Rechte des anderen in dessen Rechte eingreift, sodass dieser Eingriff dann mit Mitteln der Notwehr abgewehrt werden dürfe, so wäre – so überhaupt – allein im Bereich der Gefahrenabwehr, jedoch keinesfalls im Bereich der Strafrechtspflege täuschendes Verhalten zu gestatten.[456]

Den Ausführungen ist zunächst entgegenzuhalten, dass sie die Wirkung von Staatstätigkeit im Bereich der Strafverfolgung sowohl auf die Täter als auch auf die Opfer nicht richtig einschätzt. Einerseits ist eine Vorbildfunktion des Staates

---

454 Roxin, StV 2012, 131, 133.

455 Kahlo, S. 153.

456 Kahlo, S. 153 ff.

in der Art, dass Beschuldigte sich in diesem als Rechtssubjekte wiederfinden wollen, in der Praxis nicht zu beobachten; festzustellen ist vielmehr, dass gerade polizeierfahrene Beschuldigte jede Grenze staatlicher Ermittlungsbefugnisse schlicht für sich ausnutzen. Andererseits finden Opfer von Straftaten und die Öffentlichkeit sich im Staat gerade dann nicht wieder, wenn dieser ihnen achselzuckend oder gar voller Stolz erklärt, bestimmte Taten könnten nicht aufgeklärt und damit nicht wirksam bekämpft werden, weil tatsächliche oder vermeintliche rechtsstaatliche Beschränkungen daran hinderten.

Der Haupteinwand ist jedoch auch hier eine falsche Frontstellung: Ein freiheitliches Strafrecht, von welchem Kahlo wiederholt spricht, ist für diesen allein im Verhältnis Staat-Beschuldigter verwirklicht. Die freiheitssichernde Funktion gerade auch von Strafverfolgung (und nicht allein von Gefahrenabwehr) wird von Kahlo selbst da nicht erkannt, wo er im Blick auf die Einsicht, dass Straftaten in die Freiheit der Opfer – bei Kahlo: deren Recht auf Anerkennung – eingreifen, vor der Erkenntnis der freiheitssichernden Funktion der Strafverfolgung nur noch mit einem Schritt steht. Da Kahlo dann nur eine Abwägung Staat gegen Freiheit und nicht Freiheit gegen Freiheit sieht, greifen seine Erwägungen im Ergebnis zu kurz.

Gleiches gilt auch für den Ansatz Schroeders[457]. Dieser steht der Ansicht Kahlos schon in der Begründung sehr nahe, indem er ein Täuschungsverbot wegen eines so bezeichneten „sittliche(n) Gebot(s) des Staates zur Wahrheit"[458] grundsätzlich für richtig erachtet. Er hält jedoch die Lüge zur „Verhütung besonders schwerer Straftaten"[459] expressis verbis für zulässig. Für die Strafverfolgung lehnt indes auch Schroeder die Lüge generell ab, auch wenn er den präventiven Zweck von Strafrecht durchaus erkennt.[460] Auch Schroeder bleibt damit auf halber Strecke stehen, obwohl er die rechtsgutschützende Bedeutung von Strafverfolgung richtig gesehen hat.

Zumindest problematisch erscheint angesichts der Bedeutung täuschender Ermittlungsmaßnahmen für eine wirksame Strafverfolgung indes auch diejenige Ansicht, welche zwar kein absolutes Täuschungsverbot postuliert, diese aber auf eng begrenzte Ausnahmen beschränken will. Dieser Ansatz ist in jüngerer Zeit namentlich von Saliger[461] vertreten worden. Saliger geht von der These aus, dem Einsatz täuschender Ermittlungsmaßnahmen liege ein teleologisches bzw.

457 Schroeder, S. 157 ff.
458 Schroeder, S. 165.
459 Schroeder, S. 165.
460 Schroeder, S. 165.
461 Saliger, Recht, S. 112 ff., 115 f.

konsequentialistisches Verständnis zugrunde, da „das anrüchige Mittel unter Berufung auf die guten Folgen bzw. die angestrebten guten Folgen (Zwecke) legitimiert“[462] werde. Dem stehe ein „rein deontologisches Verständnis des Lügenverbots, das den Wert einer konkreten Lüge nach dem Wert der realisierten Handlungsweise“[463] bemesse, gegenüber. Lüge und Täuschung seien jedoch „rechtethisch negativ bewertete Verhaltensweisen“, welche „auch im Licht guter Folgen und Zwecke ihren prinzipiellen Handlungsunwert nicht ein(büßen)“[464] würden. Daher seien sie zur Strafverfolgung nur „ausnahmsweise und in engen Grenzen“[465] heranzuziehen.

Daran ist ohne Zweifel zutreffend, dass dem Zulassen von Täuschungen im Ermittlungsverfahren ergebnisorientierte ethische Erwägungen zugrunde liegen: Die Täuschung wird für erlaubt angesehen, weil sie dem positiven Ziel der Verbrechensbekämpfung dient. Zuzugestehen ist auch, dass die Lüge grundsätzlich moralisch negativ bewertet ist, auch wenn es hiervon durchaus Ausnahmen gibt.

Zweifelhaft erscheint indes, aus dieser Negativbewertung den Schluss ziehen zu wollen, eine konsequentialistische Betrachtung könne die Bemakelung nicht aufheben, sondern sich nur in seltenen Fällen gegen diese durchsetzen. Dies scheint deswegen nicht überzeugend, weil dieser Schluss auch sonst bei der Bewertung von Ermittlungsmaßnahmen nicht gezogen wird. So ist etwa das Durchsuchen fremder Sachen, das Lesen fremder Briefe oder das Belauschen privater Gespräche grundsätzlich noch in weit höherem Maße bemakelt als die Lüge. Für deren Zulässigkeit *als Ermittlungsmaßnahme* folgt daraus aber nichts. Die Bewertung von Maßnahmen wie der Durchsuchung, der Postbeschlagnahme oder der Telefonüberwachung folgt vielmehr eigenen, an den Besonderheiten des Ermittlungsverfahrens ausgerichteten Regeln. Gewiss sind allgemeine moralische Maßstäbe dabei nicht bedeutungslos. Eine Eins-zu-Eins-Übertragung solcher Maßstäbe in den Bereich des Strafprozessrechts läuft jedoch Gefahr, die spezifischen Belange gerade der Strafverfolgungspraxis aus dem Blick zu verlieren.

Das Verhältnis von Freiheitsschutz, effektiver Strafverfolgung und dazu in Teilen notwendigem heimlichen Vorgehen hat der Gesetzgeber insoweit richtig erkannt, wenn dieser in der Begründung zum „Entwurf eines Gesetzes zur Umsetzung des Urteils des Bundesverfassungsgerichts vom 3. März 2004 (akustische Wohnraumüberwachung)“ schreibt:

---

462 Saliger, Recht, S. 115.
463 Saliger, Recht, S. 115.
464 Saliger, Recht, S. 115.
465 Saliger, Recht, S. 115.

> „Die unabweisbaren Bedürfnisse einer wirksamen Strafverfolgung streiten daher nicht nur für die Zulässigkeit heimlicher Verbrechensaufklärung als ergänzender Maßnahme der repressiven Kriminalitätsbekämpfung, sondern lassen sie auch als verfassungsrechtlich geboten erscheinen.“[466]

Gleiches gilt aber eben auch für Maßnahmen der aktiven Täuschung. Und es sind diese genuin das Strafverfahren betreffenden Erwägungen, an denen ihre Zulässigkeit maßgeblich zu messen ist.

466 BT-Drucksache 15/4533, S.10.

8 Aktive Täuschung und Beschuldigtenrechte: Zur Stellung von Beschuldigtem und Verteidiger im Falle aktiver Täuschung durch die Ermittlungsbehörden

8.1 Aktive Täuschung im Ermittlungsverfahren

Will man die Stellung des Beschuldigten und des Verteidigers im Falle aktiver Täuschung richtig verstehen, sind zunächst noch einmal zwei Dinge klarzustellen:

Zum einen vermag ein grundsätzliches Recht auf aktive Täuschung an ausdrücklich normierten Beschuldigtenrechten nicht zu rütteln. Im Falle legendierter Kontrollen gilt dies etwa dafür, dass am Vorbehalt des Gesetzes für die sich als Grundrechtseingriff darstellende legendierte Maßnahme selbst das Gebot der effektiven Strafverfolgung selbstverständlich nichts zu ändern vermag. Es ließen sich aber auch etwa gesetzlich bestehende Aussage- oder Zeugnisverweigerungsrechte unter Rückgriff auf das Gebot der effektiven Strafverfolgung nicht aushebeln. Dies ist indes – wie von Tiedemann richtig gesehen – in der Anwendung dieses Grundsatzes durch die Rechtsprechung auch nicht geschehen. Der Grundsatz hat eben eine andere dogmatische Funktion.

Zum anderen bedeutet das Gebot der effektiven Strafverfolgung dann, wenn es über Auslegung und Abwägung Einzug in die strafprozessuale Dogmatik halten kann, keineswegs, dass dieses der Trumpf ist, der immer sticht. Es ist ein Verfahrensgrundsatz neben anderen und es kann wie diese mal durchgreifen und mal zurückstehen. Insbesondere kann es Konstellationen geben und hat es in der Rechtsprechung auch gegeben, in denen zwar das Gebot der effektiven Strafverfolgung tangiert ist, am Ende aber Beschuldigtenrechte den Vorzug erhalten.

Für Beschuldigtenrechte und Rechte der Verteidigung bedeutet dies daher, dass diese insbesondere im Rahmen dieser Abwägung ihren Platz behalten und dass bei der Ausformung von Fallgestaltungen, in denen die effektive Strafverfolgung einen Vorrang etwa der aktiven Täuschung vor den Rechten des Beschuldigten verlangt, die Beschuldigtenrechte als Gegenrechte mitzubedenken sind und zu entscheiden ist, ob die effektive Strafverfolgung den Vorrang erhalten soll oder nicht.

Ergibt indes die Abwägung, dass in einer bestimmten Fallgestaltung die aktive Täuschung um der effektiven Strafverfolgung willen gestattet werden soll, so sind bei der Anwendung dieser Rechtsfigur die Beschuldigtenrechte dann insoweit nachrangig. Ist etwa für den Scheinkäufer in Rechtsprechung und herrschender Lehre anerkannt, dass auf dieses Instrument zurückgegriffen werden darf, so kann im konkreten Fall die Verletzung von Beschuldigtenrechten dem nicht mehr entgegengehalten werden. Die Beschränkung von Beschuldigtenrechten ist dann genauso hinzunehmen wie bei einer Telefonüberwachung oder einer Durchsuchung.

Für legendierte Kontrollen bedeutet dies, dass aus deren grundsätzlicher Zulässigkeit folgt, dass diesen Beschuldigtenrechte, welche auch durch legendierte Kontrollen ohne Zweifel beschnitten werden, mit Erfolg nicht mehr entgegengehalten werden können.

8.2 Aktive Täuschung und Aktenwahrheit

Konsequenzen hat die grundsätzliche Zulässigkeit legendierter Kontrollen sowie deren Rechtfertigung gerade auch über das Gebot der effektiven Strafverfolgung dann insbesondere auch für die Dokumentation in der Ermittlungsakte.

Im Prinzip gilt der Grundsatz der Aktenwahrheit; Falschdarstellungen in der Ermittlungsakte sind unzulässig.

Will man indes die Zulässigkeit legendierter Kontrollen nicht über den Grundsatz der Aktenwahrheit faktisch wieder aufheben – was im Blick auf die ermittlungstaktische Notwendigkeit und deren rechtlicher Qualität kein vertretbares Ergebnis wäre – so wird man die Falschdarstellung oder jedenfalls die unvollständige Darstellung des eigentlichen Durchsuchungsgrundes in der Ermittlungsakte als zulässig erachten müssen.

Dabei ist indes zu bedenken, dass sich das Problem, inwieweit der Beschuldigte hier aktiv getäuscht werden muss, bei der Darstellung der Durchsuchung in der Ermittlungsakte nicht in gleicher Brisanz stellt wie bei der Durchführung der Maßnahme selbst. Wird nämlich der Beschuldigte bei der Durchführung der Maßnahme regelmäßig nach einer Erklärung fragen, warum seine Sachen oder seine Person nun durchsucht werden sollen und ist eine unverdächtige Erklärung auch ermittlungstaktisch notwendig, so stellt sich mangels direkter Kommunikation zwischen Beschuldigtem und Ermittlungsbehörden das Problem bei der Darstellung in der Akte nicht in gleicher Weise. Hier wird es im Regelfall ausreichen, schlicht mit der Tatsache der Kontrolle an sich zu beginnen, also mit einer bloß unvollständigen, aber nicht unrichtigen Darstellung. Sollte dies jedoch nicht ausreichend sein, so ist aus den genannten Gründen auch die Falschdarstellung erlaubt.

Einen Dammbruch hinsichtlich des Grundsatzes der Aktenwahrheit bedeutet dies nicht. Dieser Grundsatz wird damit als solcher genauso wenig infrage gestellt wie andere Rechtsgrundsätze infrage gestellt werden, wenn man klar definierte Ausnahmen zulässt. Um nichts anderes aber handelt es sich, da mit der Zulässigkeit einer solchen Falschdarstellung in dieser Konstellation natürlich nicht gesagt ist, dass in Zukunft nach Belieben Falschdarstellungen in der Ermittlungsakte erlaubt sein sollen. Ausnahmen sind hier vielmehr genauso zu begründen und als Rechtsfigur grundsätzlich bekannt zu machen wie sonstige Ausnahmen von Rechtsgrundsätzen auch.

8.3 Zum Umgang mit aktiver Täuschung nach Abschluss der Ermittlungen

Gilt das bisher Gesagte für das gesamte Ermittlungsverfahren, so stellt sich die Frage, wann dem Beschuldigten bzw. seinem Verteidiger der wahre Sachverhalt bekannt zu machen ist.

Dies wird mit Abschluss der Ermittlungen zu fordern sein. Das folgt daraus, dass mit Abschluss der Ermittlungen nach § 147 Abs. 2 Satz 1 StPO Akteneinsicht nicht mehr verwehrt werden kann mit der Folge, dass für alle gesetzlich normierten Fälle des heimlichen Vorgehens und der aktiven Täuschung über die Akteneinsicht der wahre Sachverhalt bekannt gemacht werden muss und eine weitere Geheimhaltung insoweit ausgeschlossen ist.

Im Regelfall wird dies auch für legendierte Kontrollen kein Problem darstellen. Probleme wären allein in der Fallgestaltung denkbar, dass das im Hintergrund geführte weiträumige Ermittlungsverfahren auch zu einem Zeitpunkt noch nicht offengelegt werden kann, zu welchem gegen einen nach einer legendierten Maßnahme inhaftierten Beschuldigten aufgrund der dann laufenden engen Fristen des §121 StPO eine Anklage erhoben und insoweit der Abschluss der Ermittlungen vermerkt werden muss. In einem solchen Fall wäre denkbar, dass auch nach Abschluss der Ermittlungen gegen diesen inhaftierten Beschuldigten mit einem Offenlegen des wahren Durchsuchungsgrundes das Verfahren gegen weitere Beschuldigte faktisch vernichtet würde. Die Fallkonstellation wäre hier nicht anders als bei der legendierten Maßnahme selbst.

So sehr ermittlungstaktisch auch in dieser Konstellation mithin eine weitere Falschdarstellung erforderlich wäre und auch in Ansehung der für die Gestattung des ermittlungstaktisch Notwendigen streitenden Rechte, wird hier die Aktenwahrheit den Vorzug erhalten und die effektive Strafverfolgung zurücktreten müssen.

Neben dem bereits Gesagten zur Begrenzung des Akteneinsichtsrechts folgt dies noch allgemeiner daraus, dass Geheimhaltung und Täuschung als Mittel im *Ermittlungsverfahren* grundsätzlich gestattet sind, *nicht jedoch* als Mittel im

Zwischen- oder gar Hauptverfahren. Hier sind Staatsanwaltschaft und Angeschuldigter bzw. Angeklagter weithin gleichberechtigt, sodass schon im Blick auf die Verfahrensstellung der Staatsanwaltschaft einerseits sowie die Rechte des Angeschuldigten bzw. Angeklagten andererseits eine Täuschung in diesen Verfahrensstadien ausscheidet. Dies gilt umso mehr, als auch das erkennende Gericht in diesen Verfahrensabschnitten den Sachverhalt wie ermittelt unterbreitet bekommen muss. Auch dies macht nach Abschluss der Ermittlungen eine weitere Täuschung unmöglich.

Die Geheimhaltung von für weitere Ermittlungen noch Erforderlichem ist jenseits des strafrechtlichen Ermittlungsverfahrens allein in den (engen) Grenzen möglich, die das Gesetz selbst etwa mit der Sperrerklärung für Zeugen oder dem in-camera-Verfahren im Verwaltungsgerichtsprozess bietet.

8.4 Ergebnis

Die grundsätzliche Zulässigkeit aktiver Täuschung im Ermittlungsverfahren hebelt Beschuldigtenrechte nicht aus. Diese sind vielmehr bei der Bestimmung der Kompetenzen der Ermittlungsbehörden, also bei der Austarierung des Gesamtgefüges von Strafverfolgung und Verteidigung, mit zu berücksichtigen. Ergibt sich dabei freilich, dass in bestimmten Konstellationen das Recht der Behörden auf aktive Täuschung vorgeht, so können beim Vollzug Beschuldigtenrechte dem nicht mehr entgegengehalten werden.

Für legendierte Kontrollen bedeutet dies, dass sie an Beschuldigtenrechten nicht scheitern. Sie scheitern auch nicht am Grundsatz der Aktenwahrheit. Vielmehr können sie als engbegrenzte Ausnahme auch die Falschdarstellung in der Akte gestatten.

Ihren Anwendungsbereich haben alle Formen aktiver Täuschung indes allein im Ermittlungsverfahren. Nach Abschluss der Ermittlungen oder in anderen Verfahren bleibt für diese kein Raum.

9 Gesamtergebnis

Blickt man auf den gesamten Gang der Erörterung und die behandelten Fragen nach legendierten Kontrollen, aktiver Täuschung und dem Gebot effektiver Strafverfolgung zurück, so ergibt sich folgendes Ergebnis:

Im deutschen Strafprozessrecht ist die aktive Täuschung des Beschuldigten ebenso wie das heimliche Vorgehen der Ermittlungsbehörden grundsätzlich gestattet.

Es erweist sich ebenso wie heimliches Vorgehen gerade zur Aufklärung schwerer Kriminalität als ermittlungstaktisch notwendig.

Diese ermittlungstaktische Notwendigkeit hat über das Gebot der effektiven Strafverfolgung eine hohe rechtliche Relevanz. Das Gebot der effektiven Strafverfolgung als Verfahrensgrundsatz von Verfassungsrang dient nämlich dem effektiven Schutz der Freiheitsrechte von Kriminalitätsopfern und ist damit unmittelbarer Ausdruck des Staatszwecks Sicherheit, welcher als Sicherung von Freiheit, Leben und Eigentum die primäre Legitimation gerade des liberalen Rechtsstaats darstellt.

Für legendierte Kontrollen bedeutet dies, dass sich diese als zulässig und sogar geboten darstellen. Beschuldigtenrechte sind dem nicht mit Erfolg entgegenzuhalten, da diese im Falle legendierter Kontrollen weniger schwer wiegen als die Notwendigkeit dieses Instruments zur effektiven Strafverfolgung. Ein Verstoß gegen den Vorbehalt des Gesetzes liegt darin nicht, da für legendierte Kontrollen auf Normen der Gefahrenabwehr zurückgegriffen werden kann und auch zurückgegriffen werden darf. Einen generellen Vorrang der Strafverfolgung vor der Gefahrenabwehr sieht der Gesetzgeber nämlich ausdrücklich nicht.

Über den Anwendungsfall legendierter Kontrollen hinaus ist aus dem Gebot der effektiven Strafverfolgung für die gesamte Strafprozessrechtsdogmatik zu fordern, dass dieses in seiner freiheitsschützenden Funktion erkannt, systematisch mitgedacht und unter Anbindung an die Notwendigkeiten der Praxis jeweils geprüft wird. Ansonsten besteht die Gefahr, Freiheitsschutz irrtümlich allein als Beschuldigtenschutz auszulegen und damit den liberalen Rechtsstaat nicht nur nicht zu verwirklichen, sondern auszuhöhlen, wenn nicht gar zu zerstören.

10 Literaturverzeichnis

Adomeit, Klaus: Rechts- und Staatsphilosophie Band II/ Rechtsdenker der Neuzeit, 2. Auflage, Heidelberg 2002.

Alexy, Robert: Theorie der Grundrechte, 1. Auflage, Frankfurt am Main 1986.

Albrecht, Hans-Jörg/ Dorsch, Claudia/ Krüpe, Christiane: Rechtswirklichkeit und Effizienz der Überwachung der Telekommunikation nach den §§ 100a, 100b StPO und anderer verdeckter Ermittlungsmaßnahmen/ Eine rechtstatsächliche Untersuchung im Auftrag des Bundesministeriums der Justiz, Freiburg i. Br. 2003 (zitiert: Albrecht/Dorsch/Krüpe).

Bader, K.S.: Zum neuen §136 a StPO, JZ 1951, S. 123.

Baumann, Jürgen: Sperrkraft der mit unzulässigen Mitteln herbeigeführten Aussage, GA 1959, S. 33.

Beck'scher Online-Kommentar GG, hrsg. von Epping, Volker/ Hillgruber, Christian, München, Edition 17, Stand: 01.01.2013 (zitiert: BeckOK GG).

Bernsmann, Klaus: Anmerkung zu BGH, Beschl. v. 13.5.1996 - GSSt 1/96 (LG Hamburg) - (Abgedr. In StV 1996, 465); StV 1997, S. 116.

Beulke, Werner: Strafprozessrecht, 12. Auflage, Heidelberg u.a. 2012.

Birmanns, Martin: Das Geschäft mit dem Täter, NJW 1970, S. 1834.

Bosch, Nikolaus: Die verdeckte Befragung des Beschuldigten – Strafrechtspflege ohne Grenzen? - BGH - Beschluß v. 13.5.1996 - GSSt 1/96 (LG Hamburg) = NJW 1996, 2940 ff –; JURA 1998, S. 236.

Brüning, Janique: Die Rechtsfolgen eines Verstoßes gegen den Richtervorbehalt, HRRS 6/2007, S. 250.

Burmann, Michael/ Heß, Rainer/ Jahnke, Jürgen/ Janker, Helmut: Straßenverkehrsrecht, 22. Auflage, München 2012 (zitiert: Burmann/Heß/Jahnke/Janker).

Dencker, Friedrich: Über Heimlichkeit, Offenheit und Täuschung bei der Beweisgewinnung im Strafverfahren – Anmerkungen aus Anlaß zweier Entscheidungen des Bundesgerichtshofs –, StV 1994, S. 667.

Derksen, Roland: Anmerkung zu BGH, Beschluss vom 13.5.1996 - GSSt. 1/96 - (BGHSt. 42, 139), JR 1997, S. 167.

Deutsch, Markus: Die heimliche Erhebung von Informationen und deren Aufbewahrung durch die Polizei, Diss. Heidelberg 1992.

Duttge, Gunnar: Strafprozessualer Einsatz von V-Personen und Vorbehalt des Gesetzes, JZ 1996, S. 556.

Ebert, Udo: Tendenzwende in der Straf- und Strafprozeßgesetzgebung?, JR 1978, S. 136.

Eisenberg, Ulrich: Anmerkung zu BGH, Beschl. v. 31.3.2011 – 3 StR 400/10 (JR 2011, 407); JR 2011, S. 409.

Engels, Friedrich: Der Ursprung der Familie, des Privateigentums und des Staats (erschienen 1884), in: Karl Marx/ Friedrich Engels Gesamtausgabe (MEGA), Erste Abteilung, Band 29, hrsg. vom Institut für Geschichte der Arbeiterbewegung Berlin und vom Institut für Marxismus-Leninismus beim Zentralkomitee der Kommunistischen Partei der Sowjetunion, Berlin 1990.

Erb, Volker: Nothilfe durch Folter, JURA 2005, S. 24.

Erbs, Georg: Unzulässige Vernehmungsmethoden/ Probleme des § 136 a StPO, NJW 1951, S. 386.

Fezer, Gerhard: Verwertung eines von der Polizei veranlassten Telefongesprächs, Anmerkung zu BGH, Vorlagebeschl. v. 20.12.1995 – 5 StR 680/94 (Abgedruckt mir Gründen und Sachverhalt in NStZ 1996, 200); NStZ 1996, S. 289.

Fischer, Bianca: Funktionieren öffentlicher Einrichtungen – ein Verfassungsmaßstab?, DVBl. 1981, S. 517.

Fischer, Thomas: Strafgesetzbuch und Nebengesetze, 60. Auflage, München 2012 (zitiert: Fischer).

Gaede, Karsten/ Buermeyer, Ulf: Beweisverwertungsverbot und „Beweislastumkehr" bei unzulässigen Tatprovokationen nach der jüngsten Rechtsprechung des EGMR/ Besprechung der Urteile EGMR HRRS 2008 Nr. 200 und EGMR HRRS 2008 Nr. 500 zu den Rechtsfolgen einer unzulässigen Tatprovokation und zu den Anforderungen an die Feststellung und die Verwerfung einer behaupteten Tatprovokation, HRRS 6/2008, S. 279 (zitiert: Gaede/Buermeyer).

Gaede, Karsten: Anmerkung zu EGMR, Urt. d. 4. Sektion v. 5.11.2002 – Beschwerde Nr. 48539/99 (Fall Allan v. Großbritannien zur Publikation in Rep. 2002-IX ausgewählt), StV 2003, 257; StV 2003, S. 260.

Gaede, Karsten: Beweisverbote zur Wahrung des fairen Strafverfahrens in der Rechtsprechung des EGMR insbesondere bei verdeckten Ermittlungen – Meinungsstand und Perspektiven nach dem neuen leading case Bykov vs. Russland unter Berücksichtigung des § 136 a StPO, JR 2009, S. 493.

Gaede, Karsten: Fairness als Teilhabe – Das Recht auf konkrete und wirksame Teilhabe durch Verteidigung gemäß Art. 6 EMRK/ Ein Beitrag zur Dogmatik des fairen Verfahrens in europäischen Strafverfahren und zur wirksamkeitsverpflichtenden Konventionsauslegung unter besonderer Berücksichtigung des Rechts auf Verteidigerbeistand, Diss Berlin 2007 (zitiert: Gaede, Fairness).

Glaser, Julius: Handbuch des Strafprozesses, Erster Band, Leipzig 1883.

Grünwald, Gerald: Anmerkung zu BVerfG, Beschluß vom 21.1.1976 – 2 BvR 941/75 = BVerfGE 41, 246, JZ 1976, 766; JZ 1976, S. 767.

Gusy, Christoph: Möglichkeiten und Grenzen einer europäischen Antiterrorpolitik, GA 2005, S. 215.

Hassemer, Winfried: Die „Funktionstüchtigkeit der Strafrechtspflege" – ein neuer Rechtsbegriff?, StV 1982, S. 275.

Hegel, Georg Wilhelm Friedrich: Grundlinien der Philosophie des Rechts (erschienen 1821), mit Hegels eigenhändigen Randbemerkungen in seinem Handexemplar der Rechtsphilosophie, Philosophische Bibliothek Bd. 483, hrsg. von Johannes Hoffmeister, Hamburg 1995.

Heidelberger Kommentar, Strafprozessordnung, hrsg. v.Gercke, Björn/ Julius, Karl-Peter/ Temming, Dieter/ Zöller, Mark A., 5. Auflage, Heidelberg 2012.

Hetzer, Wolfgang: Terrorismusbekämpfung zwischen Risikosteuerung und Rechtsgüterschutz, MschrKrim 88 (2005), S. 111.

Heubel, Horst: Der „fair trial" – ein Grundsatz des Strafverfahrens?, Diss. Berlin 1981.

Hilger, Hans: Über verfassungs- und strafverfahrensrechtliche Probleme bei gesetzlichen Regelungen grundrechtsrelevanter strafprozessualer Ermittlungsmaßnahmen, in: Straf- und Strafverfahrensrecht, Recht und Verkehr, Recht und Medizin: Festschrift für Hannskarl Sager zum Abschied aus dem Amt als Vizepräsident des Bundesgerichtshofes, Köln 1995, S. 319.

Hill, Hermann: Verfassungsrechtliche Gewährleistungen gegenüber der staatlichen Strafgewalt, in: Handbuch des Staatsrechts der Bundesrepublik Deutschland, hrsg. v. Isensee, Josef/ Kirchhof, Paul, Band IV „Freiheitsrechte", 1. Auflage, Heidelberg 1989, § 156 (S. 1305).

Hofmann, Hasso: Einführung in die Rechts- und Staatsphilosophie, 5. Auflage, Darmstadt 2011.

Ignor, Alexander: Über „die höchste Aufgabe der Gesetzgebung in Bezug auf den peinlichen Proceß"/ Erinnerung an die Leitidee des rechtsstaatlichen Strafverfahrens, JURA 1995, S. 238.

Isensee, Josef: Das Grundrecht auf Sicherheit/ Zu den Schutzpflichten des freiheitlichen Verfassungsstaates, Berlin u.a. 1983.

Jakobs, Günther: Das Selbstverständnis der Strafrechtswissenschaft vor den Herausforderungen der Gegenwart (Kommentar), in: Eser/Hassemer/Burkhardt, Die deutsche Strafrechtswissenschaft vor der Jahrtausendwende, Rückbesinnung und Ausblick, München 2000, S. 47 (zitiert: Jakobs, Strafrechtswissenschaft).

Jakobs, Günther: Kriminalisierung im Vorfeld einer Rechtsgutverletzung, ZStW 97 (1985), S. 751.

Jarass, Hans D./ Pieroth, Bodo: Grundgesetz für die Bundesrepublik Deutschland/ Kommentar, 12. Auflage, München 2012 (zitiert: Jarass/Pieroth).

Kahlo, Michael: Soll es dem Staat im Strafprozeß rechtlich erlaubt sein, Verdachtsaufklärung durch Täuschungshandlungen zu unternehmen? in: Festschrift für E.A. Wolff zum 70. Geburtstag am 1.10.1998, hrsg. v. Zazcyk, Rainer/ Köhler, Michael/ Kahlo, Michael, Berlin u.a. 1998, S. 153.

Kant, Immanuel: Die Metaphysik der Sitten, Erster Teil. Metaphysische Anfangsgründe der Rechtslehre (erschienen 1797), in: Immanuel Kant/ Werke in sechs Bänden/ Band IV: Schriften zur Ethik und Religionsphilosophie, hrsg. von Wilhelm Weischedel, 5., erneut überprüfter reprographischer Nachdruck 1983 der Ausgabe Darmstadt 1956.

Karlsruher Kommentar zur Strafprozessordnung mit GVG, EGGVG und EMRK, hrsg. v. Hannich, Rolf, 6. Auflage, München 2008 (zitiert: KK-Bearbeiter).

KMR (Kleinknecht – Müller – Reitberger) Kommentar zur Strafprozessordnung, hrsg. v. Heintschel-Heinegg, Bernd/ Stöckel, Heinz, Band 2 (§§ 94–150), Loseblatt, München, Stand Oktober 1999 (zitiert: KMR-Bearbeiter).

Kudlich, Hans: Reden ist Silber, Schweigen ist Gold – Zur „Mit-Hör-Fallen"-Entscheidung des Großen Strafsenats – BGH (GS) NStZ 1996, S. 502; JuS 1997, 696.

Kühl, Kristian: Strafgesetzbuch/ Kommentar, 27.Auflage, München 2011.

Lampe, Joachim: Polizei- und strafverfahrensrechtliche Ermächtigungsgrundlagen bei Prüfung des Anfangsverdachts einer Trunkenheitsfahrt/ Anmerkung zu OLG Celle, 1. Strafsenat, Beschluss vom 23.07.2012 – 31 Ss 27/12 –; juris-PR-StrR 20/2012 Anm. 2.

Landau, Herbert: Die Pflicht des Staates zum Erhalt einer funktionstüchtigen Strafrechtspflege, NStZ 2007, S. 121.

Limbach, Jutta: Die Funktionstüchtigkeit der Strafrechtspflege im Rechtsstaat, in: Anwalt des Rechtsstaat, Festschrift für Diether Posser zum 75. Geburtstag, hrsg. v. Düwell, Franz-Josef im Auftrag der Arnold-Freymuth-Gesellschaft, Köln 1997, S. 321.

Lindner, Bernd: Täuschungen in der Vernehmung des Beschuldigten: ein Beitrag zur Auslegung des § 136 a StPO, Diss. Tübingen 1988.

Locke, John: Über die Regierung (The Second Treatise of Government) (erschienen 1690), in der Übersetzung von Dorothee Tidow, Stuttgart 1974.

Lorenz, Frank Lucien: Absoluter Schutz versus absolute Relativität, GA 1992, S. 274.

Lorenz, Frank Lucien: „Operative Informationserhebung" im Strafverfahren, „Unverfügbares" und Grundrechtsschutz durch „institutionelle Kontrolle", JZ 1992, S. 1000.

Löwe, Ewald/ Rosenberg, Werner: Die Strafprozeßordnung und das Gerichtsverfassungsgesetz, Großkommentar, hrsg. v. Erb, Volker/ Esser, Robert/ Franke, Ulrich/ Graalmann-Scheerer, Kirsten/ Hilger, Hans/ Ignor, Alexander, Erster Band §§ 1–47, Vierter Band §§ 112–150, 26. Auflage, Berlin 2006 (Erster Band)/ 2007(Vierter Band) (zitiert: LR-Bearbeiter).

Meyer-Goßner, Lutz: Strafprozessordnung mit GVG und Nebengesetzen, 55. Auflage, München 2012.

Mill, John Stuart: Die Freiheit (On Liberty) (erschienen 1859), Übersetzt und mit Einleitung und Kommentar herausgegeben von Adolf Grabowsky, Darmstadt 1967.

Mittermaier, C.J.A.: Die Gesetzgebung und Rechtsübung über Strafverfahren nach ihrer neuesten Fortbildung dargestellt und geprüft, Erlangen 1856.

Möstl, M.: Rechtsschutz und Staatshaftung, in: Handbuch des Staatsrechts der Bundesrepublik Deutschland, hrsg. v. Isensee, Josef/ Kirchhof, Paul, Band VIII, 3. Auflage, Heidelberg 2010, § 179 (S. 587).

Müller, Wolfgang/ Römer, Sebastian: Legendierte Kontrollen/ Die gezielte Suche nach dem Zufallsfund, NStZ 2012, S. 543 (zitiert: Müller/Römer).

Müssig, Bernd: Grenzen der Beweisverwertung beim Einsatz „Verdeckter Ermittler" gegen den Verdächtigen, GA 2004, S. 86.

Münchener Kommentar zum Strafgesetzbuch, hrsg. v. Joecks, Wolfgang/ Miebach, Klaus, Band 5, Bandredakteur Lagodny, Otto, München 2007 (zitiert: MüKo-Bearbeiter).

Neue Deutsche Biographie, hrsg. v. der historischen Kommission bei der bayerischen Akademie der Wissenschaften, Band 23 Schinzel-Schwarz, Berlin 2007.

Neuhaus, Ralph: Zur Notwendigkeit der qualifizierten Beschuldigtenbelehrung – zugleich Anmerkung zu LG Dortmund NStZ 1997, 356 –, NStZ 1997, S. 312.

Niemöller, Martin/ Schuppert, Gunnar Folke: Die Rechtsprechung des Bundesverfassungsgericht zum Strafverfahrensrecht, AöR 107 (1982), S. 387 (zitiert: Niemöller/Schuppert).

Nowrousian, Bijan: Darf der Staat aktiv täuschen, um verdeckte Ermittlungsmaßnahmen geheim zu halten? Anmerkungen zur Entscheidung des 4. Strafsenats vom 11.2.2010 BGH 4 StR 436/09 (StraFo 2010, 147–148), Kriminalistik 2011, S. 370.

Nowrousian, Bijan: Effektive Strafverfolgung versus Freiheitsschutz/ Gedanken zum Verhältnis von Ermittlungsbehörden, strafprozessualen Zwangsmaßnahmen und Grundrechtsschutz, Kriminalistik 2013, S. 191.

Nowrousian, Bijan: Legendierte Kontrollen: Zum Verhältnis von Ermittlungsverfahren und Gefahrenabwehr, Kriminalistik 2013, S. 105.

Nowrousian, Bijan: Noch einmal zur aktiven Täuschung: Legendierte Kontrollen/ Anmerkungen zur Entscheidung des Bundesgerichtshof vom 21. Juli 2011 5 StR 32/11 (StraFo 2011, 358–359), Kriminalistik 2012, S. 174.

Odenthal, Hans-Jörg, Zulässigkeit und Beweiswert einer heimlichen Stimmenidentifizierung, NStZ 1995, S. 579.

Otto, Harro: Grenzen und Tragweite der Beweisverbote im Strafverfahren, GA 1970, S. 289.

Pawlik, Michael: Verdeckte Ermittlungen und das Schweigerecht des Beschuldigten/ Zu den Anwendungsgrenzen der §§ 136 Abs. 1 Satz 2 und 136a StPO, GA 1998, S. 378.

Pötters, Stephan/ Werkmeister, Christoph: Der verfassungsrechtliche Konflikt zwischen Freiheit und Sicherheit im Zeitalter des Internets, JURA 2013, S. 5 (zitiert: Pötters/Werkmeister).

Popp, Martin: Polizeilich veranlaßtes Telefongespräch mit dem Tatverdächtigen, Anmerkung zu BGH, Beschl. v. 13.5.1996 - GSSt 1/96 (LG Hamburg) (abgedruckt mit Sachverhalt und Gründen NStZ 1996, 502 mit Anm. Rieß), NStZ 1998, S. 95.

Prasch, Volker: Die List in der Vernehmung und Befragung des Beschuldigten, Diss Köln 2002.

Puppe, Ingeborg: List im Verhör des Beschuldigten, GA 1978, S. 289.

Renzikowski, Joachim: Anmerkung zu BGH (Urteil vom 26.7.2007 - 3 StR 104/07) JR 2008, 160; JR 2008, S. 164.

Riehle, Eckart: Funktionstüchtige Strafrechtspflege contra strafprozessuale Garantien, KJ 1980, S. 316.

Rieß, Peter: Anmerkung zu BGH, Beschluß vom 13.5.1996 - GSSt 1/96 (LG Hamburg) - NStZ 1996, 502; NStZ 1996, S. 505.

Rieß, Peter: Rezension zu: Dirk Steiner, Das Fairneßprinzip im Strafprozeß. (Criminalia Bd. 6). Verlag Peter Lang, Frankfurt/M. u.a. 1995; GA 1997, S. 139.

Robbers, Gerhard: Sicherheit als Menschenrecht: Aspekte der Geschichte, Begründung und Wirkung einer Grundrechtsfunktion, Baden-Baden 1987.

Rogall, Klaus: Der Beschuldigte als Beweismittel gegen sich selbst: ein Beitrag zur Geltung des Satzes „Nemo tenetur se ipsum prodere“ im Strafprozeß, Diss. Berlin 1977 (zitiert: Rogall, Beweismittel).

Rogall, Klaus: Selbstbelastungsfreiheit und vernehmungsähnliche Befragung durch Verdeckten Ermittler, Anmerkung zu BGH, Urteil vom 26.7.2007 - 3 StR 104/07 (LG Wuppertal) - (Abgedruckt mit Sachverhalt und Gründen in NStZ 2007, 714); NStZ 2008, S. 110.

Rothfuß, Holger: Heimliche Beweisgewinnung unter Einbeziehung des Beschuldigten, StraFo 1998, S. 289.

Roxin, Claus/ Schünemann, Bernd: Strafverfahrensrecht/ Ein Studienbuch, 27. Auflage, München 2012 (zitiert: Roxin/Schünemann).

Roxin, Claus: Beschuldigtenangaben gegenüber Polizeiinformanten in vernehmungsähnlicher Situation, Anmerkung zu BGH, Beschl. v. 31.03.2011 - 3 StR 400/10 (LG Düsseldorf) StV 2012, 129; StV 2012, S. 131.

Roxin, Claus: Nemo tenetur: Die Rechtsprechung am Scheideweg, NStZ 1995, S. 465.

Roxin, Claus: Zum Hörfallen-Beschluß des Großen Senats für Strafsachen, NStZ 1997, S.18.

Rüping, Hinrich/ Jerouschek, Günter: Grundriss der Strafrechtsgeschichte, 5. Auflage, München 2007.

Saliger, Frank: Feindstrafrecht: Kritisches oder totalitäres Strafrechtskonzept?, JZ 2006, S. 756.

Saliger, Frank: Kann und soll das Recht die Lüge verbieten? In: Depenheuer, Otto (Hrsg.): Recht und Lüge, Band 6 der Reihe: Forschung und Wissenschaft, Münster 2005, S. 93 (zitiert: Saliger, Recht).

Saliger, Frank: Verbotene Vernehmungsmethoden und Menschenwürde/ Überlegungen im Anschluss an den Frankfurter Folter-Fall, in: Wen schützt das Strafrecht? 29. Strafverteidigertag 2005, hrsg. von den Strafverteidigervereinigungen, Organisationsbüro, Berlin 2006, S. 195 (zitiert: Saliger, Menschenwürde).

Saliger, Frank: Was schützt der liberale Rechtsstaat? in: Von der religiösen zur säkularen Begründung staatlicher Normen/ Zum Verhältnis von Religion und Politik in der Philosophie der Neuzeit und in rechtssystematischen Fragen der Gegenwart, hrsg. v. Siep, Ludwig/ Gutmann, Thomas/ Jakl, Bernhard/ Städtler, Michael, Tübingen 2012, S. 183 (zitiert: Saliger, Rechtstaat).

Saurer, Johannes: Die Ausweitung sicherheitsrechtlicher Regelungsansprüche im Kontext der Terrorismusbekämpfung, NVwZ 2005, S. 275.

Schlüchter, Ellen/ Radbruch, Jochen: V-Mann-Aussage zu Äußerungen von Angehörigen des Angeklagten, Anmerkung zu BGH, Urteil vom 21.7.1994 - 1 StR 83/94 (LG München I) - (Abgedruckt mit Sachverhalt und Gründen in NStZ 1994, 593); NStZ 1995, S. 354 (zitiert: Schlüchter/Radbruch).

Schmidt-Jortzig, Edzard: Grenzen der staatlichen Strafgewalt, in: Festschrift 50 Jahre Bundesverfassungsgericht, hrsg. v. Badura, Peter/ Dreier, Horst, Tübingen 2001, S. 505.

Schneider, Hartmut: Grund und Grenzen des strafrechtlichen Selbstbegünstigungsprinzips auf der Basis eines generalpräventiv-funktionalen Schuldmodell, Diss. Berlin 1991 (Schneider, Selbstbegünstigungsprinzip).

Schneider, Hartmut: Überlegungen zur strafprozessualen Zulässigkeit heimlich durchgeführter Stimmenvergleiche, GA 1997, S.374.

Schneider, Hartmut: Überlegungen zur Zulässigkeit des Aushorchens von Inhaftierten durch V-Leute unter Einsatz technischer Mittel, JR 1996, S. 401.

Schönke, Adolf/ Schröder, Horst: Strafgesetzbuch/ Kommentar, 28. Auflage, München 2010 (zitiert: Schönke/Schröder).

Schroeder, Friedrich-Christian: Der Staat als Lügner – List und Täuschung im Dienste der Verbrechensbekämpfung, in: Kulturen der Lüge, hrsg. von Mathias Mayer, Köln u.a. 2003.

Schwarz, AO/ Kommentar zur Abgabenordnung, hrsg. v. Schwarz, Bernhard, Band 4, Loseblatt, Freiburg, 141. Lfg. 11/2010 (zitiert: Schwarz-Bearbeiter, AO).

Schwarz, Kyrill-A.: Verfassungsgewährleistungen im Strafverfahren, JURA 2007, S. 334.

Schwarz, Otfried/ Wockenfoth, Kurt: Zollrecht/ Zollkodex, Zollverwaltungsgesetz/ Gemeinsamer Zolltarif, EG-Vertrag, Marktordnungsrecht/ Einfuhrumsatzsteuer, Abgabenordnung/ Kommentar, Texte und Entscheidungssammlung, Band 1 / 4, 3. Auflage, Köln, 39. Lfg./ Juni 2004 (zitiert: Schwarz/Wockenfoth).

Seebode, M.: Anmerkung zu BGH (Urteil vom 28.4.1987 – 5 StR 666/86) JR 1988, 426; JR 1988, S. 427.

Seitz, Helmut: Anmerkung zu BGH, Beschluss vom 22.3.1995 – 5 StR 680/94 – (Abgedruckt mit Sachverhalt und Gründen in NStZ 1995, 410); NStZ 1995, S. 519.

Soiné, Michael: Kriminalistische List im Ermittlungsverfahren, NStZ 2010, S. 596.

Sowada, Christoph: Beweisverwertungsverbote im Spannungsfeld zwischen nemo-tenetur-Grundsatz und fair-trial-Prinzip, in: Festschrift für Klaus Geppert zum 70. Geburtstag am 10. März 2011, hrsg. v. Geisler, Claudius/ Kraatz, Eric/ Kretschmer, Joachim/ Schneider, Hartmut/ Sowada, Christoph, Berlin u.a. 2011, S. 89.

Sternberg-Lieben, Detlev: Die „Hörfalle" – eine Falle für die rechtsstaatliche Strafverfolgung? – Gedanken zu: BGH Urt. v. 8.10.1993 – 2 StR 400/93 – BGHSt. 39, 335; JURA 1995, 299.

Stürmer, Rolf: Strafrechtliche Selbstbelastung und verfahrensförmige Wahrheitsermittlung, NJW 1981, S. 1757.

Svarez, Carl Gottlieb: Vorträge über Recht und Staat von Carl Gottlieb Svarez (1746–1798), hrsg. v. Conrad, Hermann/ Kleinheyer, Gerd, Köln u.a. 1960.

Systematischer Kommentar, Kommentar zur Strafprozeßordnung und zum Gerichtsverfassungsgesetz, hrsg. von Rudolphi, Hans-Joachim u.a., Loseblatt, Frankfurt/ Main, Stand Juni 1994 (zitiert: SK(1994)-Bearbeiter).

Systematischer Kommentar zur Strafprozessordnung: mit GVG und EMRK, hrsg. v. Wolter, Jürgen, Band 2, §§ 94–136 a, Köln 2010 (zitiert: SK-Bearbeiter).

Tiedemann, Klaus: Verfassungsrecht und Strafrecht (Vortrag: 8. März 1990), Heidelberg 1991.

Tönsgerlemann, Markus: Zollkontrollen und Strafverfolgung, AW-Praxis 2012, S. 168.

Umbach, Dieter C./ Clemens, Thomas/ Dollinger, Franz-Wilhelm: Bundesverfassungsgerichtsgesetz/ Mitarbeiterkommentar und Handbuch, 2. Auflage, Heidelberg u.a. 2005 (zitiert: Umbach/Clemens/Dollinger-Bearbeiter).

Verrel, Torsten: Nemo tenetur – Rekonstruktion eines Verfahrensgrundsatzes – 1. Teil, NStZ 1997, S. 361.

Verrel, Torsten: Nemo tenetur – Rekonstruktion eines Verfahrensgrundsatzes – 2. Teil, NStZ 1997, S. 415.

von Hayek, Friedrich August: Recht, Gesetz und Freiheit, Eine Neufassung der liberalen Grundsätze der Gerechtigkeit und der politischen Ökonomie, übersetzt von Monika Streissler, in: Friedrich A. von Hayek, Gesammelte Schriften in deutscher Sprache, hrsg. v. Bosch, Alfred/ Streit, Manfred E./ Vanberg, Viktor/ Veit, Reinhold, Band 4, Tübingen 2003.

von Humboldt, Wilhelm: Über die Grenzen der Wirksamkeit des Staates (erschienen 1792 unter dem Titel: Ideen zu einem Versuch, die Grenzen der Wirksamkeit des Staates zu bestimmen), Nürnberg 1946.

von Schmalz, Theodor: Das natürliche Staatsrecht, Zweyte verbesserte Auflage 1804, in: Theodor von Schmalz: Das Recht der Natur, Neudruck der 1.-2. Auflage 1795–1804, Aalen 1969.

Weiler, Christian: Befragung von Beschuldigten oder aussageverweigerungsberechtigten Zeugen im Ermittlungsverfahren durch V-Leute, GA 1996, S. 101.

Weßlau, Edda: Zwang, Täuschung und Heimlichkeit im Strafverfahren/ Über die Mitwirkungsfreiheit des Beschuldigten und deren Grenzen, ZStW 110 (1998), S. 1.

Wolff, Christian: Grundsätze des Natur- und Völkerrechts, in: Christian Wolff, Gesammelte Werke, hrsg. von École, J./ Arndt, H.W./ Corr, Ch. A./ Hofmann, J.E./ Thomann, M., Band 19, Hildesheim u.a. 1980.

Wolfslast, Gabriele: Beweisführung durch heimliche Tonbandaufzeichnung – Besprechung des BGH-Urteils vom 9.4.1986 – 3 StR 551/85 (NStZ 1987, 133) –, NStZ 1987, S. 103.

Zachariä, Heinrich Albert: Deutsches Staats- und Bundesrecht/ Erster Theil/ Allgemeine Lehren und Verfassungsrecht.

www.ingramcontent.com/pod-product-compliance
Ingram Content Group UK Ltd.
Pitfield, Milton Keynes, MK11 3LW, UK
UKHW021905290926
8980IPUK00015B/1060

9 783631 669495